학생에게 임금을

이 도서의 국립중앙도서관 출판예정도서목록(CIP)은
서지정보유통지원시스템 홈페이지(http://seoji.nl.go.kr)와
국가자료공동목록시스템(http://www.nl.go.kr/kolisnet)에서 이용하실 수 있습니다.
(CIP제어번호: CIP2016009997)

학생에게 임금을

구리하라 야스시 지음
서영인 옮김

서유재

일러두기

- 일본의 '장학금' 제도는 대출형 학비보조금의 형태로 '지급형 장학금'인 우리나라의 장학금 제도와는 달리 거의 대부분 반드시 상환해야 한다.
- 본문의 각주는 모두 옮긴이 주이다.
- 원서에서 참고한 외서들 중 국내에 번역 소개된 책은 해당 주석에 병기하였다.
- 외래어 및 외국어의 표기는 국립국어원의 기준을 따르되 포털 사이트의 백과사전 및 인명사전을 두루 참고하였다.

세상으로 나아가자 하나 재능이 부족하고 欲進無才

물러나 수양하려 하니 가난이 닥치는구나 將退有逼

나아가지도 물러나지도 못하니 進退兩間

그저 나오는 것은 한숨뿐이네 何敢歎息

— 쿠우카이(空海), 『산고우시키(三敎指帰)』, 797년

학문을 해서는 먹고살 수 없다. 최근 쿠우카이의 『산고우시키』를 읽다가 새삼 들었던 생각이다.

원래 쿠우카이는 교토대학에서 유교를 공부한 후, 관직에 나가려고 했다. 그러나 유교 공부를 하던 중 불교에 재미를 느껴 대학을 그만두고

● 쿠우카이(空海, 744~835)는 헤이안(平安) 시대 초기의 승려로 진언종(眞言宗)을 창설했다. 『산고우시키(三敎指帰)』는 쿠우카이가 대학 공부에 실망하여 산중에서 수행하던 시기에 쓴 책으로 종교적 우화 형식을 빌린 출가 선언이기도 하다.

출가해 버렸다. 불교는 지금으로 치자면 철학 사상 같은 것으로, 출세에는 도움이 되지 못했다. 쿠우카이에 거는 기대가 컸던 가족과 친척 들은 그 결정을 못마땅해했던 모양이다. 결국 가족으로부터 어떤 지원도 받을 수 없었던 쿠우카이는 머물러 있을 절도 없어 혼자 산중 수행에 들어갔다. 그의 나이 서른하나가 될 때까지 먹고살 길이 전혀 없는 벼랑 끝 같은 삶은 계속되었다. 생각해 보면 지금도 먹고살기 힘든 대학원생이며 연구자 들이 허다하니, 『산고우시키』가 쓰여진 797년 이래로 일본에서는 1200년간 같은 상황이 계속되고 있는 셈이다.

　나는 지금 서른다섯, 연 수입 80만 엔에 대출은 635만 엔이다. 대출은 일본학생지원기구에서 장학금으로 빌린 돈이다. 그래도 수입은 좀 는 편인데, 2009년에 대학원을 졸업한 후부터 작년(2013년)까지는 연 수입이 10만 엔밖에 되지 않았다. 직업은 대학강사. 강좌 수를 늘려 보려고 여러 대학의 공모에 응해 보았지만 한 군데도 통과하지 못했다. 당연히 장학금을 갚을 수 없어 계속 유예시킬 수밖에 없었다. 연 수입이 300만 엔 이하면 5년간 유예시켜 주기 때문이다. 그러나 그 기간도 올해(2014년) 9월로 끝난다. 일본학생지원기구의 상환 압박은 나날이 엄청나게 강화되고 있다. 6년 전, 재산압류 재판은 연간 5건 정도에 지나지 않았으나 지금은 연간 6천 건을 넘고 있다. 무시무시하다. 물론 압류당할 저축 같은 게 있지도 않지만 그래도 압류 처분을 받으면 옴짝달싹할 수 없게 될 것이다. 예를 들어 금년부터 지인의 소개로 야마카타(山形)의 대학에서도 강의를 할 수 있게 되었다. 그런데 교통비가 한 번에 2만 엔씩 든다. 압류를 당하게 되면 대학에 갈 차비조차 없는 신세가 되는 것이다. '가난에 쫓겨 그저 나오는 것은 한숨뿐.' 나는 강의하러 가고 싶다.

일본에서 연구자로 살기 위해서는 넘어야 할 산이 너무 높다. 우선 대학에 가려면 돈이 든다. 사립대학은 일 년에 90만 엔, 국공립이라도 55만 엔. 부모의 수입으로 감당할 수 없으면 장학금 말고는 방법이 없는데 일본의 공적 장학금은 대출밖에 없다. 그것도 유이자가 대부분이다. 학부 4년간 대충 400만 엔에서 500만 엔, 대학원 석·박사 5년간 600만 엔에서 700만 엔이 든다. 학부와 대학원 모두 대출을 받은 학생은 졸업까지 천만 엔 넘는 빚을 지게 된다. 나는 대학원부터 빌린데다 무이자였기 때문에 그나마 형편이 나은 축이지만 이자가 있는 경우는 정말이지 문제다. 제대로 상환하지 못하면 이자만 해도 100만 엔, 200만 엔씩 쌓이게 되는 경우도 많다.

그러니 아무리 영리하고 연구에 흥미를 가진 학생이라도 웬만해서는 대학원에 가지 않는다. 더는 빚을 지고 싶지 않기 때문이다. 설사 대학원생이 되어도 상황은 마찬가지이다. 자신의 뜻에 맞지 않아도 교수의 지시에 따른다거나, 흥미가 없더라도 인기 있고 취직이 잘되는 연구 분야를 택한다. 먹고살아야 한다는 생각 때문이다. '이건 일이니까, 하고 싶은 공부는 대학의 전임강사가 되면 하자. 지금은 참는 거야.' 처음에야 모두 이런 생각을 하지만 정신 차리고 보면 거꾸로 가고 있다. '교수에게 칭찬받는, 취직으로 연결되는 연구가 좋은 연구야, 이걸 따르지 못하면 고집불통의 멍청이가 되는 거지.' 누구라도 일단 독촉에 시달리게 되면 자기도 모르는 사이에 빌린 돈 갚기에 골몰하게 되고 만다.

최근 몇 년간, 나는 친구들과 함께 대학의 장학금 문제를 토론하고 일본학생지원기구로 몰려가거나 문부과학성에 항의를 하러 갔다. 다른 국가와 비교해 볼 때 일본의 대학제도는 확실히 비정상적이다. 유럽의 경우, 대학의 수업료는 기본적으로 무상이고 생활비가 모자라는 학생에게는 장학금이 지급된다. 대출이 아니라 무상으로 제공받는 것이다. 부럽다. 수업료가 비싸기로 유명한 미국에서도 지급형 장학금 제도가 충실하다. 일본은 어느 쪽도 아니다. 그래서 이것은 세계적으로 볼 때 비상식적이라고 목소리를 높여 왔는데, 최근에는 문제가 좀 더 단순한 것이 아닐까 생각하게 되었다.

뒤에서 상세히 서술하겠지만, 이탈리아의 사회학자 마우리치오 라차라토(Maurizio Lazzarato)의 『부채인간 제조공장』에 의하면 자본주의의 근간은 부채이다. 당연한 말이지만, 원래 인간은 교환 불가능한 존재였다. 그런데 부채는 인간을 교환 가능한 것으로 만든다. 돈을 빌려가 갚지 않으면 인간 취급도 못 받는 것은 물론 가족들까지 난도질당해도 불평할 수 없다. 거역은커녕 '복종하는 삶'을 살게 된다는 점에서 노예제의 기원이라 할 수 있을 듯하다. 이 노예노동이 인간을 교환 가능한 것으로 만든 노동력 상품의 원형이다. 자본주의는 부채에 의해 움직이고 있다. 이렇게 생각하면 문제는 매우 단순해진다. '인간을 노예처럼 다루는 것은 옳지 않다. 그렇다면 자본주의는 옳지 않고 당연히 대출도 옳지 않다! 그러니 빚은 갚지 않아도 되는 것 아닐까. 좋아, 빌린 돈을 갚지 않겠어.' 그래 봤자 법률적으로 결국 뺏길 것은 모조리 뺏기게 되겠지만 이 대전제에서 시작하지 않으면 부채로부터 인간의 사상과 행동을 해방하는 것은 불가능하다.

1200년 전, 젊은 쿠우카이는 입신출세의 길을 버리고 불교에 입문했다. 가족으로부터 외면당하면서 무척 힘들어졌지만 쿠우카이는 끝까지 당당함을 잃지 않았다. 그렇게 쓴 것이 『산고우시키』이다. 이 책의 주제는 단 하나. 입신출세의 학문인 유교를 비판하는 것이다. '꺼져라, 유교. 잘 가라, 행복이여. 어차피 영화를 누려도 죽으면 한 줌 흙으로 사라질 뿐이다. 그렇다면 하고 싶은 것을 하면서 살고 싶다.' 그런 쿠우카이로부터 배운다. 부처에게 빚은 상관없는 것. 언제든 한 마리 나비처럼 극락을 향하여 단숨에 날아간다. 그러니 나비처럼 쑥스러운 듯 혀를 내밀며 말해도 된다. 난 더는 못 갚겠어.

자, 지금부터 이 책에서 나는 대학 무상화를 논하려고 한다. 왜 대학은 공짜여야 할까. 왜 일본의 대학은 수업료는 높고 장학금은 대출밖에 없는 것일까. 이런 질문에 하나하나 답해 갈 작정이다. 인간이 어떤 빚에도 속박되지 않고, 좋아하는 것을 충분히 좋을 만큼 생각하고, 원하는 방식으로 표현하는 것이 가능할까. 뻔한 대답인 것 같지만 그것을 제대로 할 수 있게 하는 것이 바로 학비 없는 대학이다. 대학 교육이 무상화되었을 때 진짜 자유는 시작된다.

덧붙여

이 글을 쓰고 있을 때는 장학금 반환 유예기간이 최대 5년간이었는데, 2014년 4월부터 10년간으로 연장되었다. 야호! 간당간당했다. 솔직히, '이미 틀렸어. 5만 엔, 10만 엔을 더 벌고 모아 봐야 전부 일본학생지원기구에 갖다 바치는 꼴이지'라고 생각하고 있었다. '뭐, 어떻게든 되겠지, 어차피 뺏길 테니까' 하며 자포자기하는 심정으로 쥐꼬리만 한 아르바이트비를 그동안 마구 쓰고 있었다. 비싼 헌책이나 전집류도 잔뜩 사들였다. 이런 나를 보다 못한 어머니가 화를 내시며 통장을 빼앗아 가 버렸을 정도다. 그러나 이제 걱정할 필요가 없다. 통장도 돌려받았다. 좋아서 죽을 지경이다. 물론 유예기간이 연장된 것만으로는 아직 멀었다. 원래 지급형 장학금이 없는 것이 문제니까 지금 있는 대출금도 모두 없었던 것으로 해 주면 좋겠다. 그게 안 된다면 적어도 저소득자에게는 기한 없이 상환이 유예되어야 한다. 그렇게 되는 데 이 책이 조금이라도 도움이 되었으면 좋겠다. 이렇게 말해 준다면 얼마나 좋을까.

"대출이 아니야, 그냥 준 거야."

하아, 생각만 해도 좋다.

원숭이의 대학

원숭이가 말했다

영화 <혹성탈출>을 좋아한다. 이전에 나온 다섯 편의 작품도 좋아하고 최근의 신작도 좋아한다. 좋아하는 이유는 단순하다. 원숭이가 말을 했다. 그저 그것뿐이다.

예를 들어 2011년에 나온 <혹성탈출─진화의 시작>에는 못된 인간이 원숭이를 집적거리며 놀리는 장면이 나온다. 채찍으로 때려도 물세례를 퍼부어도 이 바보 같은 녀석들은 우리들에게 복종한다고 인간들은 자신만만하다. 그런데 어느 날 주인공 원숭이가 갑자기 인간을 향해 소리친다. 하지 마!

이 소리를 듣고 허둥거리는 인간들의 꼴은 그냥 보기 아까울 정도로 통쾌했다. 쌤통이다. 인간이 아니라고, 가축처럼 노예처럼 다루었는데 원숭이들이 자기 목소리로 말하기 시작했다. 생각 같은 게 있을 리 없는데 말을 할 줄 알 리가 없는데, 정체도 알 수 없고 예측도 불가한 상황 앞에서 인간들은 갑자기 두려워진다. 이렇게 인간들이 당황하고 위축되는 순간, 이미 원숭이의 압승. 거기다가 침팬지는 침팬지대로, 오랑우탄은 오랑우탄대로, 고릴라는 고릴라대로 각자 특기를 살려 힘을 합치자 혼자서는 도무지 할 수 없을 것 같았던 일들이 가능해진다.

좋아, 가는 거야. 인간계라는 감옥을 탈출하는 거야. 달리고 달리고 또 달려서 뒤쫓는 인간들을 물리치고 숲으로 돌아간다.

빚을 갚는 일, 이것이 인간계의 족쇄다

그런데 왜 난데없는 <혹성탈출> 이야기일까. 지금 우리가 처해 있는 상황이 원숭이들과 똑같다고 생각하기 때문이다. 2007년 세계 금융위기 이후 우리는 빚에 얽매여 꼼짝달싹 못하고 있다. 정부도 기업도 개인도 여기도 저기도 빚, 빚, 빚. 빚을 쌓아 가며 살고 있다. 부채경제다.

1970년대부터 계속된 일이었다. 기업이 아무리 물건을 싸게 만들어도 팔리지 않는다며 오로지 불황, 불황이라는 말로 온 세상이 흉흉했다. 사실 경제의 규모를 줄여서 조금씩이라도 화폐경제에 기대지 않고 살 수 있도록 만들면 될 텐데, 자본주의는 그런 것을 허용하지 않는다. 악착같이 돈을 모을 것만을 무섭게 강요한다.

더 나쁜 것은 금융권력이다. 은행은 기업에게 이렇게 권한다. 돈을 빌려라. 모두 물건을 사지 않고 저축을 하고 있다. 그러면 그럴수록 이자가 내려간다. 이 말은 지금 빌리는 것이 이득이라는 이야기이다. 상식적으로 생각하면 아무리 저금리라도 이자가 붙으면 당연히 손해인데, 기업은 거기에 넘어가 버린다. 투자다, 사업확장이다, 빚은 벌어서 갚으면 된다 하면서.

그러나 싼 물건을 만들어도 사람들이 구매하지 않으니 빚은 늘어가고 그것을 갚기 위해 또 돈을 빌린다. 악순환이다. 물론 빚 독촉은 엄청나게 가혹하다. 채권자에게 돈을 벌고 있다는 것을 보여 주지 않으면 안 된다. 그 방편 중 하나가 정리해고이다. 노동자들을 왕창 해고시켜 노동비용을 줄인다. 언제라도 해고할 수 있도록 처음부터 비정규 고용으로 해 두는 것이 좋다.

결국 자본주의의 뒷감당을 하는 것은 언제나 일반 서민이다. 채권자에게 기업의 내실은 아무 의미가 없다. 경영 보고서상의 데이터가 흑자이면 된다.

이 시점에서 노동자는 이미 인간이 아니다. 언제든 유연하게 조작 가능한 수치, 통계적 존재일 뿐이다. 인간이 단순한 물량이 되고 있다. 가축이고 노예고 원숭이다. 보통 이런 취급을 받으면 어떻게 인간에게 이런 짓을 할 수 있냐고 모두가 분노하는 것이 당연하다. 그런데 좀처럼 그렇게 되지 않는다. 오히려 언제 잘릴지 모르니 언제든 다른 일자리를 구할 수 있도록 더 애쓰면서 살게 된다.

어쩌다 이렇게 되었을까. 그건 우리가 빚에 길들여져 버렸기 때문이다. 휴대전화와 인터넷 요금, 책과 각종 티켓, 특히 인터넷 쇼핑에서는 신용카드 결제가 보편화되어 있다. 그래서 의식하지 못하는 사이에 빚으로 쇼핑을 하게 되고 만 것이다. 우리는 빚을 갚기 위해 일하고 있다.

혹시 이 정도는 별것 아니라고 생각하는 사람이 있을지도 모르겠다. 그러나 순식간에 3대 대출(자동차대출, 교육대출, 주택대출)에 쓸려 들어가게 되고 만다. 특히 교육대출과 주택대출은 정말 심각하다. 20~30년에 걸쳐 갚아야 한다. 갚지 않겠다고 말할 수 없다. 빌린 것은 갚아라. 이것이 인간계의 족쇄다. 갚을 능력이 없다면 자신의 신체를 팔아서라도 갚아야 한다. 노예가 되라는 이야기다. 채무노예화이다.

한번 이 논리에 얽매이면 어지간해서는 벗어나기가 힘들다. 기업도 마찬가지다. 모두 어거지로 이런 논리에 갇혀 버린다. 이것은 자기 자신에 대한 투자다. 이 기회를 살려 더 많이 벌어서 잘나가는 인간이라는 것을 보여 주자. 이것이 사회인으로, 어른으로 살아가는 방법이다. 그래도 부족하다면 더욱 자기에 투자하라. 좀 더 돈을 들여서 자신을 갈고닦아야 한다. 각종 자격증과 어학능력. 이런 것이 2000년대 초반에는 자기관리다 진취적 정신이다 하면서 유행하였다. 그러나 되돌아보면 계속해서 악순환의 바퀴를 돌리는 일이었을 뿐이었다고 생각하게 된다.

물론 그런 짓을 해 보았자 지금은 비정규 고용이나 정리해고가 일반화되어 버렸기에 빚을 갚을 수 없는 경우가 많다. 그래도 조여 오는 부채의 족쇄. 빌린 것은 죽어서라도 갚아라. 어떤 수단을 쓰더라도 좋다. 남을 쓰러뜨리더라도, 자신의 몸을 망치더라도, 소중한 가족과의 시간을 희생해서라도. 어떤 것이든 상관없다. 돈이 되는 일이라면 가리지 마라.

이런 세상에 살고 있는 우리는 이미 인간이 아니다. 빚을 갚을 수 있는가 아닌가로 규정되는, 나 자신도, 남들도 그저 수치에 불과한 것이 되었다.

인간계를 탈출하라

장황하게 부채경제 이야기를 하고 말았지만, 지금의 대학은 가장 공략하기 만만한 시장 같은 곳이 되어 버렸다. 우리를 빚의 소용돌이에 몰아넣는 권력장치가 되어 버렸을지도 모른다. 특히 일본의 대학에서 벌어지고 있는 일들은 너무 노골적이다. 정부가 처음부터 고등교육에 돈을 들일 생각이 없었기 때문이다. 학비가 너무 비싸서 장학금 없이는 진학할 수 없다. 그리고 그 장학금은 대부분 대출이다.

아마 얼마 전까지는 한국도 일본과 사정이 별반 다르지 않았을 것이다. 그러나 지금 한국에서는 대학 수업료를 반값으로 하자는 운동이 벌어지고 있다고 들었다. 앞으로 어떻게 될지 모르겠다. 나는 무상화가 아니라면 반값이라고 해도 여전히 비싸다고 생각한다. 이유 없이 삐딱하게 보고 있는 것이 아니다. 대학에서 학비를 받는다는 것은 의도적으로 청년들을 빚쟁이로 만들려고 하는 것과 다를 바 없다.

젊었을 때부터 고액의 빚을 지게 하고 오로지 그것을 갚을 일만 생각하게 만든다. 이것은 인간계의 족쇄이며 그 족쇄를 기억하는 것이 교육이라고 말하고 있다. 빚을 지지 않았다 하더라도 아르바이트 같은 것을 하면서 등록금을 낸다면 그것을 회수하기 위해 돈 되는 것만을 생각하게 되고 만다. 그것이 부채다. 빚이다. 더 많이 빌려라. 그리고 그것을 바탕으로 더욱 좋은 취직자리를 찾아라. 돈, 돈, 돈의 자기투자. 그것으로 모자란다면 더욱 돈을 들여 자기를 갈고닦아서 스펙을 쌓아라. 이미 제대로 된 일자리 같은 것은 어디에도 없지만 한번 이 소용돌이에 말려

들면 멈추려 해도 멈출 수 없다. 무의미하다. 정말 참을 수 없다.

한국이든 일본이든 대학생은 무시당하고 있다는 것을 확실히 자각하지 않으면 안 된다. 이 녀석들은 아직 미숙하니까 빌린 돈은 꼭 갚는 거라는 적당한 윤리의식만 심어 놓으면 된다고 무슨 말이든 잘 들을 거라고 여기는 거다.

어쩌면 좋을까. 금융위기 이후 미국에서도 명백하게 교육비가 삭감되고 학비가 인상되고 있었다. 그러나 당시 학생들이 여기에 항의하여 대학에 텐트를 쳤다. 그것이 화제가 되고 확산되어 세계 각지에서 대학 점거가 일어났다. 2011년 이 흐름으로부터 월스트리트 점령 운동이 시작되었다. 주장은 단지 하나, 노예의 삶을 거부하는 것이다.

매우 중요한 사실이므로 반복해서 말해 두고 싶다. 대학생은 무시당하고 있다. 일본에서도 한국에서도 마찬가지이다. 등록금이 있는 한 대학생은 부채경제를 원활하게 돌리는 데 필요한 호구일 따름이다. 이 썩어빠진 세상에 손가락을 세우고 퍽큐를 날리자. 단 한 번이라도 좋으니 목소리를 높여 외쳐 보자. 하지 마, 하지 마, 하지 마! 그리고 <혹성탈출>의 원숭이처럼 숲으로 가자. 대학을 숲으로 만들자. 모두 손을 잡고 빚의 감옥에서 탈출하자. 돈이 없으면 밤이라도 줍자. 돈이 필요하면 길에서 군밤이라도 팔자. 원숭이가 가는 곳, 어디든 숲이다.

아마도 이런 짓을 한번 해 보면 누구라도 깨닫게 될 것이다. 생각보다 괜찮은데. 게다가 자기 혼자서는 안 되는 일도 친구가 있으면 완전히 달라진다. 저 녀석이 있으니 이런 일도 되는데, 이 녀석이 있으니까 또 저런 일도 되는군 하는 식으로 되는 일이 점점 늘어날 것이다. 내가 할

학생에게 임금을

수 있는 일이 점점 많아져 간다. 그것이 진짜 대학이다. '더 이상 참을 수
없어. 우리들의 길을. 절대로 헤어지지 않을 벗들의 손을 굳게 잡아라.'[*]
빚을 갚아야 하는 것은 우리가 아니다. 저들이다. 인간계를 탈출하자. 원
숭이들이 진짜 대학을 만든다.

2016년 봄

구리하라 야스시

● 나가부치 츠요시(長渕 剛)의 노래 〈인연(絆)〉의 가사.

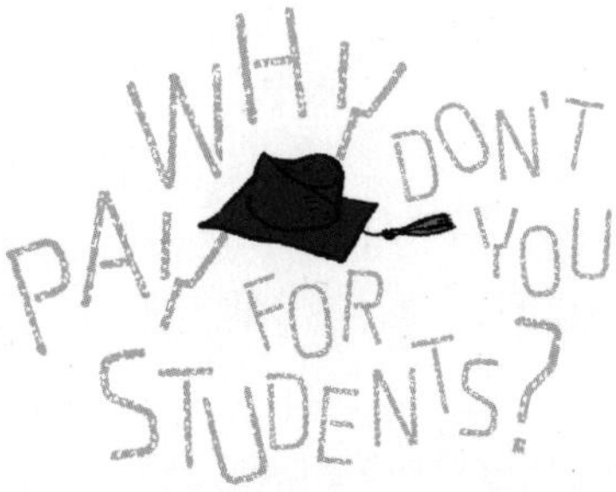
WHY DON'T YOU PAY FOR STUDENTS?

서문 • 5

한국어판 서문 • 11

1장 학생에게 임금을 • 22

보론 대학도박론—채무노예화인가, 기본소득인가 • 56

2장 장학금 지옥 • 78

대담 다시 '학생에게 임금을'을 생각한다 • 106

3장 부채학생 제조공장 • 128

보론 대학생, 기계를 부수다—러다이트들 • 159

4장 불온한 대학 • 184

좌담 잘 가, 취직활동! 안녕, 꿈의 대학! • 221

저자 후기 • 245

주석 • 256

한국어판 기획좌담 • 264

학생에게 임금을

단 4년만이라도 좋아하는 것을 충분히 좋을 만큼 생각해도 괜찮은
시간이 있다면 그건 얼마나 멋진 일일까. 누구라도 엄청난 해방감
속에 '하아, 살아 있어 다행이야'라고 진심으로 생각하게 될 것이
다. 당연히 그 후에 오는 시간은 전혀 다른 삶이 될 것이다.

2003년경 나는 대학원의 박사과정에 들어갔고 학부생
때부터 계산하면 몇 백만 엔이나 되는 수업료를 대학에 내고 있었다. 부
모로부터 상당한 돈을 지원받고 있었지만 그것만으로는 부족했으므로
아르바이트를 했다. 대학원에 들어와서는 일본학생지원기구(이하 학생지
원기구)로부터 장학금을 빌려서 학비와 생활비를 충당하고 있었다. 장학
금이라고 하지만 일본의 경우 그것은 대부분 대출이다. 앞서 말했다시
피 나는 대학원 석사과정과 박사과정을 합해 5년간 장학금을 빌렸고 총
액은 635만 엔이었다. 학부생 때부터 빌린 후배들은 천만 엔이 넘는 빚
을 지고 있었다. 그러나 학생 때의 나는 이를 당연한 거라고 생각했다.

학생에게 임금을

기껏 어렵게 인문계 대학원을 나와도 취직자리가 많지 않으니 솔직히 불안하다. 친구들 중에는 정신적으로 육체적으로 병들어 연락이 끊긴 이들도 많다. 왜 공부를 하면서 이렇게 괴로운 생각을 해야 하나 싶어 언젠가 교수님들께 푸념을 했더니 이런 대답이 돌아왔다.

"우리들 교수는 여러분이 필사적으로 번 돈을 받고 있습니다. 그러니 또한 필사적으로 높은 수준의 학문을 여러분에게 제공할 수 있도록 노력해야 합니다."

처음엔 '비싼 수업료를 내고 있으니까 열심히 공부해 그만큼 내 것으로 만들어야지' 따위 순진한 생각을 하면서 그냥 그런가 보다 넘어가게 되었다.

그때 읽은 것이 「학생에게 임금을」이라는 제목의 글이었다. 희한한 이야기를 하는 사람이 있구나 생각하며 건성으로 훑어보았다. 그런데 읽으면 읽을수록 내 이야기다 싶게 공감이 되었다.

대학생은 이중의 의미에서 노동자이다.

첫째, 교육비와 교육 기간 동안 먹고살기 위해 생활비를 벌지 않으면 안 된다. 본분인 연구와는 전혀 관계없이, 쓸데없는 임노동에 종사하며 소모당하고 있다.

둘째, 교육이라고 하는 상품, 상품이라고 하는 체제를 유지시키는 불가결의 요소로서 대학생은 대학생으로 존재하고 있다. 이 경우 단지 수업을 듣는 행위를 넘어 거기서 배운 내용을 기억하는 것, 밝고 원만하게 행동하는 것, 대학자치라는 체제를 위해 분주하게 활동하는 것까지 포함되어 있다. 대학생들의 지속적인 활동과 창의와 인내가 없으면 대학생은 존재할 수 없고 대학은 대학이 아니게 된다.[1]

정말 그렇다. 학생들은 모두 일하고 있다. 문자 그대로의 의미로 많은 학생들이 대학에 다니기 위해 아르바이트를 하고 있다. 2012년 학생지원기구 '학생생활조사'에 의하면 아르바이트를 하고 있는 대학생은 약 74퍼센트, 그중 40퍼센트는 학비를 벌기 위해 일하고 있다고 한다. 겨우 대학에 들어와서도 학비를 버느라 아르바이트하기 바빠서 책 읽을 시간조차 없는 학생들이 많다. 그리고 대학에서 공부하는 것 자체가 노동이라는 지적도 맞다. 잘못해서 1교시 수업을 신청하는 바람에 한겨울 아침에 찬바람과 졸음을 참고 수업에 나온다. 그 수업이 최악으로 지루할 때, 그 고역에 대해서 돈을 요구하고 싶다고 생각한 것이 몇 번이었는지 모른다. 혹은 논문 제출을 위해서 교수로부터 성희롱이나 인격침해를 당해도 웃는 얼굴로 꾹 참아 온 학생은 또 얼마나 많을지. 확실히 학생은 항상 일하고 있다.

그러나 좀 더 공부의 의미를 넓혀서 생각해 보면, 학생들에게 공부는 고역이기만 한 것이 아니라 즐거운 일(이것이 더 중요한 것인데)일지도 모른다. 원래 대학에서의 지적 활동은 교수들만 하는 것이 아니라 학생들도 하고 있다. 예컨대 철학이건 문학이건 역사건 수업시간에 교수가 무언가를 가르친다고 하자. 흥미를 가진 학생 중에는 그것을 바탕으로 독서회를 만들어 더 독창적인 사유를 만들어 내는 이들도 있을 것이다. 교수에 따라서는 학생의 반응에 자극받아 더 깊이 있게 논의를 펼쳐 가는 경우도 있지 않겠는가. 교수들도 처음부터 독자적인 의견을 갖고 있었던 것이 아니라 그 분야의 축적된 연구 성과에 바탕하여 나름의 이론을 세워 가는 것이다. 대체로는 모두 '복붙(copy and paste)'이다. 그러므로 교수나 학생이나 하고 있는 일은 그다지 다르지 않다. 지식이란 한 번 사용하면 소모되는 상품이 아니라 쓰면 쓸수록, 즉 공유하는 사람이 많으면 많을수록 더 다양하게 깊어지는 것이다.

최근 대학 무상화와 관련하여 주목할 만한 발언을 하고 있는 시라이시 요시케루(白石嘉治) 씨는 이러한 대학의 지적 활동을 공공재라 부르며 다음과 같이 논하고 있다.

원론적으로 보았을 때 대학에서 다루어지는 인식과 언어, 혹은 과학 지식 등은 본래 교환 논리와 친하지 않다. 경제학이 전제로 하고 있는 '트레이드 오프(trade off)', 혹은 경제학의 재화가 전제하고 있는 희소성의 논리에 따르지 않는다. 이러한 인식과 지식 등은 '공공재'라고도 말할 수 있다. 그것은 내놓는다고 없어지는 것이 아니며 당연히 교환 논리로 잡히지도 않는다. 다시 말해 '트레이드 오프'가 작동하지 않는 것이다. 또 어떤 것의 가격을 공짜로 정했을 경우 쉽게 고갈되어 버릴 것에 대비하여 가치 가격을 더해 수요와 공급의 균형을 맞춰 주는 것을 희소성의 원리라 한다. 그러나 인식과 지식, 혹은 예술작품의 감상 등을 포함하여 대학이라고 하는 장소의 근간을 이루는 '공공재'는 희소재가 아니다. 아무리 사용해도 고갈되지 않는다.[2]

보통 경제학의 재화는 희소성이 있으므로 가치가 있고, 거기서 가격이 발생한다고들 한다. 이런 전제가 있기 때문에 돈을 받고 재화를 제공하는 생산자와 돈을 내고 재화를 받는 소비자 간의 거래가 가능해진다. 이에 비해 공공재에는 희소성이 없다. 아무리 사용해도 없어지는 것이 아니기 때문이다. 게다가 사용하면 사용할수록 모두에게 재미있고 가치있는 것들이 점점 늘어나게 된다. 대학의 지적 활동이란 이런 것이므로 경제학의 재화와는 전혀 성격이 다른 것이다. 이 경우, 생산자와 소비자의 구분이 있을 수 없다. 공공재를 사용하고 있는 모든 인간이 타인의 활동에 거저 올라타 있다고 할 수도 있고 모두가 함께 일하고 있다고 말할 수도 있지 않을까.

여기까지 생각해 보면, 앞에서 언급한 교수님들의 말은 좀 이상하다. "우리 교수들은 자네들이 필사적으로 번 돈으로 월급을 받고 있네. 그러니 수업에서는 되도록 좋은 서비스를 제공해야만 하겠지." 무언가 이상하다. 분명히 우리는 학생일 때 소비자이기만 한 것이 아니라 교수와 함께 지적 활동을 수행하고 있기도 했을 것이다. 그런데도 돈을 받는다든가 지불해 왔다든가 하는 말은 무슨 뜻인가. 도대체 대학의 수업에서 배운 것이 단 하나라도 있었던 것일까. 내 자신을 돌아볼 때, 재미있는 것은 대체로 동아리의 스터디 그룹이나 친구와의 수다로부터 배우지 않았는가 싶다. 재미없는 수업을 듣느라 지적 활동을 벌일 중요한 시간을 빼앗겼고 아르바이트로 바빠서 책 읽을 시간도 없을 때 돈만 내고 지적 활동에 관한 권리를 빼앗기고 있었던 것이다. 돈이 없어서 입학하지 못한 학생까지를 포함하면, 대학의 수업료는 많은 사람들로부터 지적 활동을 할 권리를 빼앗고 있다. 이것을 더 분명히 하기 위해서 한 번 더 「학생에게 임금을」이라는 글을 인용해 보자.

대학에 돈을 내고, 뭔가를 받았는가. 혹시 뭔가를 계속 빼앗기고 있기만 하지는 않았는가. 강의를 들으면서 하고 있는 작업은 그것 자체로 임금을 요구하기에 충분한 노동이다. 그 강의 내용이 만약 시원찮은 거라면 1.25배의 금액을 요구해야 한다. 대학에 억지로 봉사하고도 받지 못한 돈을 요구하자. 학비로 낸 돈을 돌려받아 연구에 쓰자. 연구를 위해서는 무언가를 생각하는 시간과 생각하지 않는 시간이 듬뿍 필요하다. 일에 쫓기다 보면 쓸데없는 것밖에 생각나지 않는다. 생활비는 전부 대학이 책임지는 것이 옳다. 연구비를 포함한 생활비를 요구하자.

우리는 매우 부당하게 학비를 요구당해 왔다. 슬슬 돌려받아도 좋을 때다. 합쳐서 미지급분까지 돌려받는다면, 연구하기에 넉넉한 시간이 생길 것이다. 일본은 세계에서 유례없이 높은 수업료를 내고 있음에도 대학 진학률은 50퍼센트가 넘는다. 거기다 통신대학과 방송대학, 실습대학까지 포함하면 80퍼센트에 가까운 진학률을 보인다. 모두 그렇게나 공부하고 있는데 거기에 왜 연구비와 생활비가 지급되지 않는 것일까. 반대로 대학에서 돈이 나온다면 분명 예상도 못한 효과가 발휘될 것이 틀림없다.

물론 그렇게 해서 이 사회가 좋아질지는 알 수 없다. 그러나 적어도 이것만큼은 확실하다. 초등학교 때부터 고등학교에 가기까지, 취직을 위해 아무것도 생각하지 않고 수험공부를 해야 한다거나, 대학에 들어가서도 취직하는 것만을 생각하라든가, 취직하고 나서도 가족을 위해 일하는 것만을 생각해야 한다든가 하는 소리를 듣는 것이 얼마나 힘들고 괴로운가 하는 것. 취직을 위해 이렇게 해라, 저렇게 해라 하는 소리만 잔뜩 듣고, 자기 인생을 천천히 스스로 생각할 수 없기 때문에 사는 것 자체가 힘들고 괴로운 것이다. 그러므로 단 4년만이라도 좋아하는 것을 충분히 좋을 만큼 생각해도 괜찮은 시간이 있다면 그건 얼마나 멋진 일일까. 누구라도 엄청난 해방감 속에 '하아, 살아 있어 다행이야'라고 진심으로 생각하게 될 것이다. 당연히 그 후에 오는 시간은 전혀 다른 삶이 될 것이다.

학생에게 임금을!

이렇게 힘들고 괴로운 사회를 끝장내 보자. 우린 늘 생각해 왔다. 책을 읽고 싶다, 술을 마시고 싶다, 그러려면 돈이 필요하다라고. 그러나 여전히 '학생에게 임금을'이라는 말에 저항감을 느끼는 사람이 있을지도 모르겠다.

유럽에서는 수업료가 공짜이며, 돈이 든다 하더라도 일 년에 수만 엔 정도라는 것은 꽤 알려져 있다. 실제로 고등학교 무상화가 유럽에서 보급된 것은 1970년대 초반이다. 그리고 그 사상의 원류가 '학생에게 임금을'에 있다고 한다면 어떨까. 다소 과장된 어법일지도 모르겠지만 '학생에게 임금을'은 대학 무상화의 핵심이다.

우선은 유럽의 역사를 훑어보면서 이 사상이 구체적으로 어떤 맥락에서 주장되었는지 살펴보자.

> 학생도 실업자도 주부도 모두 사회적 노동자일 수밖에 없는 존재
> 이다. 그런데도 모두 묵묵히 공짜노동을 하고 있다. 이것은 명백히
> 착취다. 어째서 여성은 남편의 뒷바라지를 하고, 아이를 키우고, 때
> 때로 부모를 돌보기까지 하는데 돈을 받지 못하는 걸까. 어째서 학
> 생은 공장을 돌리기 위해 재미없는 공부를 해야만 하는데 돈을 받
> 지 못하는 걸까. 어째서 실업자는 언제 어디든 당연히 일하러 나가
> 야 한다는 괴로움으로 생활을 이어나가고 있는데 돈을 받지 못하
> 는 걸까. 이상한 일이다.

1960년대 말, 전 세계적으로 학생운동 바람이 몰아쳤다. 특히 이탈리아의 학생운동은 '학생임금'을 슬로건으로 내걸었다. 1967년 2월, 이탈리아 피사대학의 학생들이 대학 점거를 결행하여 '피사 테제'라고 하는 강령를 발표했는데 요약해 보면 이렇다. 오늘의 자본주의는 고도의 선진기술에 바탕하여 모든 생활이 이루어지는 사회로 가고 있다. 많은 업무들이 대학 수준의 지식을 필요로 하게 되었고, 대학생들은 매우 중요한 미래 노동력이라고 말할 수 있다. 일찍이 대학생을 특권적 엘리트라고 생각하던 시대도 있었으나 이제는 그렇지 않다. 대학생은 차세대의 노동력이며 노동자계급의 일원이라고 생각해야만 하는 시대인 것이다. 혹은 학생은 자본주의를 지탱하기 위해 대학에서 선진기술을 학습받고 있으며 그 시점에서 이미 노동하고 있다. 좀 더 분명히 말하자면 대학생은 공짜 노동을 하고 있고 완전히 착취당하고 있다. 그렇다면 지금 대학생이 요구해야만 하는 것은 무엇인가. '학생에게 임

금을.' 이탈리아의 대학은 한목소리로 이 슬로건과 함께했다. 한편 그즈음, 이탈리아에서는 대학개혁법안이라는 것이 제출되었는데 여기에 반대하는 움직임이 확산되고 있었다. 대학에 대한 정부의 개입을 강화한 이 법안이 대학의 자치를 파괴한다고 생각했기 때문이다. 학생뿐 아니라 대학교수와 강사, 대학에 관계된 대부분의 사람들이 뜻을 같이했다.

이러한 때에 피사대학에서 열린 전국학장회의에 참석한 학장들이 정부의 방침에 따르겠다는 결의를 하려 했던 것이다. 학생들은 대학을 점거하여 전국학장회의에 항거했고 앞서 언급한 '피사 테제'를 발표했다. 이 움직임은 바로 전국의 대학으로 퍼져나갔다. 토리노, 나폴리, 제노바, 토렌토에서도 대학 점거가 벌어졌다. 그리고 5월에는 밀라노, 로마, 볼로냐까지 퍼져서 전국적 학생운동으로 확산되었다. 그리고 같은 해 11월 토리노에서 다시 대학 점거가 일어났다. 건축학부 이전에 반대하여 학생들이 학장실을 점거하였고, 뒤이어 법문학부의 학생들도 건물을 점거한 것이다. 대학은 경찰을 학내로 불러들여 일단 점거를 해제시켰으나 학생들도 가만있지만은 않았다. 곧바로 재점거를 개시했다. 수업이 재개되자 학생들은 수업을 방해하는 것으로 맞섰다. 그리고 세 번째의 대학 점거가 시작되자 학장은 마침내 문학부, 법학부, 교육학부의 전면봉쇄를 명하고 학생들을 쫓아냈다. 이탈리아에서는 이례적인 사태였기에 '토리노의 반란'이라 불릴 정도였다.

이듬해에는 더욱 과열되어 1968년 2월 전체 대학의 60퍼센트 이상인 28개 대학이 점거상태가 되었다. 그 뒤에도 파리 5월혁명과 연동하여 대학 점거는 계속되었으며 다음 해 6월 여름방학 때까지 멈추지 않았다.

'학생에게 임금을'은 바로 이런 학생운동 속에서 잉태된 것인데, 그 이론적 근거는 1960년대의 오페라이스모(operaismo)였다. 오페라이스모는 노동자주의라는 의미로 당시 이탈리아 좌파들이 사용하고 있던 개념이다. 공산당계 지식인에서 신좌파 활동가에 이르기까지 폭넓게 공유되고 있었다. 그중에서도 키워드가 된 것은 마리오 트론티(Mario Tronti), 안토니오 네그리(Antonio Negri)가 제기한 '사회공장'이라는 개념이다. '사회공장'이란 문자 그대로 사회 전체가 하나의 공장이라는 것을 의미한다. 오늘날 자본주의는 공장이나 회사의 사무실 같은 소위 생산의 영역뿐 아니라 재생산의 영역까지 지배하고 있다. 그렇게 하지 않으면 자본주의는 성립이 되지 않는다.

예를 들어 공장은 재생산 영역에서 바쁘게 가사노동을 하는 여성, 대학에서 고도의 선진기술을 익혀 온 학생, 언제라도 값싸고 위험한 일을 맡아 주는 실업자가 있기에 생산이 가능하다. 모두가 각자 온종일 사회라는 공장에서 일하고 있다. 그것도 너무 많이 일한다.

학생도 실업자도 주부도 모두 사회적 노동자일 수밖에 없는 존재이다. 그런데도 모두 묵묵히 공짜노동을 하고 있다. 이것은 명백히 착취다. 어째서 여성은 남편의 뒷바라지를 하고, 아이를 키우고, 때때로 부모를 돌보기까지 하는데 돈을 받지 못하는 걸까. 어째서 학생은 공장을 돌리기 위해 재미없는 공부를 해야만 하는데 돈을 받지 못하는 걸까. 어째서 실업자는 언제 어디든 당연히 일하러 나가야 한다는 괴로움으로 생활을 이어나가고 있는데 돈을 받지 못하는 걸까. 이상한 일이다.

가사노동에 임금을.

학생에게 임금을.

실업자에게 임금을.

이 시기, 트론티와 네그리는 이런 논의를 더욱 밀고나가 사회임금이라는 개념을 선보였다. 무척 간단한 논리이다. 가정과 학교뿐 아니라 현재의 사회 전체는 하나의 공장이다. 어떤 상황에서든 인간은 살아 있는 한 노동을 하게 되어 있다. 그러므로 모든 인간에게 조건 없이 기본적인 임금을 달라는 것이다. 이 논리는 최근 기본소득이라는 개념으로 더욱 널리 알려지고 있다. 물론 이탈리아 정부는 사회임금 같은 것을 인정하지 않았다. 그러나 청년들은 그것을 자기 멋대로 실현시켰다. 임금을 받는 대신 교통기관에 무임승차하고, 극장에 가서 오페라를 공짜로 관람하고, 슈퍼마켓으로 몰려가 물건을 그냥 가져왔다. 말하자면 자발적 할인이었다. 또 빈집을 불법점거하고 거기서 공동생활을 하기도 했다. 이런 행동은 1970년대에 이르러 아우토노미아(자율주의) 운동이라고 불렸는데 1977년 대탄압을 받을 때까지 점점 더 과열되었다.

조금 이야기가 벗어났지만 1970년대 초반에 벌어진 '학생임금' 운동은 대학 무상화로 결실을 맺었다. 이탈리아만이 아니었다. 독일과 프랑스, 영국 등 유럽 전체에서 고등교육 무상화가 진행되었다. 물론 정부가 학생임금을 인정했을 리는 없다. 그러나 산업계에 선진기술을 익힌 학생이 필요하다는 것은 누가 봐도 명확한 일이었다. 실제로 1960년부터 1970년까지 10년 동안 선진국에서는 학생 수가 몇 배나 늘었다. 그러나 그사이에 학생운동 붐이 일면서 이탈리아처럼 유럽의 많은 대학이 학생들에 의해 점거되고 수업이 중단되었다. 사태가 심각해지자 정부는 원인을 찾기 시작했다. 각국 정부는 대학이 학생 수의 급증에 대응하지 못하고 있다고 생각했다. 그리고 이에 대한 대책은 극히 단순한 것이었다. 대학에 돈을 들이는 것이었다. 대학의 설비를 갖추고 교원을 늘리는 것. 미래의 노동자가 안정적으로 학습할 수 있도록 우선 생활비를 보장하는 것. 대학의 수업료를 공짜로 하고 지급형 장학금을 만드는 것. '학생에게 임금을'이라는 슬로건은 애초의 의도와는 달랐을지 모르지만 대학 무상화를 위한 압력이 되어 각국 정부로부터 미래의 노동자를 위한 소득보장이라는 입장을 이끌어 낸 것이다.

대학 무상화. 그것은 교육의 기회균등을 의미한다. 그런데 교육의 기회균등이라는 것은 대체 무슨 뜻일까. 그것은 인종과 신념, 성별, 신분, 경제적 지위에 상관없이 모든 인간이 평등하게 교육을 받을 수 있어야 한다는 것이다. 그렇지 않으면 태어나는 그 순간부터 사회적 차별과 불평등으로부터 벗어날 수 없게 되기 때문이다. 교육의 기회균등이 확실히 보장되지 않는 곳에서는 출발선의 차이에 의해 처음부터 아이들의 장래가 결정되어 버리고 만다. 예컨대 부모가 죽어 버린다든가 해고당한다든가 하는 이유로 대학을 단념할 수밖에 없는 아이가 있는 한편, 부모가 부자라는 이유만으로 어떤 수고도 없이 사립명문학교에 들어간다든가 연줄로 엘리트 기업에 취직하는 아이가 있다. 2013년의 '아시나가 육영회조사(あしなが育英会調査)'에 의하면 부모가 없는 아이들 중 취업 예정 고교 3년생의 53퍼센트가 경제적 사정으로 대학 진학을 포기했다

고 한다. 또 다소 오래된 자료이긴 하지만 2009년 도쿄대학 경영·정책연구센터의 「보호자의 수입과 진로」에 의하면 연 수입 200만 엔 미만 가정 자녀의 대학 진학률은 겨우 28퍼센트 정도에 그치고 있다. 반대로 연 수입 1200만 엔 이상 가정의 대학 진학률은 60퍼센트를 넘어선다.

교육의 기회균등은 이러한 불평등을 시정하고 모든 인간이 장래의 희망을 품을 수 있게 하는 것을 목표로 한다. 그것은 배움이라는 기본적 인권을 보장하는 것일 뿐 아니라 긴 안목으로 보자면 무척 효율적인 사회적 투자이다. 모든 인간이 사회를 위해 배우고 사회를 위해 일한다는 것을 추구한다는 점에서 그렇다. 이 이념은 원래 1793년 프랑스 혁명기 국민교육법안에서 출발한 것으로 그 후 1848년 마르크스(Karl Marx)·엥겔스(Friedrich Engels)의 『공산당선언』과 프랑스 2월혁명의 헌법초안 등으로 이어졌다.[3] 현대에는 기본적 인권으로서 1966년 국제인권규약 제13조에 명기되기에 이르렀다. 좀 길기는 하지만 매우 중요한 조항이므로 전문을 인용해 보자.

1. 이 규약의 체약국은 교육에 대한 모든 인간의 권리를 인정한다. 체약국은 교육이 인격의 완성과 인격의 존엄에 대한 의식이 충분히 발달하는 방향으로 나아가야 하며 동시에 인권과 기본적 자유를 더욱 존중해야 한다는 데 동의한다. 나아가 체약국은 교육이 모든 인간이 자유사회에 효과적으로 참가하게 하고 민족 간, 인종·종족·종교적 집단 간의 이해·관용·우호를 촉진하며 평화 유지를 위한 국제연합의 활동을 증진시킬 수 있어야 한다는 데 동의한다.

2. 이 규약의 체약국은 1의 권리를 완전하게 실현시키기 위해 다음 사항을 인정한다.

a)초등교육은 의무적인 것이므로 모든 사람에 대해서 무상으로 실시한다.

b)여러 형태의 중등교육(기술 또는 직업 중등학교 포함)은 적정한 수단 및 무상교육의 점진적인 도입에 의해 일반적으로 이용 가능하게 하며 모든 사람에게 기회가 주어질 수 있도록 한다.

c)고등교육은 적정한 방법 및 무상교육의 점진적인 도입에 의해 모든 사람이 능력에 맞는 교육을 받을 기회를 얻을 수 있도록 한다.

d)기초교육은 초등교육을 받지 못했거나 또는 전 과정을 수료하지 못한 사람을 위해 되도록 장려·강화되도록 한다.

e)모든 단계에 걸친 학교제도의 발전을 적극적으로 추구하고 적절한 장학제도를 설립하여야 하며 교육직원의 물질적 처우가 부단히 개선되도록 한다.

— 국제인권규약 제13조

유럽에서는 이러한 규약을 전제로 하여 초등교육부터 고등교육까지의 기회균등이 설계되어 있다. 유럽뿐만 아니라 이 규약에 서명한 모든 나라가 불충분하나마 조금씩 교육의 기회균등을 목표로 나아가고 있다. 물론 일본도 1979년에 국제인권규약에 비준했고 원래부터 이와 유사한 법률도 있었다. 예컨대 일본헌법과 교육기본법에는 다음과 같은 법률이 있다.

제11조 기본적 인권의 향유

국민은 모든 기본적인 인권 존중의 향유를 방해받지 않는다. 이 헌법이 국민에게 보장하는 기본적 인권은 침해할 수 없는 영구한 권리로서 현재의 국민과 미래의 국민에게 주어진 것이다.

제 26조 교육을 받을 권리, 교육의 의무

1. 모든 국민은 법률이 정하는 바에 따라 그 능력에 따른 동등한 교육을 받을 권리를 가진다.

2. 모든 국민은 법률이 정하는 바에 따라 그의 자녀에게 보통교육을 받게 할 의무가 있다. 의무교육은 무상으로 한다.

— 일본헌법

1. 모든 국민은 동등하게 그 능력에 맞는 교육을 받을 기회를 부여받아야만 한다. 인종·신념·성별·사회적 신분·경제적 지위에 의해 교육상 차별받지 않는다.

2. 국가 및 지방공공단체는 장애가 있는 자가 충분한 교육을 받을 수 있도록 그 장애에 맞게 교육상 필요한 지원을 해야만 한다.

3. 국가 및 지방공공단체는 능력이 있음에도 불구하고 경제적 이유 때문에 수학이 불가능한 자에 대해서 장학의 조치를 취해야만 한다.

— 교육기본법

일본에서도 모든 인간이 교육받을 권리를 가지며, 그것이 기본적인 인권이라는 것을 인정하고 있다. 그러나 문제는 오랫동안 일본에서 교육의 기회균등을 말할 때 초등교육만 해당되었다는 것이다. 초등학교와 중학교의 의무교육은 필요하며 모두가 보장받아야만 하지만 고등학교와 대학교는 각자의 선택에 맡길 수밖에 없으며 각자 부담이 당연하다고 생각되어 왔다.

일본은 앞서 인용한 국제인권규약 제13조 2항, 중등교육, 고등교육의 무상화를 말한 b)항, c)항을 유보하고 있으며 오랫동안 비준하지 않고 있다. 여러 번 국제연합 인권위원회로부터 권고를 받아 일본 정부(외무성)가 마지못해 유보를 철회한 것이 최근인 2012년 9월이다. 이때까지 이 조항을 유보한 것은 무려 마다가스카르와 일본뿐이다. 놀라운 일이다. 이렇게 말하면 안 되겠지만 마다가스카르가 비준하지 않은 이유는 알 것 같다. 경제적 사정 때문에 어쩔 수가 없었을 것이다. 그런데 일본은 왜 그랬을까. GDP(국내총생산)로 본다면 일본은 세계 3위의 경제대국이다. 그런데도 고등교육 무상화를 위해 노력하는 것조차 계속 거부해 왔던 것은 왜일까. 고등교육 같은 건 어찌 되어도 상관없다고 말하고 싶었던 것일까. 실제로 일본의 고등교육에 대한 공적 지출은 압도적으로 부족하다. OECD(경제협력개발기구) 국가들과 비교한 <그림 1>을 보자.

이 표는 GDP 대비 OECD 제 국가의 고등교육 예산 비율을 나타낸 것이다. 각국이 고등교육에 얼마만큼의 예산을 쓰고 있는지를 잘 보여준다. 표를 보면 일목요연하게 알 수 있듯이 고등교육에 대한 일본의 공적 부담은 놀라울 정도로 적다. 굳이 강조해 두고 싶은 까닭은 조금 적은 정도의 수준이 아니라 최저이기 때문이다. OECD 평균이 1.1퍼센트인데 일본이 0.5퍼센트니까 일본은 평균의 반 이하의 돈만을 고등교육

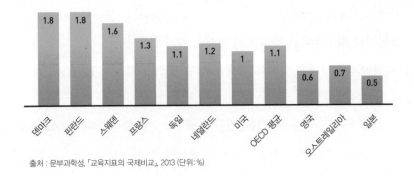

출처 : 문부과학성, 「교육지표의 국제비교」, 2013 (단위 : %)

〈그림 1〉 고등교육에 대한 GDP 대비 공적 지출 · OECD 비교

에 쓰고 있다.(같은 정도로 낮은 영국과 오스트레일리아에 대해서는 2장 97쪽 참조.) 덴마크와 핀란드, 스웨덴 등의 북유럽 국가와 비교하면 일본은 3분의 1, 4분의 1 정도밖에 쓰고 있지 않다. 이 수치를 보면 일본의 대학 수업료가 높은 이유를 확실히 알게 된다.

더구나 <그림 2>를 보면 일본에서는 고등교육에 대한 사적 부담 비율이 공적 부담에 비해 매우 높다는 것을 알 수 있다.

미국은 일본보다 대학 수업료가 높다고 말하지만 그래도 국공립은 부담이 적고 공적 장학제도도 충실하다. 그러므로 실제로 일본처럼 사적 부담이 높지 않다. 일본처럼 국립과 사립이 모두 수업료가 높고 제대로 된 장학금이 없는 나라는 어디에도 없다. 일본은 확실히 고등교육의 기회균등을 경시하고 있다.

'학생에게 임금을'이라든가, '교육의 기회균등' 같은 것이 다소 추상

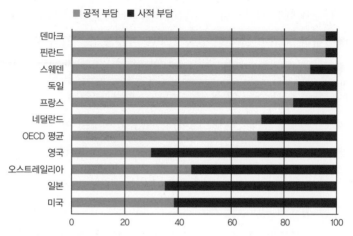

출처 : 문부과학성, 「교육지표의 국제비교」, 2013 (단위 : %)

〈그림 2〉 고등교육에 대한 공적 부담과 사적 부담의 비율 · OECD 비교

적으로 느껴질 수도 있다. 그다지 잘 아는 분야는 아니지만 이왕 말이
나온 김에 대학은 이익을 얻고 있으므로 돈을 내놓으란 이야기를 좀 더
직설적으로 해 두고 싶다. 우선 가장 쉬운 예로 의사 부족 문제를 보자.
2008년 9월, 임산부가 뇌출혈을 일으켜서 구급차에 실려 왔다. 그러나
도내의 8개 의료기관이 대응할 수 있는 의사가 없다는 이유로 모두 환자
를 거부, 임산부가 사망한 사건이 일어났다. 이 사건은 미디어에서도 비
중 있게 다루어졌는데, 일본의 의료 시스템이 위험한 상황에 있으며 지
방뿐만 아니라 도내에도 의사 부족이 심각하다는 내용이었다. 나의 생명
과 건강을 지켜 주어야 할 의사가 유사시 병원에 없는 것이다. 기억하고
있는 사람이 많을지 모르겠지만 당시 도지사였던 이시하라 신타로(石原

慎太郎)는 사건에 대한 코멘트를 요구받자 "의사도 열심히 일하고 있다"라고만 대답했다. 기가 막혀서 할 말이 없지만, 도쿄도가 의사 부족 문제에 전혀 관심이 없다는 것은 확실히 알 수 있다.

현재 일본의 의사 수는 약 29만 명이라고 한다. 그럼 이 수치는 많은 것일까. OECD가 정리한 '건강 데이터 2010'에 의하면 인구 천 명당 의사 수는 일본은 2.2명으로, OECD 평균 3.1명에 훨씬 못 미치며 주요 7개국 중 최하위이다. 상위의 그리스는 6.1명이므로 일본과 비교하여 약 3배에 달한다. 일본의 의사 수는 세계적으로 보면 확실히 최저 수준이다.

단순히 보기로도 이렇게 의사 수가 적은데, 지방으로 가면 상황은 더 심각하다. 2006년 재무성의 조사에 의하면 의사 수가 가장 적은 이바라키(茨城)와 가장 많은 도쿄와는 의사의 밀도지수가 약 4.56배나 차이가 난다. 이런 상황에 박차를 가하고 있는 것이 2004년에 시작된 '신(新) 의사임상연수제도'이다. 원래 갓 졸업한 인턴의는 대학병원 등 한정된 병원에서만 연수를 받을 수 있었다. 그러나 새로운 제도하에서는 본인이 전국의 연수병원을 자유롭게 고를 수 있게 되었다. 당연히 연수의들은 지방의 대학병원보다도 급료와 대우가 좋은 도시의 민간병원을 선택한다. 연수 후에도 거기에 남는다고 본다면 그들이 지방으로 돌아갈 일은 없을 것이다. 더구나 도시에서도 연수의가 민간병원에 집중되어 버려서 대학병원은 의사가 점점 부족해진다. 이것을 보완하기 위해 도시의 대학병원이 지방에 파견한 의사를 불러들인다. 그 결과 지방병원은 의사가 없어 허덕이다 망해 가는 사태가 생기고 있다.

어떻게 하면 좋을까. 의사의 배치기준을 수정해야만 하는 것은 확실하지만 그 전에 우선 의사의 절대수가 부족하다. 실제로 1982년 이래 일본은 의사 수가 넘칠 것이라는 전망하에 의학부의 정원을 제한하는 방침을 취해 왔다. 그 때문에 1982년 당시에는 8천 명을 넘었던 의학부의 입학자 수가 2003년부터 2007년에 걸쳐 7,625명까지 줄었다. 그런데 2009년 7월 문부과학성은 26년 만에 방침을 전환하여 이후 10년간 전국 79개 의학부의 입학자 수를 369명 늘려서 8,855명으로 한다고 발표했다. 구체적으로는 2010년도는 각 현과 도에 7명까지 증원을 허용하고 졸업 후 수년간 지역에서 일하는 것을 조건으로 장학금을 주는 '지방제한'을 만들기로 한 것이다.

그러나 이것만으로는 문제를 근본적으로 해결할 수 없다. 왜냐하면 아무리 의학부의 정원을 늘린다 하더라도 근본적으로 의학부에 학생이 입학하지 않으면 소용이 없기 때문이다. 솔직히 일본의 의학부는 수업료가 지나치게 높다. 아무리 의사가 되고 싶어도 평범한 학생은 진학을 포기할 수밖에 없다. 국립대학은 싸지 않냐고 말하는 사람이 있을지도 모르겠지만, 그래도 6년간 수업료가 350만 엔이나 든다. 사립대학의 수업료는 더 엄청나다. 6년간 약 2240만 엔. 보통 가정에서 낼 수 있는 금액이 아니다. 그러니 흔히 말하듯이 부모가 의사이거나 부자이거나 해야 의학부에 진학할 수 있다. 태어날 때의 경제적 환경에 의해 처음부터 의사가 될 사람이 정해지는 것이다. 이렇게 생각하면 의학부의 정원을 늘린다든가 얼마 안 되는 장학금 제도를 신설하는 것만으로는 근본적인 해결이 불가능하다는 것을 알 수 있다. 진짜 문제는 의사가 되고 싶어 하는 사람들의 가능성을 우리가 얼마나 넓힐 수 있는가 하는 데에 있다. 즉 그들에게 얼마나 교육의 기회를 줄 수 있는가 하는 것이 포인트이다. 그렇다면 우리가 말해야 하는 것은 한 가지밖에 없다. 고등교육의 기회균등을 실현하는 것. 대학이 무상으로 장학금을 충실히 지급한다면 의학부의 진학률은 단숨에 오를 것이다. 대학의 무상화는 일본의 의사 부족을 해결한다.

한 가지 더, 대학 진학률에 한해 남녀의 진학 격차 문제를 거론해 보자. 전문학교나 단기대학을 포함하면 여성의 진학률은 높다. 그러나 4년제 대학, 특히 사립대학의 여성 진학률은 매우 낮다. 수치를 보면 분명히 알 수 있다. 전문학교 진학률은 남성 14퍼센트, 여성 21퍼센트이고 단기대학은 남성이 2.3퍼센트, 여성이 21퍼센트이다. 여기에 비해서 사립대학은 남성이 43퍼센트, 여성이 34퍼센트고 국공립대학은 남성이 12퍼센트, 여성이 8퍼센트이다. 이러한 현상을 들어 대학 진학에 젠더 격차가 있다고 지적하는 연구자들이 적지 않다.

그런데 왜 남녀 사이에 진학 격차가 생기는 것일까. 그 이유는 의외로 분명히 밝혀져 있지 않다. 그러나 조금 생각해 보면 이것은 일본의 성차별적인 경제 환경과 밀접하게 관련되어 있다는 것을 알 수 있다. 예를 들어 1960년대 중반까지 대학에 진학하는 여성은 남성의 절반도 되지 않았다. 진학 격차라는 점에서 보면 현재보다 훨씬 더 심했다고 할 수 있다. 아마도 원인은 명확하지 않을까. 여성은 가사를 돌보는 존재이므로 돈을 들여서까지 대학에서 배울 필요는 없다고 생각되어 온 것이다. 1965년 당시의 수치를 보면 여성 고용자 수는 913만 명으로 전체의 31.7퍼센트밖에 되지 않았다. 남녀 진학 격차의 근간에는 일은 남성이 하는 것이고 여성은 집에 있는 것이라는 인식이 있다.

2011년 현재, 여성 고용자 수는 2,237만 명으로 전체의 42퍼센트나 되고 있다. 그러나 여성 노동의 존재 방식이 근본적으로 달라질 리 없다. 아무리 노동자 수가 늘었다 하더라도 여성이 가사와 육아를 담당해야 한다는 성별 역할 분업은 여전히 잔존하고 있다. 예를 들어 일본의 여성 취업률은 20대 후반에 정점을 찍고 결혼, 출산, 육아를 거듭해야 하는 30대와 40대 초반에 급락하여 아이가 다 자라고 난 후인 40대 중반에 이르면 다시 상승해 두 번째의 정점을 찍는다. 이 현상을 그래프로 나타내면 M자를 그리고 있기 때문에 'M커브'라고 부르는데 성별 역할 분업의 강도를 보여 준다. 최근 일본에서는 'M커브'가 완만해지고 있지만 이것은 결국 결혼과 출산이 늦어진 때문이지 결혼과 출산을 이유로 일을 그만두는 여성이 줄었기 때문은 아니다.

노동조건의 격차도 확실하다. 우선 여성의 경우 비정규 노동자가 많다. 2013년 총무성 통계국의 노동력 조사에 의하면 1,813만 명의 비정규직 노동자 중 약 70퍼센트가 여성이며, 일하는 여성 중 57.5퍼센트가 비정규직이라고 한다. 여기에 비해 남성의 경우 아무리 비정규직 노동자가 늘었다 하더라도 559만 명, 정규직 노동자와의 비율을 보면 19.2퍼센트에 그치고 있다. 또 여성은 비정규직 노동자가 많을 뿐 아니라 정규 노동자의 임금도 남성의 70퍼센트밖에 되지 않는다. 남녀의 노동 조건에는 분명한 성차별이 존재한다.

이 정도로 경제 환경에 격차가 있으면 여성이 대학에 진학하는 것을 기피한다 해도 이상할 것이 없다. 예를 들어 대졸의 경우 남녀 사이에 별로 임금 격차가 없다고 하지만 그래도 20대 후반에 결혼과 출산으로 회사를 그만두어 버릴 거라면 대학을 나와도 의미가 없다고 생각할 수 있다. 또 열심히 일하려 해도 애초에 회사에서 좋은 직책을 맡을 가능성이 별로 없다거나 임금이 낮다면 결국은 결혼하고 퇴직하는 길을 택할지도 모른다. 어차피 비정규직으로 일을 할 수밖에 없고 남성과 비교해서 임금도 낮고 결혼해서 가정에 들어앉을 것이고⋯⋯, 결국 비싼 학비를 들여서까지 4년제 대학에 가지 않아도 상관없다고 생각하는 것이 당연하지 않을까.

지금까지 여성의 대학 진학은 너무나 성차별적인 경제 환경에 좌우되어 왔다. 거기다 대학의 진학 격차는 그것을 고정화하여 재생산하는 역할을 해 왔다. 이런 현상과 관련하여 고등교육의 기회균등을 실현한다면 기존의 경제 환경과 완전히 단절하여 대학에 다니는 것이 가능해진다. 대학에 진학하면 장학금을 받을 수 있을지 모르고 살아갈 수 있을 만큼의 돈도 손에 들어온다. 그렇게 된다면 대학에 가는 여성이 단숨에 늘어나게 될 것이 분명하다. 게다가 대학에서는 기존의 경제 환경에 전혀 속박되지 않고 얼마든지 자유롭게 생각하는 것이 가능하다. 그때까지 집에서는 돈을 벌어 오는 남자가 대단한 존재라고 생각했는데 대학에 가면 그런 속박이 완전히 없어진다. 바보 같은 남자가 쓸데없이 입을 놀리면 무시해도 된다. 전혀 상관없다. 자유다. 그리고 그러한 대학의 존재방식이 학생들에게 공유된다면 이후 성차별적인 경제 환경을 의심하고 그것을 타파하려는 힘이 지금보다 풍부하게 생겨날 가능성도 있지 않을까. 대학은 세상의 지배관계를 때려 부순다.

정부통화를 발행하자. 이렇게 말하면 뭔가 어렵게 들릴지도 모르지만, 무척이나 단순한 이야기이다. 정부가 척척 돈을 찍어 내면 된다. 일본에서는 지금 은행이 통화를 발행하고 있다. 은행이 아니라 정부가 필요한 만큼 돈을 찍어 내면 된다.

그러나 아무리 이렇게 말해 보아도 그럼 사회에 도움이 되는 학문에만 돈을 주면 되겠네라고 할지도 모르겠다. 확실히 의학은 세상에 도움이 되는 학문이고 여성의 사회 진출을 지지하는 것도 중요한 일일지 모르겠다. 의학부만 수업료를 무상으로 하면 된다든가, 대학에서 여학생들에게 우선 조치를 취하면 된다든가 하는 발상이 얼마든지 있을 수 있다. 이공계의 이런저런 학문은 쓸모가 있다든가, 문과라도 이런 것은 취직에 도움이 되니까 괜찮다든가, 저것은 쓸모가 없으니 안 된다고 말할 수도 있다. 혹은 어떤 소수 인문계 학문이라도 열심히 하면 넓은 의미로 어떻게든 사회에 도움이 된다고 말할지도 모르겠다. 그러나 그렇게 말하는 순간 논의는 멈춰 버리고 만다. 처음에는 돈을 받기 위해서 어쩔 수가 없다고 생각했다가도 점점 돈을 받는 학문이 좋은 학문이라고 생각해 버리게 된다. 대학생이라면 토익이나 자격시험, 공무원 시험 등의 공부가 거기에 해당한다고 할 수 있을까. 확실히 그 이외의 것을 하면 사회에 전혀 도움이 되지 않는다, 그러니까 해서는 안 된다고 생각하게 될 것이다. 사회적 유용성이라는 명분하에 모르는 사이 선악과 우열의 계급이 생겨 버린다. 뭔가 돈이 되는 것들 때문에 지금보다도 취직 활동의 압박이 더 심해질 것이다.

분명히 해 두지 않으면 안 된다. 대학의 학문이라는 것은 대체로 쓸모가 없다는 것을. 반대로 처음부터 이것이 쓸모가 있다든가, 정당하다든가 하는 지식이 있다면 인간은 무언가를 생각할 필요가 없지 않을까. 전부 외워 버리면 되는 것이다. 다시 한 번 공공재라는 개념을 생각해 보고 싶다. 지식은 누구도 독점할 수 없는 것이다. 그런데도 그것을 무리하게 사적으로 소유하거나 독점할 수 있다고 생각하니까, 그 소유자가 가장 우수하고, 그것을 배우거나 사용하는 자는 열등하다고 생각하게 된다. 정말이지 지식의 계급화란 말이 안 된다. 예를 들어 소크라테스가 사용한 언어를 우리가 사용한다고 해서 우리가 소크라테스보다 열등하다고 할 수 있는가. 혹은 소크라테스가 그 지식은 내 거니까 쓰지 말라고 말할 수 있는 것인가. 물론 소크라테스는 대단한 분이라고 말하는 사람도 있겠지만 그것은 어디까지나 존경의 표현이지 우열의 의미는 아니다. 누군가가 무엇을 사용하여 어떤 식으로 논하든 그것은 그 사람의 자유다. 그런 자유가 있기 때문에 인류의 지식은 예상하지 못한 형태로 다양하고 풍부하게 쌓여 왔다. 대학이 무언가를 생각하는 장소라면 이러한 공공재를 소중히 해야만 한다. 앞서 의학부의 예를 들었지만, 그 의학의 연구라는 것도 대체로 쓸모가 없으며 그중 몇 개가 결과적으로 그리고 가끔씩 쓸 만한 것이 되었을 뿐이다. 아무런 쓸모가 없더라도 괜찮다. 더욱 즐겁게, 복붙, 복붙. 그것이 대학이다.

사실상 '학생에게 임금을'이라는 슬로건을 내세우는 의의는 이 공공재의 존재에 주목하는 데 있다. 교수들만이 타당한 것을 하고 있을 리가 없다. 교수가 말한 것을, 혹은 그것과 전혀 관계없는 것을 학생들이 좋을 대로 해석해 간다. 거기에 우열은 없다. 정말 쓰레기 같은 것을 말하는 교수도 학생도 있을 것이다. 그것은 그것대로 철저하게 비웃어 주면 되는 것이다. 이러한 발상에 따르다 보면 지식이라는 공공재가 대학이라는 장소를 넘어서게 된다. 집에서 뒹굴뒹굴하고 있어도, 길가에서 담배를 피우고 있어도, 전철을 타고 있어도, 친구와 술을 마시고 있어도, 연인과 데이트를 하고 있어도 모두 무언가를 생각하고 있으므로. 어떻게 생각하든 대단한 차이가 날 리 없으므로 대학교수에게 돈이 지급된다면 집에서 뒹굴거리고 있는 사람에게도 담배를 피우고 있는 사람에게도 데이트를 하고 있는 사람에게도 돈을 주어야 한다. 여기까지 오면 노동의 대가로서 '임금'이 필요하다는 말을 넘어서게 된다고 생각한다. 사용했으면 세금을 내 놓아라. 공공재의 주인은 우리 모두이다. 쓸모를 따지지 말고 기본소득을.

이렇게까지 말해도 화내는 사람은 언제나 있다. 솔직히 화만 내고 말면 다행이다. 분명히 이렇게 말하겠지. 쓸모가 없는데 왜 돈을 주어야 하느냐고. 그건 그렇다. 국가나 기업을 위해서 혹은 넓은 의미로 사회를 위해서 도움이 될 때 돈을 주어야 한다는 것은 알겠다. 사회적 노동을 하고 있고, 사회임금을 받고 있으니까. 그러나 아무것도 하지 않고 있는 인간들에게 돈을 줄 이유 같은 게 어디에 있단 말인가. 눈곱만큼이라도 좋으니까 일 좀 하면 안 될까. 사회공헌을 좀 해 달라고. 아무리 넓은 의미라 하더라도 어쨌든 노동이라는 걸 해야 한다고. 이런 식의 생각을 뛰어넘기가 어렵다. 어쩌면 좋을까. 나는 최근 토니 피츠패트릭(Tony Fitzpatrick)의 『자유와 보장』이라는 기본소득 입문서를 읽고 있는데 이런 말이 있다.

생산적이고 유익한 노동은 사회적 활동이고 천연자원은 사회 성립 이전부터 존재한 것이므로 사회적 협력의 산물이 아니다. 그러므로 모든 인간이 손에 넣을 수 있는 천연자원, 즉 자연으로부터 온 것의 일정 부분은 누구나 무조건적으로 수급받을 자격이 있다. '아무것도 하지 않는 자'라 할지라도.[4]

노동이라든가 사회적 활동이라든가 하며 듣기 좋은 소리를 하지만 그것이 가능한 것은 기업이 천연자원을 자유롭게 사용하기 때문이다. 그런데 천연자원이라는 것은 모두가 공유해야 하는 것이다. 기업이 독점하도록 가만두어서는 안 된다. 그러므로 적어도 내게 할당된 만큼에 대한 대가는 내놓으라는 말이다. 그리고 이런 말도 있다.

현존하는 부의 90퍼센트 이상은 현재의 노동자들이 노력한 결과라기보다는 경제적으로 물려받은 것—지금까지 진보한 기술과 지식으로부터 온 것—이다.[5]

천연자원에는 지식 등의 문화적 자원도 포함되어 있으며 이것이 현재 부의 90퍼센트를 점하고 있다. 요컨대 천연자원은 공공재라는 것이다. 우리는 선조들이 남긴 문화적 자원을 사용하고 있는 것이며 그것을 언제나 열심히 써서 풍부하게 만들고 있다. 일상생활에서도 그것을 하고 있으며, 대학에서는 더욱 그것이 주요활동이지 않은가. 그런데도 기업은 문화적 자원을 제 것인 양 쓰고 있고 거기에서 산출된 부를 독점하

학생에게 임금을

고 있다. 좀 치사하지 않은가. 그런 소리 듣기 싫으면 돈을 내 놓으라고. 이렇게 생각하면 지금까지 우리에게 돈이 나오지 않은 게 이상하다는 생각이 든다. 아무 쓸모가 없어도 괜찮다. 기본소득은 당연히 받을 수 있는 것이다. 다른 것은 그렇다 쳐도 대학은 무상으로. 이것이 무리한 요구일까. 공유지에서 장사를 하려면 사용료를 내야 한다. 기본소득은 공공적인 것에 내놓는 사용료이다.

이런 얘기를 하면 언제나 듣게 되는 말이 있다. "너는 대학을 무상으로 하자든가, 기본소득을 받고 싶다든가 하지만, 그럴 돈이 어디에 있단 말인가. 이 불경기에"라는. 하필 똑똑한 친구들이 꼭 이런 말을 한다. 솔직히 나는 뭐, 돈은 하늘에서 떨어지는 것이라는 생각밖에 못하는 인간이라 재원이 어쩌고저쩌고 하는 것은 그걸로 월급을 받는 정치가나 관료 들이 생각하라고 말하고 싶다. 그러나 이런 논리로 우기는 사람도 많고 이 글을 읽고 있는 사람들 중에도 같은 생각을 하는 사람도 많을 것 같으니 살짝만 말해 두기로 하자.

대학의 수업료를 무상으로 하려면 도대체 돈이 얼마나 들까. 초창기 때의 시설비 하며, 교통비, 생활비 등을 합하면 더 많이 들겠지만 수업료만을 계산하면 국공립과 사립을 합쳐서 대략 2조 5천억 엔이 든다. 앞서, GDP 대비 일본의 고등교육 예산은 0.5퍼센트로 OECD 평균의 절반 이하라는 이야기를 했다. 일본의 GDP가 500조 엔이니까, 사실상 그 평균에 해당하는 돈을 내면 플러스 2조 5천억 엔의 예산을 짜는 것이 가능하다. 예컨대 다른 국가가 평균적으로 하고 있는 정도만 하면 일본 대학의 전면 무상화가 가능하다는 것이다. 그것도 꽤 여유 있게 말이다.

그래도 이해가 되지 않는 자들은 이렇게 말하기도 할 것이다. "너희들은 일본의 국채가 얼마나 되는지 알고 있는가. 천조 엔을 넘는다구. 이런 빚투성이의 상태로 어디서 돈이 나온단 말인가. 또 증세라도 하자는 말인가"라고. 아, 정말 귀찮다. 나 같은 사람이야 어차피 천조 엔의 빚이 있는데 거기에 매년 2조 엔이나 3조 엔의 빚이 더 생겨 봐야 별다를 게 없다고 생각해 버리겠지만 그렇게 생각하지 않는 사람도 있을 것 같다. 확실히 증세는 싫다. 소비세든 소득세든 그 어떤 명목으로든 세금으로 뺏기는 건 싫으니까. 솔직히 나는 세금은 도둑놈이라고 생각하고 있다. 자, 어쩌면 좋을까. 간단하다. 그저 아무 말 말고 정부가 돈을 척척 찍어 내면 된다.

이에 관련해서 몇 년 전에 기본소득 논자인 세키 히로노(関曠野) 씨가 쓴 글을 읽었는데, 정말 재미있었다. 그는 사회적 신용론에 기반하여 정부통화의 발행을 주장했다.

> 은행이 사적으로 신용을 결정하는 것을 그만두고 신용 결정을 공익사업으로 사회화할 필요가 있다. 그러기 위해서는 정부가 주권자로 통화를 발행하고 그것을 기업과 지자체 등에게 무이자로 융자해야 한다.[6]

원래 통화발행은 정부의 역할이었다. 모두가 정부를 신용하고 있다는 전제하에 그저 종이쪼가리를 엔이니 달러니 하고 통용시켜 온 것이었다. 그러나 언제부터인가 통화라는 것은 전문집단인 은행에 맡겨야 한다는 논리를 바탕으로 중앙은행이 통화를 발행하게 되어 버렸다. 은행은 자신의 이익을 위해, 그들이 가진 돈의 10배 가까이 되는 돈을 개인이나 기업에 빌려주고 그 이자를 거둬들였다. 당연히 모자라는 돈은 중앙은행이 찍어 냈다. 은행은 사적으로 신용을 결정하고 그것으로 이익을 불려 온 것이다. 정부도 역시 은행에서 돈을 빌려 공공사업이든 뭐든 하고 있다. 사실상 정부의 신용으로 통화를 발행하여 정부가 돈을 쓰는 것인데 돈을 빌리고 있다니 뭔가 이상하다. 게다가 은행에게 신용을 빼앗겼기 때문에 그것이 빚이 되어 버린다. 어떻게 할까. 정부가 신용을 되찾으면 된다. 통화의 발행권을 도로 빼앗아 오면 되는 것이다.

정부통화를 발행하자. 이렇게 말하면 뭔가 어렵게 들릴지도 모르지만 사실 매우 단순한 이야기이다. 정부가 척척 돈을 찍어 내면 된다. 일본에서는 지금 은행이 통화를 발행하고 있다. 은행이 아니라 정부가 필요한 만큼 돈을 찍어 내면 된다. 이 정부통화는 은행의 돈과는 전혀 다르다. 아무리 돈을 찍어도 적자가 되지 않는다. 빚이 아니니까 별도로 국민의 세금을 걷어 갚지 않아도 된다. 그저 돈을 찍어 내면 되는 것이다. 이렇게 하면 기본소득도 대학 무상화도 간단히 가능할 것이다. 그렇다면 빨리 하면 되지 않느냐고 생각하겠지만 그게 쉽지 않다. 왜냐하면 은행업계가 온 힘을 다해 반대할 것이기 때문이다. 지금까지 은행은 사적 신용을 바탕으로 돈을 빌려줘 왔다. 이자를 걷어 떼돈을 벌었다. 그것이 가능했던 이유는 명백하다. 중앙은행이 돈을 찍었기 때문이다. 거기다 지금의 자본주의는 금융자본을 기본으로 하고 있고, 그 내용이 대출이라고 한다면 중앙은행의 통화발행권은 자본주의의 핵심이라고 해도 좋을 것이다. 자, 역시 정부통화발행은 어려운 것일까. 아니, 그렇지 않다. 정부가 돈을 찍는 것 자체는 무척이나 간단하다. 적을 분명히 하자. 이후에도 대학에 돈이 나오지 않는다면 문제는 은행이다. 우리는 이미 넘칠 만큼 학비를 빼앗겼고 장학금이라는 이름으로 빚을 지게 되었다. 이제 더는 참을 수가 없다. 돈은 하늘에서 떨어지는 것이다.

이제부터는 고등학교까지의 수업료가 무상인 것은 당연한 일이라고 생각하는 아이들이 점점 많아질 것이다. 모두가 어째서 대학만 수업료가 이렇게 비싸냐고 고개를 갸우뚱할 것이 틀림없다.

그런데 어쨌거나 2010년 4월부터 고교 수업료의 무상화가 시작되고 있다. 최근 일본의 고교 중퇴자 수는 매년 10만 명을 넘어서고 있고, 특히 2008년 9월 리먼 쇼크 이후 경제적인 이유로 학교를 그만두는 학생들이 늘기 시작했다. 그래서 정부는 "가정환경과 무관하게 모든 고등학생들이 공부에 전념할 수 있는 사회"를 만들기 위해 공립고등학교의 수업료 무상화를 시작한 것이다. 덧붙여 사립고등학교는 무상화가 아니라 '고등학교 등의 취학지원금'을 만들어 그것을 학교에 지급하고 있다. 금액은 학생 한 명당 연 12만 엔으로, 부모의 소득에 따라 최대 24만 엔까지 지급된다. 문부과학성에 의하면 여기에 드는 비용은 2010년도 기준 3933억 엔이라 한다. 대학은 아직이지만 그래도 지금까지 손도 못 대고 있던 고교 무상화가 시작되었다는 것은 큰 진전이라 할 수 있다.

그러나 법안 심의 당시 고교 수업료 무상화는 심한 비판을 받았다. 비판의 포인트는 크게 두 가지로 요약할 수 있다. 하나는 여유가 있는 가정에까지 세금을 들여 수업료 원조를 하는 것은 적절치 않다는 것이다. 예를 들어 수업료를 낼 수 있는데도 돈이 없다고 하면서 수업료를 내지 않으려는 부모가 많다. 그런 부모는 엄격한 처벌을 받아야 하는데도 수업료를 무료로 하면 어떻게 될까. 정말로 생활이 곤란한 가정만을 원조해야 하며 재원을 생각해서도 가난한 가정에 특화하여 충분한 자금지원을 해야 하는 것이 아닐까.

　　그럴싸해 보인다. 여기서 확인해 두어야만 하는 것은 고교 수업료 무상화는 복지가 아니라는 것이다. 대학생이든 고등학생이든 그들이 수업료를 내지 않아도 되는 까닭은 그들이 가난하고 불쌍하기 때문이 아니다. 학생들은 수업을 받고 있는 그 시점에서 지적 활동을 하고 있다. 그들은 그들이 받아야 할 낭연한 몫으로 수업료를 국가로부터 빌는 것이며 그 이상도 이하도 아니다. 부모가 부자든 가난뱅이든 응당 받을 것은 받아야 하는 것이다. 그러니 잘 생각해 보았으면 한다. 설사 수업료를 낼 수 있으면서도 내지 않은 부모가 있다손 치자. 그것이 왜 문제가 되는가. 원래 부모가 수업료를 내는 것이 더 이상하다. 오히려 지금까지 수업료를 내 왔던 부모들이 반환 청구를 하는 것이 더 자연스럽다.

　　한 가지 더, 주로 조선인학교를 둘러싼 비판이다. 정부는 처음부터 고교 수업료 무상화 대상에 외국인학교도 포함시켰지만, 여기에 북한과 관계가 깊은 조선인학교까지 포함된 것에 비판이 일었다. 특히 법안 심의가 한창이던 때에 당시 오사카 부지사였던 하시모토 토오루(橋下徹)가

언론에 등장하여 '북한은 야쿠자나 마찬가지', '고교 무상화는 납치사건과 따로 떼어 생각할 수 없다'고 반복하여 발언했던 것은 여전히 생생하다. 이러한 압력을 받아 정부는 2010년 4월 조선인학교를 무상화에서 제외시켜 버렸다. 조선인학교는 법안 통과 후에 제3자 평가기관을 설치하여 거기에서 최종 판단을 내리게 한다는 것이다. 좀 더 자세히 말하면 '외국인학교는 수업내용과 교육과정이 일본의 학습지도요강에 대체로 합치'하는 경우에만 무상화 대상이 된다는 것인데, 북한은 일본과 납치문제로 대립하고 있고 교육과정을 확인할 수 없으므로 무상화할 수 없다는 것이다. 국가 간의 문제가 그대로 교육현장에 개입해 들어왔다고 해도 과언이 아니다. 그 후 2012년 12월에 제2차 아베 내각은 발족하자마자 조선인학교를 무상화 대상에서 제외시켰다. 북한의 지도하에 있는 조선총련(재일본조선인총연합회)과 관련이 있기 때문이라는 이유였다. 트집을 잡는다고밖에 생각할 수 없다.

어쨌든 이런 내용을 언론이 대대적으로 다루는 것을 보면서 나는 새삼스럽게 교육의 기회균등 문제를 생각하게 되었다. 물론 하시모토 부지사가 떠들고 있는 것은 논외다. 설령 북한이 야쿠자라 하더라도 야쿠자 단원의 아이들이 교육받지 말아야 할 이유는 어디에도 없다. 오히려 그런 출신과 관계없이 누구라도 배울 수 있게 하는 것이 교육의 기회균등일 것이다. 그런데 조금 더 생각해 보아야 할 것은 이것이 외국인학교 전반에 걸친 문제라는 점이다. 일찍이 아동수당에 관해서도 같은 비판이 있었는데, 일본의 세금이 외국인을 위해 사용된다는 데 대한 비판은 의외로 완강하다. 안 그래도 재정적자인 마당에 왜 외국인에게까지 돈을 내 주어야만 하냐는 논리다. 어떤 의미에서 조선인학교가 초점이 된 것은 외국인학교 중에서 가장 욕하기 쉬운 대상인 탓이라고 해도 좋을 것이다.

그러나 여기서 한 번 더, 지식과 교육은 공공재라는 것을 생각해 보았으면 한다. 지식이라는 것은 쓴다고 줄어드는 것이 아니며 쓰면 쓸수록 풍부해진다. 기업이 엄청난 이익을 얻고 있는 것은 이런 지적 활동에 기생하고 있어서이다. 이런 식으로 생각해 보면 외국인에게 세금을 써도 괜찮다는 생각이 들지 않는가. 여러 생각들이 섞여 새로운 지식이 된다. 해외에서 사람들이 점점 더 많이 오고 이질적인 언어와 문화가 섞여 들어온다면 솔직히 이렇게 재미있는 일이 또 어디 있겠는가.

여하간 일단 고교 수업료의 무상화는 시작되었다. 물론 완전하지 않고 더구나 조선인 학교를 제외한다는 이상한 논란도 있지만 이전의 감각으로 본다면 정말 대단한 일이다. 이제부터는 고등학교까지의 수업료가 무상인 것은 당연한 일이라고 생각하는 아이들이 점점 많아질 것이다. 모두가 어째서 대학만 수업료가 이렇게 비싸냐고 고개를 갸우뚱할 것이 틀림없다. 그러다가 당연히 화를 낼 것이다. 문부과학성에 몰려갈까, 학생지원기구 앞에서 호소를 할까, 은행에 가서 구걸을 할까. 어쨌든 대학 무상화는 눈앞에 있다.

대학도박론
채무노예화인가, 기본소득인가

약 백 년 전, 오스기 사카에(大杉榮)라는 아나키스트가 「도박본능론」 이라는 에세이를 썼다. 내용은 제목 그대로, 인간과 동물의 본능에는 도 박 심리가 있다고 논한 것이다. 그중에서도 재미있는 것은 캄보디아의 원숭이 이야기이다.

한 마리의 악어가 물속에 몸을 묻고 큰 입을 벌려 물가를 지나가는 먹 이를 잡아먹으려 하고 있다. 그것을 한 무리의 원숭이가 보고 뭔가를 잠 시 의논하는 듯하더니 점점 악어 가까이 다가가 번갈아 가며 배우가 되 었다가 구경거리가 되었다가 장난질을 시작했다. 한번은 그중 가장 대 담한 놈이 가지에서 가지를 타고 악어에 닿기 직전까지 가더니 가지를 잡고 몸을 늘어뜨려 민첩하게 몸을 앞으로 내밀었다 뒤로 뺐다 하면서 손을 뻗어 악어의 머리를 때리기도 하고 때리는 척을 하기도 했다. 딴 놈들도 그 놀이를 따라해 보려고 했으나 잡고 있는 가지가 너무 높다. 그래서 여러 놈이 손을 연달아 잡아 고리를 만들어 아래로 몸을 늘어뜨

학생에게 임금을

렸다. 악어에게 가장 가까이 간 놈이 갖은 기술로 악어를 놀린다. 때때로 그 무서운 턱이 쩍 벌어진다. 그래도 대담한 원숭이는 쉽게 잡히지 않는다. 원숭이들은 뛰어오르며 환호한다. 그러나 때로는 그 곡예사도 소라 속 같은 커다란 턱 속으로 손이 빨려들어가 눈깜짝할 새에 물속으로 끌려들어가고 만다. 까불던 원숭이들이 벌벌 떨고 울부짖으며 흩어져 도망을 간다. 그런데 질리지도 않고 며칠 후, 혹은 몇 시간 후에 또 똑같은 장난질을 하려고 모여든다.[7]

눈앞에 커다란 입을 벌린 악어가 있다. 매우 위험하다. 그러나 계속 보고 있으면 어쩐지 그 위를 날고 싶어진다. 한 번 나는 데 성공하면 좋아서 어쩔 줄을 모른다. 또다시 몇 번이고 그 즐거움을 맛보고 싶다. 물론 악어를 이기는 것이 목적이었을 리가 없다. 악어 위를 나는 일 그 자체가 목적이다. 장애를 넘어서 자신의 능력이 고조되는 기분을 맛보는 것, 생의 위대함을 시험해 보는 것, 어떤 것에도 굴하지 않는 자율적 삶의 존재를 과시하는 것. 한 번뿐인 자신의 생을 실감하는 것이 목적인 것이다.

「도박본능론」이 떠오른 것은 최근 한 친구가 몇 번이나 『카이지(カイジ)』라는 만화 이야기를 했기 때문이다. 만화의 주인공인 카이지는 많은 빚을 지고 악마 같은 추심업자에게 빚 독촉에 시달리고 있었다. 그리

● 후쿠모토 노부유키(福本伸行)가 『주간 영매거진(週間ヤングマガジン)』에 1996년부터 연재한 만화. 『도박묵시록 카이지(賭博黙示錄カイジ)』를 시작으로 계속 연재되고 있으며 영화, 애니메이션 등으로도 제작되었다. 전체 시리즈를 통틀어 『카이지(カイジ)』로 부르고 있다.

고 마침내 더는 어떻게 할 수 없을 정도로 몰렸을 때, 카이지가 한 선택은 거의 막장이나 다름없었다. 합법적 수단을 통해서 부당한 이자분을 감액받는다든가, 자기파산을 한다든가, 일해서 갚는다든가가 아닌 철저한 도박으로 빚을 일괄 상환하려고 한 것이다. 친구는 이 만화 이야기를 하고 나서 '우리가 카이지를 닮았어'라고 했다.

내 주변의 친구들은 대부분 학부생일 때, 그리고 대학원생 때 많은 장학금을 빚졌다. 그중엔 20대 후반에 이미 천만 엔 가까운 빚을 진 친구도 있다. 솔직히 갚을 가능성이 보이지 않는다. 현실이 이렇다 보니 대부분의 친구들은 아예 장학금은 갚을 수 없는 것이라고 생각하게 된다. 그나마 빚을 갚으려는 노력이라 한다면 집회와 데모로 학비 무상화와 채무 말소를 호소해 보는 정도다. 어떤 의미에서 일괄 상환하든가 갚지 않든가 둘 중 하나인 셈이다.『카이지』이야기를 한 친구는 우리의 이런 상황이 도박 같다고 말한 것이다.

그러나 잘 생각해 보면 장학금을 갚을까 말까와는 별도로 학생은 모두 도박을 하고 있다고 볼 수 있다. 대체로 대학에 진학하려면 수업료만도 연간 백만 엔 가까운 돈이 필요하다. 물론 입학하는 시점에서 대학에서 무엇을 배울지, 그것이 무슨 도움이 될지는 알 수 없다. 그래도 가 보고 싶다고 생각한다. 예컨대 한 친구는 대학원 시험에 합격하였는데 입학금을 마련하기가 몹시 힘들었다. 결국 어떻게 했냐면 고향 친구가 산재를 당하고 회사로부터 받은 돈을 빌렸다고 한다. 그래도 괜찮냐고 물어 봤더니 "장학금으로 갚으면 되니까 괜찮아"라며 웃었다. 아무리 생각해도 도박이다. 거기다 이런 일이 일부 학생들에게만 일어나고 있는 것도 아니다. 일본의 대학 진학률은 거의 50퍼센트에 이른다. 그만큼의 사람들이 일제히 도박을 하고 있다. 이게 무슨 일인가. 왜 이렇게까지 해서 대학에 가고 싶은 걸까. '도박본능'이라고밖에 말할 수 없는 것이 여기에 있다. 조금 더 파고들어 보자.

취직준비학교와 자기계발이라는 미명

도박이라는 관점에서 대학을 보았을 때, 크게 두 가지의 대학상이 떠오른다. 하나는 예측 가능한 보상이 있는 대학, 또 하나는 예측할 수 없는 지성의 폭발로서의 대학이다.

우선 첫 번째 것부터 보자. 일반적으로 대학은 자신의 미래를 위한 투자라고 말한다. 명문대학에 진학하고 월급이나 사회적 지위가 높은 일자리를 얻는다. 대학은 출세하고 편안한 삶을 살기 위한 여권과도 같은 것이고 취직 기술을 익히는 취직예비학교이기도 하다. 대학 진학은 좋은 취직자리를 찾을 수 있느냐 마느냐 하는 도박 같은 것이며, 취직 여부에 따라 이기느냐 지느냐가 결정된다. 수업료는 취직의 판돈으로 내는 것이며 장래 그 판돈보다도 더 많은 돈을 벌면 이기는 것이다.

그러므로 일본처럼 수업료가 비싼 곳에서 학생은 판돈을 회수하기 위해 필사적일 수밖에 없다. 수업료를 내기 위해서 장학금이라도 빌리고 있다면 더욱더 그렇다. 빚 부담을 짊어지고 학생은 계속해서 도박에 끌려들어 간다.

요즈음 대학은 학생의 이러한 요구에 응답하기 위해서라면서 취직 활동을 위한 수업 커리큘럼을 짜고 있다. 교육 내용으로 중요시하는 것은 커뮤니케이션 능력, 정보처리 능력, 문제해결 능력, 자기관리 능력 등인데 구체적으로는 실용영어, 컴퓨터 활용, 직업 설계, 현장실습 등이 있다. 요컨대 인간의 자율성과 윤리적 태도가 교육대상이 되고 있는 것이다. 어떤 불안정한 환경에 처하더라도 자신을 거기에 적응시켜 자신이 가진 모든 지식을 활용하여 문제를 해결하는 것. 주체성과 창조성, 자기 책임의 윤리를 체화하는 것. 거기다 그것을 일생 동안 단련시키는 것. 대학은 취직준비학교가 된 지 오래다.

덧붙이자면 교육 내용이 이렇게 된 것은 자본주의가 인지자본주의의 단계로 달려가고 있기 때문이다. 인지자본이란 인간의 인지능력이며 지식과 정보, 감정의 움직임, 서비스, 커뮤니케이션 등을 말한다. 신체를 움직이는 행동거지도 이미지의 하나라고 생각한다면 거의 인간의 생 그 자체가 인지자본이라고 말할 수 있다. 그것은 지금의 자본주의를 움직이는 원동력이며 이윤을 얻는 최고의 상품이기도 하다. 산업화 시대와 비교해 볼 때 노동자에게 요구되는 능력은 당연히 변하고 있다. 산업화 이전의 공장에서 노동자는 경영자의 명령에 따라 그저 몸을 움직이면 되었다. 그러나 이제 기업에서는 지식과 정보를 다루기 위해서 노동자가 언제나 스스로 무언가를 생각하지 않으면 안 된다. 중요한 것은 인지능력. 기업은 거기에 기준을 세우고 이윤을 얻을 수 있는지 없는지를 가려내고 있다.

자신의 삶은 어떤 것이어야 할까. 자신의 개성은 어떤 것일까. 올바른 인간관계란 어떤 것일까. 솔직히 이런 의문에 대한 답은 없다. 그러나 대학의 수업과 취직면접에서는 정답이 있는 법이고, 좋은 취직자리를 찾기 위해서는 어쨌든 자신을 갈고닦지 않으면 안 된다. 마치 종교에라도 빠져든 것처럼 자기계발에 쫓긴다. 실제로 이러한 자기탐색은 끝이 없는 것이고 취직을 하면 다시 커리어를 쌓기 위해 더욱 자기를 단련해야 한다.

최근 번역된 『도래해야만 할 봉기』라는 책에서는 이러한 현상을 야유를 가득 담아 다음과 같이 논하고 있다.

면접을 통과하기 위해 미소 연습에 몰두하고, 조금이라도 등급을 올리기 위해 치아 미백을 한다. 리더가 되기 위해 연극 세미나를 수강하고 훌륭하게 갈등에 대처하기 위해 자기계발 세미나에 참가한다. 도사들이나 하는 흔해빠진 말이 있다. "마음 깊숙한 곳의 '자기계발'은 감정을 안정시키고 편안한 인간관계로 이끌고 균형을 얻은 지성을 벼려 줍니다. 즉 경제적 퍼포먼스를 높이는 곳으로 우리를 이끌어 줍니다." 이 복작거리는 소군중은 자연스러워 보이는 것을 목표로 연습을 거듭하면서 선발, 발탁되는 것을 기다리고 있지만 그들은 동원(mobilisation)이라는 윤리로 노동질서를 구제하려는 시도에 가담하고 있을 뿐이다.[8]

이것은 프랑스에서 쓰여진 글이지만 놀랄 만큼 일본의 상황과도 맞아떨어진다. 취직활동을 위해 취직용 양복을 구입하고 토익과 프리젠테이션, 토론 잘하는 법과 자기소개서 쓰는 법을 배운다. 면접관에게 영혼 없는 말을 듣고, 채용되지 못하면 무엇이 부족했는지 고민하면서 서점에서 자기계발서를 사들이기 시작한다. 취직하고 나서도 마찬가지이다. 높은 지위에 올라서기 위해서는 자기관리를 확실히 하고 끊임없이 자신을 리뉴얼하지 않으면 안 된다. 영어나 각종 자격을 얻기 위해 학원을 다니고 건강관리도 해야 한다. 결혼 역시 자기계발의 하나일 뿐이다. 살아 있는 것 자체가 인지자본이므로 우리는 끊임없이 자기계발이라는 노동을 강요당하고 있다.

이러한 자기계발을 종교에 비유할 수도 있겠지만, 오히려 대학에 비유하는 것이 더 정확하다. 사회인이 되어도 우리는 계속 학생으로 살기를 요구받는다.

'올바른 자기'가 되라. 이런 기만 때문에 우리는 큰돈을 걸고 수업을 듣는다. 고수입의 일자리를 얻는다면 성공이라 할 수 있겠다. 그러나 한번 성공했다고 해도 다시 큰돈을 걸고 '더욱 올바른 자기'가 되려고 하지 않는다면 결국 실패하고 만다. 그렇게 하지 않으면 높은 지위를 얻을 수 없을 뿐 아니라, 지금의 지위도 지킬 수 없게 된다. 대학의 수업료는 자기계발의 세계로 꾀어들이는 실마리가 된다. 수업료를 올리고 그만큼 학생에게 많은 액수의 장학금을 빌려주면서 자기계발의 시스템은 더욱 견고해진다.

예를 들어 학생지원기구는 장학금 상환을 재촉하면서 끊임없이 '교육적 배려'를 주장하고 있다. 그러나 여기에서의 교육이란 자신이 빌린 돈을 자신이 갚도록 하여 위험부담을 스스로 관리하는 것을 가르친다는 의미에서이다. 한번 돈을 빌리면 학생은 자신의 미래를 완전히 관리당하고 만다. 자기계발을 하여 좋은 일자리를 찾아 일해서 갚으라는 것. 대학이라는 도박은 학생을 채무노예화하고 그 미래를 자기계발이라는 말로 유혹한다.

지성이 폭발하는 곳

그러나 대학에는 이유를 알 수 없는 매력이 또 있다. 솔직히 어떤 보답도 없다는 것을 알면서도 어쩐지 몰두하게 되는 동아리 활동. 4년간 동아리방에서 쓸데없이 시간을 보내고 빈둥빈둥 술이나 마시고 연애에 미쳐 있다가 영화와 음악과 독서에 빠졌다가 이상한 정치활동에 몰두하기도 한다. 수백만 엔의 수업료를 내고 빚에 찌들어 있는 학생도 있는데 판돈을 되찾을 생각도 하지 않고 좀처럼 취직활동도 하지 않는다.

'취직=성공'이라는 관점에서 본다면 너무 위험한 일이고 정체되어 있는 것처럼 보이기도 할 것이다. 그러나 이 정체된 시간으로부터 자기계발과는 무관한 전혀 다른 도박이 시작된다. 자신이 하고 싶은 일을 스스로 납득할 때까지 천천히 생각하는 일, 그것을 하고 싶은 때에 하고 싶은 대로 하는 일. 자기가 자기 삶의 주인공이라는 것, 자기 삶의 소중함을 느끼는 것. 한 번이라도 이런 느낌을 맛보게 된다면 누구든 거기에 사로잡혀 몇 번이고 그 맛을 다시 보고 싶어 하게 된다. 악어를 눈앞에 둔 원숭이처럼. 거기다 그것이 4년간이나 계속된다. 빚을 지든 뭘 하든 가보고 싶어질 것이다. 또 대학을 경험한 부모라면 자식들에게 어떻게든 그런 경험을 할 기회를 주고 싶을 것이다.

물론 그런 것을 교육이라고 불러도 되는지 의문을 품는 사람도 있을 것이다. 그러나 현대의 아나키스트인 야부 시로(矢部史郎) 씨에 의하면 이런 도박의 경험이야말로 오히려 교육의 묘미가 아닐 수 없다.

최근의 저작에서 그는 1930년대의 북방교육운동을 소개하고 있는데 여기서 대학을 포함한 교육의 의의에 관해 매우 중요한 시사점을 얻을 수 있다.

북방교육운동이란 동북지방의 소학교를 중심으로 전개된 것으로 정부의 서구 중심적 교육정책을 비판하면서 농촌의 생활실태에 맞는 교육을 실천한 운동이다. 그의 글을 조금 인용해 보자.

단어를 올바로 쓸 줄 모른다거나 하는 문제가 아니다. 문제는 서구중심주의 때문에 농민의 아이들이 위축되어 자신감을 상실하고 있다는 것, 그리고 서구중심주의에 과잉 적응하여 공소한 관념적 단어를 좋은 것으로 잘못 알고 있다는 데 있다. 도시의 인간에게 받아들여질 수 있는 언어를 쓰는 것이 교육의 목표는 아니다. 아이들이 자기자신의 생활을 말하고 환경을 지각하고 사고와 감정을 자신의 것으로 가지는 것이 교육의 목표이다.

이 교육실천은 농민의 아이를 도시의 프티 부르주아로 출세시키려는 교육은 아니다.

북방교육의 세례를 받은 농민의 아이들은 평범한 농민이 되어 간다. 어떤 견지에서 보면 북방교육은 목적을 잃어버린 것처럼 보일지도 모른다. 북방교육은 자율적으로 닫혀 있다. 일본의 대규모 도시화를 통해 정치·경제적으로 개방되어 가고 있는 환경이 아니라 농촌 고유의 영역을 향해 닫히는 것, 자율화되는 것이 아이들의 생생한 지성을 폭발시킨다. 이 자율의 획득이야말로 교육의 진수가 아닐까. 개방에 반대하며 닫는다. 닫고 폭발한다. 이 사고의 내연기관이 그곳에 사는 사람들에게 새로운 동력을 준다.[9]

교육의 목적은 아이들을 출세시키는 것이 아니었다. 도시의 프티 부르주아가 되기 위해서 '올바른 단어'를 배운다. 그것은 '올바를'지는 모르지만 결코 자신의 언어는 아니다.

농촌의 아이들이 자신의 생활을 자기 나름의 언어로 말하는 것, 자신이 생각한 것과 자신이 느낀 것을 자기의 것으로 만드는 것. 요컨대 아이들의 자율성을 키우는 것이 교육의 목표다. 아이들을 도시의 교육으로부터 일단 떨어뜨려 농촌에서 자신들의 생활을 천천히 관찰하게 하자. 그러면 각인각색의 언어가 일제히 넘쳐흐르고 틀어박힌 그 장소로부터 아이들의 지성이 폭발하기 시작한다. 자신의 언어로 스스로 말하게 하라. 이것이 북방교육운동의 핵심이었다.

사실상 대학 역시 완전히 마찬가지라고 할 수 있다. 취직을 향해 나아가는 흐름을 일단 멈추고, 틀어박혀 자신이 살아갈 방법을 스스로 정하게 하는 것. 혹은 그것을 저마다의 스타일로 표현하는 것. 북방교육운동과 마찬가지로 대학은 학생의 자율성을 키우는 장소였다. 아마도 이것을 문자 그대로의 의미로 실천한 것, 학생에게 대학이란 어떤 것인가를 체현시켜 본 것이 1960년대 말의 대학 파업이었을 것이다. 자신들을 전

학공투회의(全學共鬪會議, 이하 전공투)라 칭하는 학생들이 전국 각지에서 대학을 바리케이드로 봉쇄한 채 수업을 거부했다. 자신의 의지와는 관계 없이 일방적으로 취직만을 향해 가야 하는 흐름을 정말 잠깐이라도 좋으 니 잠시 멈춰 세우고 자신의 인생을 스스로 선택해 보고 싶었던 거다. 그 러니까 이들이 벌인 대학 파업이란, 시간을 멈추려는 파업이기도 했다.

그리고 바리케이드로 폐쇄된 이 공간에 학생들 자신의 온전하고도 무수한 언어가 넘쳐흘렀다. 이 학생들은 자신의 인생이 자신과 무관하 게 함부로 결정되어 버린다는 것을 문제 삼았다. 극히 한정된 인간이 '올 바른 언어' 즉 지식과 정보를 움켜쥐고 있고, 다른 사람들은 자신도 모르 는 사이에 그것을 따르게 되고 만다.

대학으로 말하자면 교수와 학생의 구분이 거기에 있어서, 학생은 일 방적으로 정보를 전달받는 수동적인 존재였다. 그런데 거기에 돌연 바 리케이드로 봉쇄된 해방구가 만들어졌다. 학생들이 자신의 언어로 말하 지 못할 이유가 없지 않은가. 손으로 쓴 지저분한 유인물을 백 장이든 천 장이든 뿌리고, 대자보로 캠퍼스를 뒤덮어 버리고, 형형색색의 헬멧과 복면을 쓴 이들이 확성기에 대고 절규한다. 혹은 학교 건물의 곳곳에 낙 서를 하고 스티커와 포스터를 덕지덕지 붙인다. 학생들은 다양한 수단 으로 자신들 내면의 메시지를 거침없이 표출했다.

낙서는 언제 어디서 누구라도 쓸 수 있다. 무수한 표현들 중 하나이 다. 사실 우리는 모두 어떤 표정을 짓거나 떠드는 것이 가능하고 압도 적 다수의 생활자들이 이처럼 눈에 보이지 않는, 만져지지 않은 표현을

학생에게 임금을

쌓아가며 그 일생을 마친다. 이 모든 것은 순간적인 표현방법이며 눈에 보이는 형태로는 남지 않는다. 소설을 쓰고 그림을 그리는 행위는 한정된 소수의 특권으로만 제한되어 있다.

그러나 거리의 드러나지 않는 생활자들이 눈에 보이는 표현을 할 수 있는 주체로 발전해 갈 실마리는 얼마든지 있다. '낙서'도 그런 실마리 중 하나이지 않을까.

낙서의 편리한 점은 그 신출귀몰성과 익명성이다. 대단한 도구도 필요 없다. 언제 어디서든 그려 넣을 수 있고, 서명을 남겨 책임질 필요도 없다. 그리고 일단 그것이 그려 넣어지면 누군가의 손에 의해 없어질 때까지 영원히 스스로 메시지로서 흘러 전해진다. 이 무책임함과 편리함으로 인해 낙서는 평범한 한 사람을 창의적 표현자로 발전시키는 결정적 계기가 될 수 있다.[10]

1968년 당시, 무사시노미술대학(武蔵野美術大学)에 있던 토이 주가츠(戸井十月)는 10년 후 자신이 했던 일을 위와 같이 회상하고 있다.

그의 낙서론은 학생들의 표현에 대한 생각을 단적으로 드러낸다. 통상 예술을 창조하는 힘은 한 줌의 특권자에게 독점되어 있다.

그러나 보통은 독자이며 관객인 자신들도 표현을 하고 싶다. 그 점에서 낙서는 언제 어디서 누구라도 가능한 편리한 표현수단이다.

거기다 익명성이 담보되므로 자기 멋대로 그리는 것이 가능하며 만들어진 작품의 독점이란 있을 수 없다. 낙서의 의도는 집단적 표현을 창조하는 것이며, 학생이 자신들의 표현을 스스로의 것으로 소유한다는 것이었다.

1960년대 말의 대학 파업이 집중적으로 보여 준 것은 대학이 학생들의 생생한 지성을 폭발시키는 장소라는 것이었다. 대학에 간다고 해도 처음에는 무슨 보답이 있을지 알 수 없다. 그러나 원래 타인의 언어를 따를 뿐이었던 학생들이 스스로 표현하고, 또 표현하면 할수록 그 역량을 높여가게 된다. 자기 삶을 존엄한 것으로 변형시켜 가는 것. 학생은 이 감각을 맛보기 위해 자신을 건다. 그러나 여기까지 오면 하나의 의문이 생겨난다. 왜 매번 도박에서 이기고 있는데도 돈을 받기는커녕 돈을 내고 있는 것일까.

'학생에게 임금을', 일본에서는 최근까지 별로 검토되지 않았지만, 1960년대 말 유럽에서는 이 말이 학생운동의 중요한 슬로건이었다. 판돈의 분담금을 임금의 형태로 요구했던 것이다.

생각해 보면 당연한 일이다. 대학에서는 교수뿐 아니라 학생도 표현하는 자이므로, 그 지적 생산에 대한 월급이 나오는 것은 당연한 일이다.

거꾸로 말하자면, 학생임금이라는 것은 학생이 표현하는 자라는 반증이다. 물론 이 임금 요구가 그대로 실행되었을 리는 없다. 그러나 그 후 적어도 유럽에서 보급된 수업료 무상화와 지급형 장학금이 학생임금 요구의 성과 중 하나인 것은 틀림없다. 임금이라는 말이 아무래도 고용당하고 있는 것 같아 어색하지만 대학이라는 도박을 통해 돈을 지급받는다고 생각하면 그다지 이상할 것 없는 일이 된다.

지적 노름꾼의 인간 파업

1990년대 이후 일련의 대학개혁에는 분명한 목적이 있었다. 대학을 사회화한다는 것, 즉 신자유주의 사회에서 대학도 신자유주의 사회화해야 한다는 것이었다. 그리고 이것을 산학협동이나 민영화로 포장했다. 그러나 앞으로는 또 하나의 목적이 가시화되지 않을까 싶다. 사회를 대학화하는 프로세스가 그것이다. 네그리는 노동의 여성화라 했지만 노동자가 학생처럼 되어 간다고도 말할 수 있을 것이다. 당신의 주위를 둘러보라. 착실한 노동자 같은 건 없다. 이상한 노동자뿐이다. 아마도 그들은 학생으로 생성 변화해 가고 있는 것 같다.

월급은 장학금처럼 되어 가고 있지 않은가. 즉 신청해서 월급을 받는다. 그리고 노동을 한다. 노동시간 같은 것은 이미 의미가 없다.

실제로 프랑스의 작가들은 신청한 돈을 받고 나서야 책을 쓰고 있고, 생활보호자금을 신청해 생활한다. 그런데 일본의 장학금과 마찬가지로, 심사가 귀찮기만 하다. 그래도 그렇게 된다면 기본소득은 곧 실행될지도 모른다. 기본소득을 달라! 장학금(빌리는 것이 아니라 그냥 주는 것)을 달라![11]

이것은 '대학생 시를 뿌리다'라는 블로그에서 인용한 것이다. 이 블로그에서는 앞으로의 사회를 점치는 매우 중요한 개념을 제기하고 있다. 사회의 대학화. 노동의 학생화라고 바꾸어도 좋을 것 같다. 요컨대 사회가 대학처럼 되어 가고 있다고 말하고 있다. 앞에서 말한 인지자본주의라는 관점에서 보자면 그렇게 당돌한 이야기가 아닐지도 모른다. 적어도 유럽의 대학에서는 학생의 지적 생산에 지급형 장학금이라는 임금이 나온다.

　인지자본주의에서는 모든 노동자가 어떤 형태로든 지적 생산을 하고 있고 학생과 완전히 마찬가지로 자신을 단련시키고 있다. 설령 실업 중이라 하더라도 취직활동 중인 학생과 마찬가지이며, 애초에 사생활에서 머리를 쓰지 않는 사람은 없다. 그렇다면 사회 전체의 임금 모델을 대학과 똑같이 만들어 버려도 괜찮지 않을까. 직업이 있든 없든, 학생에게 확실히 장학금을 지급하는 것. 그 무조건성을 철저하게 지켜가는 것. 어쩌면 기본소득은 대학의 장학금 제도를 확대해 간 결과로 생기는 것일지도 모른다.

　그러나 아무리 유럽이라고 해도 그렇게 간단히 기본소득이 실현되지는 않는다. 임금 모델이 되어야 할 대학도 최근에는 반동적인 제도개혁 쪽이 두드러지고 있다. 10년 전부터 추진되어 온 볼로냐 프로세스. 이것은 EU권 내에서 대학교육의 통일기준을 만들어 유럽의 대학을 세계화에 적합하게 만들려는 프로세스이다. 이 프로세스가 추진되면 추진될수록 유럽의 대학이 시장화되고 만다. 또 볼로냐 프로세스와 병행하여 수업료를 받는 대학이 늘기 시작한 것도 확실하다. 일본의 경우에서 본다면 대단한 금액은 아니고 실질적으로 무상인 곳도 적지 않다. 그러나 예컨대 프랑스에서도 연간 수만 엔의 수업료를 받고 있으며 그것을 인상하려 하는 대학도 속속 나타나고 있다.

　물론 유럽의 학생과 교수들은 이런 움직임을 가만히 보고만 있지 않았다. 2008년에는 이탈리아에서 당시 베를루스코니 수상의 교육개혁에 반대하는 대학 파업이 일어났고, 다음 해 프랑스에서 무기한 전 학생 파업, 그 후에도 유럽 전 지역에서 연달아 대학 파업이 일어났다. 그러나 이러한 강력한 반대에도 불구하고 지금까지도 대학의 시장화 움직임은 멈추지 않고 있다. 또 잠시 일본으로 눈을 돌려 보면, 완전히 절망적인 기분이 된다. 대학은 취직예비학교가 되어 있고, 비싼 수업료는 내릴 기미도 보이지 않는다. 장학금이라고 해 봐야 원래부터 지급형은 존재하지 않고 대출형, 정확히 말하면 빚밖에 없다. 그리고 학생을 채무노예화하고 그 인생을 자기계발에 옭아매고 있다. 어쩌면 이것은 지금 유럽에서 일어나고 있는 일의 예상 가능한 미래일지도 모른다. 그리고 이미 현재화되고 있다.

'나'로 있고 싶다고 욕망할수록 공허함만 밀려올 뿐이다. 자기를 표현할수록 자기는 고갈된다. 자기를 추구하면 추구할수록 피로하다. 나와 너, 우리는 이 '나'를 참기 어려운 창구처럼 생각하고 있다. 우리는 자기 자신의 세일즈맨이 되고 만 것이다. (중략) 곳곳에서 '무언가가 되어라'라는 명령이 시끄럽다. 이 사회를 불가피한 곳으로 만드는 병적인 상태를 그 명령은 유지시키고 있다. '저것!'이라고 하는 강한 명령에 의해 약함이 생겨나고, 약함이 생겨난 곳에서 저걸 하라고 하는 강한 명령이 유지된다. 그로 인해 일하는 것은 물론 사랑하는 것조차 '그것은 인생'이라고 체념해 버리는 양상을 보일 정도가 되었다.[12]

대학과 자기계발 세미나에서 더욱 '강한 자신'이 되라는 명령을 듣고 있다. 실제로 '약한 자신'은 이 명령에 의해 생겨나기 시작한다. 그러

므로 솔직히 자기계발에 끝은 없다. 자기를 표현하고 자기를 탐구하면
할수록 자기를 잃어버리고 피로해지고 만다. 결말은 분명하다. 우울증
에 걸리거나 자살하거나. 실제로 일본에서는 연간 3만 명이 넘는 자살
자가 나오고 있다. 심각하다. 거기까지 가기 전에 뭐라도 해야만 한다.
무엇을 해야 할까.

인간 파업은 노동과 생의 경계가 희미해진 시대에 대한 응답이다. 그
런 시대에는 모든 것이 노동이다. 소비하는 것도, 살아남는 것도, '사회
파괴적 텍스트'를 생산하여 산업사회의 유해함을 부각시키는 것도, 스
포츠를 하는 것도, 섹스를 하는 것도, 부모가 되는 것도, 항우울제에 의
존하는 것도 모두가 노동이다. 왜냐하면 제국은 살아 있는 모든 것을 관
리하고, 소화하며, 집어삼키고, 회복시키기 때문이다. (중략) 제국에 대항
하는 길은 인간 파업뿐이다. 그리고 그것은 억압당한 윤리적 요소('어떻
게'를 묻는)를 복원한다.[13]

인간 파업은 인지자본주의가 인간의 생 그 자체를 컨트롤하고 이윤
에 맞춰 조종해 나간다고 할 때, 그것을 멈추는 것이다. 이전의 공장에서
파업을 할 때는 기계의 톱니바퀴를 멈추는 걸로 끝났지만 인지자본주
의에서는 인간 생의 톱니바퀴를 멈추지 않으면 안 된다. 아마도 지금 무
언가를 하려고 한다면 그런 것이지 않을까. 대학에 대해서 말한다면 쉽
게 말해서 대학 파업을 결행하는 것이다. 그것은 문자 그대로 인지자본
을 마비시키는 것을 의미한다. 그러나 인간의 생이 천차만별이라고 한

다면 그것을 멈추는 방법도 더 많이 있을 것이다. 이미 실행되고 있는 것만으로도 너무 많아 셀 수 없을 정도다. 취직활동에 트집을 잡는 일. 대학에서 잘리더라도 그대로 학내에 눌러앉는 것. 장학금을 모두 갚지 않는 것. 또는 장학금은 거저 받는 것이라고 생각해 버리는 것. 요컨대 자신의 생이 자본에 컨트롤되는 것을 거부하는 것. 불량상품으로 버려져도 거꾸로 자본을 위협하는 것. 아마도 생각해 보면 더 치사한 방법이 얼마든지 있을 것이다.

그리고 자기계발로서의 대학을 버렸을 때, 그 사람은 자기의 존재를 걸고 지성의 폭발로서의 대학을 사고하기 시작한다. 승리밖에 없는 도박으로서의 대학. 인간 파업은 채무노예화의 흐름을 끊어 내고 기본소득을 전제로 한 결실 있는 삶을 만들어 간다.

＊

채무노예화인가 기본소득인가. 그동안 우리는 빚을 지는 것은 나쁘다고 충분히 배워 왔다. 개인 수준에서도 국가 수준에서도 그렇다. 남에게 빚을 졌다면 그것은 반드시 갚아야만 한다고. 그러나 인간은 한번 엄청난 빚을 지고 나면 대체로 자신의 의지와 상관없이 미래를 일정한 방향으로 조정당해 버린다. 제대로 빚을 갚는, 혹은 그것을 위해 필요한 행동을 하는 방향. 돈을 갚기 위한 구제 프로그램. 처음부터 정해진 룰을 따라 부지런히 일하도록 말이다. 그러나 본래 빚을 진다는 것이 윤리적으로 나쁜 것은 아니다. 원래 인간의 신뢰관계는 빚에 의해 만들어진다.

예를 들어 누군가의 도움은 빚이 되지만 거기에 상환 같은 것은 필요 없다. 나선처럼 말려들어가 이어진 그 빚이야말로 둘도 없는 신뢰관계의 토대라고 말한다. 그러므로 정말 힘들 때에는 어떤 거리낌도 없이 그저 도움을 받으면 된다. 돈을 받고 나서 좋아하는 것을 좋을 대로 하면 되는 것이다. 지배관계 없이 자율적인 생을 실감하는 것. 기본소득의 의미는 바로 거기에 있다.

대학에는 두 가지의 길이 있다. 하나는 채무노예화, 또 하나는 기본소득이다. 채무노예화의 길을 선택하는 순간 영원히 자기계발에 내몰리게 된다. 큰돈을 걸수록, 다시 말해 빌린 액수가 많으면 많을수록 그 사람은 판돈 이상의 것을 얻으려고 취직활동과 스펙 쌓기에 필사적이 된다. 그러나 또 한편으로 기본소득을 전제로 한 도박의 길도 있다. 이 도박에 지는 일은 없다. 자신을 던져 좋아하는 것을 좋은 대로 표현하는 것. 오롯이 자신의 의지로 살아 있다는 것을 느끼는 것. 둘도 없이 소중한 자기 생을 확신하는 것. 어떤 의미에서 자신을 던지는 순간 이미 이긴 것이다.

그러므로 처음에 소개한 '도박본능론'의 원숭이와 마찬가지로 학생은 눈앞에 위험이 있어도 자신의 몸을 던지는 일을 그만두지 않는다. 거기에는 누를 수 없을 정도의 기쁨이 있기 때문이다. 그리고 그 도박을 반복해 가는 동안에 학생은 자신이 진 빚의 존재를 잊어 간다. 오히려 어째서 도박에 이겼는데 돈을 받을 수 없는지 이상하게 생각하게 된다. 도박에서 이긴 배당으로서의 기본소득. 그것은 어떤 것에도 지배당하지 않는 자율적 생을 가능하게 한다.

대학을 다닌다는 것은 도박이다. 어느 누구도 패배하지 않는 도박

말이다. 이 도박에 몰입하면 할수록 더 예민하고 섬세하게 자율의 감각을 익힐 수 있다. 그렇다면 할 수 있는 것은 오직 한 가지뿐이다. 충분히 만족할 만큼 자기를 걸어 보자.

2장

장학금 지옥

> 애초에 장학금을 확실하게 갚을 수 있는 사람은 모태 부자뿐이다. 그러나 그런 부자라면 처음부터 장학금을 빌릴 필요가 없다. 요컨대 장학금을 빌리는 학생은 돈이 없는 학생이며, 그들은 취직을 해도 당연히 장학금을 갚지 못한다.

2008년 12월 학생지원기구에서 장학금을 빌린 학생과 졸업자는 경악할 만한 통지를 받았다. '개인신용정보기관 개인정보 등록에 대해서'라는 제목의 이 통지는 다음과 같은 내용이었다.

당 기관에서는 올해 6월에 장학금 반환 촉진에 관한 관계자 회의가 정리한 '학생지원기구의 장학금 반환 촉진책에 대해서'에 따라 반환 개시일 후 일정 기간이 지난 연체자들의 정보를 개인정보기관에 제공하게 되었습니다. 연체자에게 각종 론 등 과잉 대출을 억제하고 다중채무화로 이행하는 것을 방지하는 것은 교육적 관점에서 극히 유의미한 것

학생에게 임금을

이라는 제언을 받았습니다. 연체자에 한하여 그 정보를 개인신용정보기관에 제공하게 되었으므로 올해 11월 전국은행개인신용정보센터를 통해 연체자에 한정하여 개인신용정보기관에 개인정보 등록을 실시하게 되었습니다.

문장 중에 있는 '반환 개시일 후 일정 기간'이라는 것은 3개월이며 '개인신용정보기관'이라는 것은 전국 주요 은행을 포함한 1400개 금융기관을 말한다. 요컨대 장학금 반환이 3개월 연체되면 그 사람의 개인정보를 금융기관에 알린다는 것이다. 한번 통보되면 그 사람은 블랙리스트에 오르게 되어 이후 신용카드를 가질 수 없게 될지도 모르고, 집을 빌리는 데 지장이 생길지도 모른다. 한마디로 장학금 반환 체납자를 블랙리스트에 올리겠다는 것이다.

2008년 12월이라면 세계금융위기의 충격으로 해고 등이 속출하여 그에 따른 일본 내 빈곤 문제가 주목받고 있던 시기였다. 솔직히 지금 대학을 졸업해도 좀처럼 좋은 취직자리를 찾을 수 없다. 신규 졸업자 중에는 파견사원이 되거나 아르바이트를 전전하며 겨우 생활하는 사람도 적지 않다. 그런 때에 마치 추적이라도 하듯이 3개월 체납한 것만으로 금융기관에 통보한다는 협박이나 다름없는 문서를 보냈다. 그것도 명색이 학생지원기구라 칭하는 단체의 장학금이다. 도대체 이게 말이나 되는 일인가. 거의 집단 폭력 같은 것이 아닌가. 어딜 봐서 이것이 학생 지원이며 무엇이 장학이냐고 묻지 않을 수 없다. 거기다 그 논거가 대단하다. 인용문에 쓰인 대로 하자면 '교육적 관점에서 극히 유의미하다'는 것이다. 어떤 교육적 관점인지 도무지 의미를 알 수 없다. 일본학생지원기구에 가서 물어보기까지 했지만 담당자도 시큰둥한 얼굴로 아무 대답도 못했던 것이 기억난다.

앞에서도 소개했던 시라이시 요시케루 씨는 이 블랙리스트 문제에 대해서 "일본의 교육사상 최고의 바보짓이다"라고 말했다. 정말로 그렇다. 애초에 장학금을 확실하게 갚을 수 있는 사람은 모태 부자뿐이다. 그러나 그런 부자라면 처음부터 장학금을 빌릴 필요가 없다. 요컨대 장학금을 빌리는 학생은 돈이 없는 학생이며 그들은 취직을 해도 당연히 장학금을 갚지 못한다. 실제로 <그림 3>에서 확실히 알 수 있다시피 6개월 이상 반환 체납자가 체납의 가장 큰 이유로 드는 것은 '저소득'으로 45.1퍼센트나 된다. 그런 것을 3개월 체납으로 블랙리스트에 올린다는

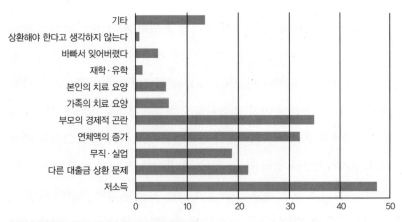

출처 : 학생지원기구, 「연체자에 대한 조사결과」, 2012 (단위:%)

〈그림 3〉 장학금 상환 연체 이유

학생에게 임금을

이야기이다. 장학금은 저소득자를 위한 배려로 만들어진 것이 아니었던 가. 교육의 기회균등을 가늠하는 수단이지 않았는가.

이 장에서는 학비와 장학금의 실태를 확인하고 그 문제가 무엇인지를 분명히 밝혀 보도록 하자.

우선 일본의 대학 수업료가 얼마나 비싼지를 한번 보자. 문부과학성에 의하면 2013년 국립대학의 수업료는 53만 엔, 입학금 28만 엔을 합하면 신입생 때는 81만 엔이 된다. 공립대학의 경우 수업료는 국립대학과 같은 53만 엔이지만 입학금이 40만 엔이므로 신입생 때는 93만 엔이 된다. 여기에 비해 사립대학의 수업료는 86만 엔이며 입학금 27만 엔을 합하면 113만 엔이 된다. 일본에서는 사립대학 학생이 약 80퍼센트를 점하고 있으므로 많은 학생이 수업료만으로도 매년 100만 엔 이상을 내고 있다는 말이 된다. 물론 대학에 드는 비용은 이것만이 아니다. 지방 출신으로 자취를 하는 학생은 주거비가 들고 그렇지 않은 학생도 통학비가 든다. 밥도 먹어야 하고 친구들과 놀러가는 일도 있고 데이트도 해야 한다. 아파서 병원비가 들기도 할 것이다.

<표 1>을 보기 바란다. 이것은 수업료를 포함하여 대학생활에 드는 비용의 연간 총액을 학생지원기구가 조사한 것이다. 문부과학성과는 데이터 집계 방식이 다른 것 같지만 통학비와 생활비를 포함한 학생생활의 비용을 대략 알 수 있다. 우선 국립대학에서는 수업료만도 연간 52만 엔, 통학비 등을 포함하면 67만 엔이 든다. 생활비를 넣으면 대략 156만 엔 정도가 된다. 공립대학에서는 수업료가 53만 엔, 통학비를 포함해서 68만 엔이 든다. 생활비는 국립대학보다 덜 드는 것 같은데, 총액은

구분	학비			생활비			합계
	수업료, 기타 학비	그 밖의 학교 납입금 과외활동비	소계	식비, 주거·광열비 보건위생비	취미활동비, 통학비 외	소계	
국립	522,800	150,900	673,700	542,100	348,100	890,200	1,563,900
공립	536,200	145,900	682,100	441,900	348,200	790,100	1,472,200
사립	1,154,400	165,300	1,319,700	313,600	343,900	657,500	1,977,200
평균	1,013,700	161,800	1,175,500	359,700	344,900	704,600	1,880,100

주. 조사대상은 대학학부, 주간부로 수업료가 급격히 오른 최근 30년간의 내용만 수록함.
출처 : 문부과학성, 「국립대학과 사립대학의 수업료 등의 추이」를 바탕으로 작성. (단위:엔)

〈표 1〉 대학생활에 드는 비용

147만 엔이 된다고 한다. 여기에 비해 사립대학의 경우 수업료만으로도 연간 115만 엔이나 된다. 통학비를 포함하면 132만 엔, 생활비를 넣으면 200만 엔이 된다. 그러므로 대학 4년을 다니기 위해서는 국립대학이라도 최저 600만 엔, 사립대학이라면 최저 800만 엔은 든다는 이야기가 된다. 물론 이것은 평균이며 비용이 높은 사립대학은 4년간 천만 엔 이상이 필요하며 의학부에서는 2천만 엔 이상이다.

1장에서도 서술했지만 연 수입 200만 엔 미만의 가정에서는 72퍼센트가 대학 진학을 포기한다. 또 자녀가 대학에 진학한 가정들은 어떻게든 비싼 학비를 짜내고 있지만, 대개의 경우 가계는 적자를 면치 못한다. 다소 오래된 데이터이긴 하지만, 국민생활금융공고(國民生活金融公庫)

학생에게 임금을

의 '교육비 가계부담 실태조사'(2006년)에 따르면, 연 수입 200만 엔에서 400만 엔까지 세대의 교육비 부담은 50퍼센트 가까이 된다.

일본에서는 학비의 사적 부담이 너무 과하다. 그러므로 대학생은 아르바이트 없이는 살 수가 없다. 학생지원기구의 '2012년 학생생활조사'에 의하면, 학부생의 74퍼센트가 아르바이트를 하고 있다. 그중 40퍼센트는 집안 생계를 위해서 일하고 있다고 한다.

대학원에 진학하면 상황은 더 심각한데 석사과정의 78.3퍼센트가 아르바이트를 하고, 그중 50퍼센트가 생계를 위해 일하고 있다. 박사과정이 되면 70퍼센트가 아르바이트를 하고, 생계를 위한 아르바이트는 59퍼센트이다. 아르바이트를 하는 데 드는 시간도 길어서, 평균적으로 주당 노동시간은 10시간 가까이 된다. 확실히 수업시간 19시간보다는 짧지만, 서클 활동 등에 드는 시간 7시간보다는 길다. 애써서 대학에 왔는데 좋아하는 것을 배울 시간을 대부분 빼앗기고 있는 것이다. 다음과 같이 비통한 목소리로 호소하는 학생도 있다.

학교 끝나면 아르바이트, 집에 가면 10시가 넘고, 그때부터 숙제 등 공부. 점심은 시간과 식비를 아끼기 위해 주먹밥으로 해결하고 낮부터 아르바이트를 하러 가는 때도 있습니다. 솔직히 힘들어요. 하지만 형제들은 가고 싶었던 사립을 포기했고 부모님은 적지 않은 빚을 지고 있는 형편이니 제가 힘들다거나 하는 말을 할 수 없죠. 그나마 공부할 수 있는 것만을 생각하며 매일매일을 살고 있습니다. 학비만 좀 낮아져도 살 수 있을 것 같아요.[14]

아르바이트에 또 아르바이트. 수업 이외에 취미활동이나 동아리 활동을 할 시간이 없다. 부모는 이미 잔뜩 빚을 지고 있고 형제도 지원해 주고 있으므로 힘들다는 소리도 못한다. 이래서는 천천히 생각하는 것도 불가능하고 친구를 사귈 여유도 없다. 좀 극단적인 예일지도 모르겠지만 많은 학생들이 어딘가에서 같은 생각을 하고 있는 것은 아닐까. 왜학생과 그 가족들이 이런 생각을 해야만 하는 걸까. 그것은 1장에서 본것과 같이 일본의 고등교육에 대한 공적 부담이 너무 적은 때문이며 그래서 대학의 수업료가 엄청나게 비싸진 때문이다. 어쩌면 좋을까. 표면적으로는 대부분의 학생들이 장학금을 받으면서 대학을 다니고 있다.

이제 일본의 장학금 제도를 검토해 보자.

> 학생지원기구에는 무이자형과 유이자형, 단 두 종류의 장학금이 있다. 어느 것이든 대출이며 반드시 상환해야 한다. 상환할 필요가 없는 지급형 장학금이 존재하지 않는 것이 특징적이다.

일본의 장학금 제도 중 가장 사업규모가 큰 것은 학생지원기구이다. 일본에는 원래 일본육영회라는 장학금사업 공적 기구가 있었는데 2004년에 독립행정 법인화하여 학생지원기구가 되었고 사업도 그대로 이어받았다. 여전히 문부과학성 관할하에 있어서 반쯤은 공적인 성격을 가지고 있다고 한다. 우선 학생지원기구에 어떤 장학금이 있는지를 살펴보자.

학생에게 임금을

1종 장학금 — 대출, 무이자, 연간 총액 약 54만 엔~77만 엔

(2012년도부터 소득연동제가 도입되어 연 수입 300만 엔 이하의 경우 상환

기간은 무기한 유예할 수 있게 되었다.)

2종 장학금 — 대출, 유이자(한도이율 3퍼센트), 연간 총액 약 36만 엔

~180만 엔

학생지원기구에는 무이자형과 유이자형, 단 두 종류의 장학금이 있다. 어느 것이든 대출이며 반드시 상환해야 한다. 상환할 필요가 없는 지급형 장학금이 존재하지 않는 것이 특징이다. 수급기준은 가족의 경제 사정과 학업성적으로 판단하며 최장 20년간 반환해야 한다. 대출을 받으려면 보증인이 필요하고 대체로 부모, 형제, 숙부·숙모가 보증인이 된다. 최근에는 보증인이 없어도 보증기간에 따른 보증료를 지불하면 대출을 받을 수 있게 되었다. 역시 상환이 면제되는 일은 거의 없다. 예전에는 졸업 후 일정 기간 내에 교사직을 택하면 면제되었으나 그 규정도 1998년부터 서서히 폐지되어 버렸다. 지금은 '재학 중 특별히 뛰어난 성적을 받은 자' 등 극히 소수의 학생만이 면제받고 있다. 이런 장학금 제도가 만들어진 이유는 다음 장에서 자세히 서술할 것이다.

솔직히 말해 이런 식의 장학금은 보통 '장학금'이라고 부르지 않는다. 세계적 상식으로 보면 '장학금'이라는 것은 상환 의무가 없는 지급형 장학금을 가리키며 영어로는 그란트(grant)라고 부른다. 여기에 비해 대출장학금은 학생론이라고 부르는 것으로 민간금융기관의 론과 같은 종류로 취급된다. 2012년부터 소득연동제라는 시스템이 도입되어 졸업

후 연 수입이 300만 엔에 못 미치는 동안에는 무기한으로 상환을 유예할 수 있는 규정이 생겼다. 그것 자체는 환영할 만한 것이지만 1종에만 이 제도가 적용된다. 많은 학생들이 빌리고 있는 유이자 2종에는 적용되지 않는다는 것이 문제다.

그런데도 학생지원기구로부터 장학금을 빌리는 학생은 점점 늘고 있다. 수업료가 비싼 만큼 대출을 받지 않으면 대학을 다닐 수 없기 때문이다. <그림 4>와 <그림 5>를 보면 알 수 있듯이 대학원, 대학(학부), 단기대학, 고등전문학교 학생 전체를 합해 2012년도 학생지원기구 사업규모는 1종 장학금이 2767억 엔, 2종 장학금이 8496억 엔이고 대출자 수는 합계 134만 명이나 된다. 지금의 학생 총수가 312만 명이라고 하니

출처 : 학생지원기구, 「JASSO 사업의 운영 상황과 이후의 전개」, 2013

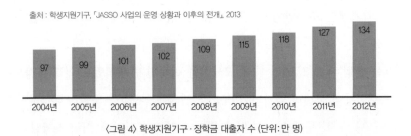

〈그림 4〉 학생지원기구·장학금 대출자 수 (단위 : 만 명)

〈그림 5〉 학생지원기구의 사업 규모

학생에게 임금을

까 약 40퍼센트의 학생이 학생지원기구로부터 돈을 빌리고 있는 것이다. 1998년에는 1종 장학금이 2005억 엔, 2종 장학금이 650억 엔, 대출자 수가 50만 명이었다. 액수로 볼 때 1종은 별로 늘지 않았으나 2종은 10배 이상, 대출자 수는 약 2.5배 늘었다. 요컨대 대출자 수가 늘고 있으며 그 대부분은 유이자 장학금을 빌리고 있는 것이다.

당연하게도 사업이 확대됨에 따라 학생지원기구가 회수해야만 하는 금액도 늘고 있다. 2004년에는 2297억 엔이었던 것이 2013년에는 3535억 엔이 되고 있다. 상환하지 못하는 사람도 늘고 있어서 2012년 말에는 3개월 이상 체납자 수가 19만 4천 명에 이른다. 특히 2007년 매스컴을 중심으로 적자투성이 학생지원기구를 공격하는 목소리가 높아져 '상환체납액 2007년 2253억 엔' 등으로 보도되었다.

사실상 2253억 엔이라는 것은 상환기일이 다가오는 상환 예정자까지 포함한 금액이며, 실제 체납액은 645억 엔 정도 된다. 그러나 이것은 1943년에 만들어진 구 육영회 때부터의 총액이니까 60년 이상의 대출 총액으로 본다면 학생지원기구는 경이적인 회수율을 자랑하고 있는 것이다. 사실 2007년까지의 총회수율을 보면 필요 회수액 3175억 엔에 대해 회수액이 2515억 엔이므로 80퍼센트 가까운 회수율을 달성하고 있는 것이다. 또 2007년만의 회수율을 보면 90퍼센트를 넘는 듯하다. 얼마나 독하게 상환을 압박해 왔을까 무서울 정도이다. 학생지원기구의 상환 압박 방법을 살짝 보기로 하자.

우선 학생지원기구에서는 장학금의 상환 개시일을 졸업 후 6개월로 하고 있다. 통상 3월 말에 졸업하는 학생이 많으므로 10월부터 상환하게 될 것이다. 그러나 10월이 되어도 돈을 내지 못하는 경우, 학생지원기구는 매월 독촉을 하고 있으며, 그것이 6회 정도 계속된다. 독촉은 통지서를 보내는 것뿐만 아니라 전화 독촉도 하고 있는데 본인에게는 1회째, 5회째, 6회째에, 보증인에게는 2회째, 3회째, 4회째에 전화가 걸려온다. 그러고도 상환액을 내지 못하는 경우 겨우 1년이 경과한 시점에서 학생지원기구는 법적 조치와 개별 사정에 따른 청구를 이행하게 된다.

법적 조치라는 것은 지불독촉신청 예고라고 불리는 수단으로 지원기구가 대출금을 받아 내기 위해 재판소에 제소를 하는 것이다. 주장이 인정되면 학생지원기구는 재판소에 강제집행을 신청할 수 있다. 구체적으로는 채무자의 월급을 압류하고 그 4분의 1을 회수하게 된다. 다만 압류 대상은 월급에 한정되며 아직까지 가재도구나 자동차 등이 압류된 예는 없다고 한다. 갖고 있는 데이터에 의하면 2004년도의 소송 건수는 58건이었으나 2005년도에는 321건으로 늘었고, 그중에서 강제집행을 실시한 것은 4건이었다. 2006년도에는 925건에 대해 집행을 판정받았으나 강제집행된 것은 0건. 2007년에는 1,715건이 판정받아 1건이 집행되었다. 그 이후의 강제집행 데이터는 없지만 2012년의 소송 건수는 6,193건이다. 2004년과 비교해 보면 무려 106배. 정상이 아니다. 거기다 현재 학생지원기구는 1년 이상 체납한 14만 명 중 실업자와 생활보호 수급자를 제외한 약 10만 명을 법적 조치의 대상자로 하고 있다. 어떤가. 나는 소름이 끼친다. 장학금 문제는 착착 소송으로 진행되고 있고 실제로 월급 압류까지 시행되기에 이르렀다.

다만 재판에 대해서 강조해 두고 싶은 것은 상환기간으로부터 10년이 되면 상환 면제 시효가 인정되는 케이스가 있다는 것이다. 2007년만 해도 5건의 재판에서 시효가 인정되고 있다. 예를 들어 학생지원기구는 총액 302만 엔의 상환을 제청하며 효고현(兵庫県)의 남성을 고소했으나 10년을 넘긴 채권은 시효가 인정되어서 결국 170만 엔 상환으로 협상이 되었다.

또 고베(神戸) 간이재판소에서 맞붙은 소송에서도 학생지원기구는 한 여성에게 83만 엔의 상환을 요구했으나 10년 전의 채권 50만 엔은 시효가 다해서 30만 엔만 상환하게 되었다. 물론 시효를 인정받는 것은 지원기구가 재촉 편지를 보내지 않은 경우에 한하며 항상 그런 것은 아니다. 그러나 컴퓨터로 데이터를 관리하기 전인, 지금의 40~50대까지는 그런 케이스가 많을 것이므로 채무자는 당연한 권리로 이것을 기억해 둘 필요가 있다.

그렇다고 해서 학생지원기구도 가만히 앉아서 당하고 있을 리 없다. 갖은 수단을 동원해 어떻게든 상환을 받으려고 하고 있다. 그 하나가 민간의 채권회수업자를 통한 상환 독촉이다. 앞서 최초 6회의 독촉은 전화와 통지서 송부를 하고 있다고 했지만, 이 업무는 전부 민간의 채권회수업체에 위탁되어 있다. 또 2005년 이후 학생지원기구는 그 후의 독촉에 대해서도 실험적으로 민간위탁을 시작하고 있다. 2005년에는 556건, 2006년에는 7,037건의 독촉을 민간채권회수업자가 담당하고 있다고 한다. 회수율도 꽤 좋았던 모양으로 2005년에는 연체 1년 이상 2년 미만인 입금 이력 없는 556건에 대한 독촉으로 273건의 회수에 성공했다. 금액으로 보면 회수율은 37.1퍼센트였다. 2006년에는 1,018건의 독촉에 대해 311건의 회수에 성공했다. 금액으로 보면 회수율은 10.4퍼센트였다고 한다. 이

때 중·장기 연체채권에 대해서도 독촉을 진행했는데 별로 성과는 없었다. 그래서 현재는 연체 2년 미만의 초기 채권 독촉에 대해 중점적으로 민간위탁이 행해지고 있다고 한다.

> 그럴지 않아도 비싸기만 한 학비. 그래도 자식을 위해서라는 생각으로 필사적으로 일해서 이윽고 4년을 보내고 드디어 졸업시켰다고 생각했는데 '법적 조치'라는 엄청난 문구가 들어간 통지가 오고, 갑자기 민간 채권회수업자로부터 전화가 온다.

그러나 법적 조치를 거론당하며 민간 채권회수회사로부터 추징을 받는다는 것은 장학금을 빌린 쪽에서 본다면 견디기 힘든 일이다. 예를 하나 들어 보자. 이하의 인용은 학생지원기구로부터 1종 장학금을 450만 엔 정도 빌렸으나 수입이 부족해서 상환을 연체하고 있는 분의 글이다.

학생지원기구로부터 직접 전화도 몇 번 있었습니다. 그 후 '보증인'인 친척에게도 입금용지와 함께 상환하지 않으면 법적 조치를 강구하겠다는 요지의 통지가 왔습니다. 그 때문에 부모님이 매우 불안해하셨고 그로 인해 저 자신도 엄청난 정신적 부담을 안게 되는 사태가 벌어지고 있습니다. 무엇보다도 이런 상태가 계속되는 것이 정말 견디기 힘들어서 여러 가지로 곤란을 겪고 있습니다.

또 학생지원기구가 아니라 민간의 채권관리회사로부터 전화가 왔고 입금용지가 들어 있는 우편물이 오고 있습니다. 이것은 저에게도, 그리고 역시 부모님에게도 오고 있는데, 관리회사의 전화 응대는 아직은 부드러운 편이지만(제게 오는 전화는 '상환을 부탁드립니다'라는 느낌이었는데 부모님께는 어땠는지 모르겠습니다), 민간업체인 만큼 앞으로 어떤 취급을 받을까 생각하면 역시 불안해집니다.

법적 조치 운운은 '미상환장학금의 일괄반환청구(지불독촉신청예고)'가 도착한다는 의미입니다. 이 서류에는 상기의 상환금액과 함께 4월 말까지 입금되지 않으면 '반환강제수속을 취하게 되니 양지하시기 바랍니다'라는 문구가 들어 있습니다. 재판소에서 '지불독촉신청'을 한다는 통지가 별지에 '최후통지'라는 형태로 첨부되어 있고 내용도 형식도 수도요금 연체시의 급수정지 예고와 거의 같은 모양이었습니다. 이런 것이 도착하면 부모님과 다투게 되고 맙니다.

부모님은 연금생활자로 월 15만 엔 정도로 생활하고 있고 이 금액으로는 상환 같은 것을 할 수 있을 리 없습니다. 그런데도 '네가 갚을 수 없다면(갚지 않는다면) 학생지원기구와 교섭해서 이쪽에서 조금씩이라도 갚겠다'라고 합니다. 부모님 입장에서 보면 '빚'을 '갚지 않는다'는 것은 '인간이 아니'라는 것이며, 세속적으로는 '낙오자'인데다가 '나라'가 하는 일에는 틀림이 없다는 통념이 강합니다. 당연히 '법적 조치'라는 협박성 용어가 먹힐 수밖에 없습니다. 결국 부모님과의 무의미한 언쟁이 계속될 수밖에 없고 저는 내내 엄청난 정신적 부담에 허덕이고 있습니다.[15]

글을 읽으면, 학생지원기구의 추징이 장학금을 빌린 사람들의 가족을 얼마나 불안하게 하는지 알 수 있다. 본인도 그렇겠지만 연로한 부모님이 동요하는 모습이 눈에 선하게 떠오른다. 아마도 상환 체납자로 같은 경험을 한 사람들이 꽤 많지 않을까. 그렇지 않아도 비싸기만 한 학비. 그래도 자식을 위해서라는 생각으로 필사적으로 일해서 이윽고 4년을 보내고 드디어 졸업시켰다고 생각했는데 '법적 조치'라는 엄청난 문구가 들어간 통지가 오고, 갑자기 민간 채권회수업자로부터 전화가 온다. 부모들 중에는 상황을 알 수 없어 자식이 뭔가 나쁜 짓을 했는가, 오해하는 사람도 있을 것이다. 그래서 정신적으로 불안해져서 자식에게 화를 내고 다투게 된다고 해도 전혀 이상할 것이 없다. 또 자식을 위해 상환을 시작하지만 역시 화를 참을 수 없어서 자식을 꾸짖게 되고, 부모 자식 관계가 어색해져 버리는 일도 있을 것이다. 학생지원기구의 추징은 학생의 가족을 파괴한다.

더 악질인 것은 매스컴으로부터 공격당해서 기를 쓰고 연체채무 추징에 골몰하고 있는 탓인지, 학생지원기구가 창구 대응을 제대로 하지 않고 있다는 데 있다. 자주 듣는 이야기로는 상담창구에 전화를 해 보아도 "어쨌든 갚아"라는 한마디뿐, 전혀 이야기가 통하지 않는다는 것이다. 앞 글에 지원기구에 전화를 걸었을 때의 상황도 나와 있어서 인용해 본다.

재판에 연루되는 것을 피하고 부모님의 정신적 불안을 없애기 위해서 일이 없는 제가 학생지원기구에 직접 전화를 걸어 상담자들과 접촉해 보았습니다. 두세 번 걸었는데 대응한 부서는 채권관리과와 상환유예과였습니다. 채권관리과 쪽은 제 말을 들으려고 하지도 않고 판에 박힌 대응만 하고 있다는 인상이었습니다. 이야기를 주고받는 과정에서 현재의 수입이 극히 적다는 것을 말하자 "월 수입 10만 엔인 사람들도 상환하고 있다" 같은 반응인데, 귀를 의심해야 한다고 할까, 기가 막힌다 할까 그런 느낌이었습니다. 거기에 비하면 뒤에 전화를 건 유예과 쪽은 약간 달랐습니다. 그때그때 대응하는 사람에 따라 다르지만 일단 대화가 가능하다고 할까요. 그런 조건이라면 유예 가능성도 있으니 (유예가 될지 어떨지는 모르지만) 심사를 위한 과세증명과 원천징수표 등 소득 관계 서류를 제출해 달라고 해서 서류를 제출하였고 현재는 유예를 받게 된 상황입니다.[16]

재심사를 통해 상환유예를 인정받은 것은 정말 잘된 일이지만 그전 채권관리과가 내뱉었다는 말은 그저 놀라울 따름이다. "월 수입 10만 엔인 사람들도 상환하고 있다"는 건 도대체 무슨 말인가. 완전 거짓말이다. 솔직한 말로 월수입 10만 엔으로는 매달 5천 엔, 1만 엔이라도 갚는 것이 불가능하다. 학생지원기구는 이런 거짓말까지 하면서 가난뱅이들에게 돈을 받아 내고 싶은 것일까. 위의 경우만 해도 처음부터 유예되는 조건을 공개했어도 좋았을 것이다. 본인이 몇 번이나 전화를 걸도록 만든 것은 그저 괴롭히기일 뿐이며 정신적 불안만 가중시키는 일이다. 결국 마음이 약한 경우 버티지 못하고 무리해서 상환하다 더 나쁜 처지에 놓이게 되고 말 것이다. 이런 점이 비판당한 때문일까. 2009년이 되어 학생지원기구는 다음과 같이 유예조건을 공개했다.

지금의 엄혹한 경제상황하에서 실업이나 저소득 때문에 장학금 상환이 어려운 분들이 늘어날 것으로 예상되므로 이런 분들을 대상으로 상환유예의 증가에 대응하기 위해 예산을 마련했습니다.

신규로 장학금의 상환 개시가 예정된 분 중 미취업 상황인 분, 수입이 적어서 장학금의 상환이 곤란한 분 등이 유예 신청을 하는 것이 가능합니다.

상환기간의 유예가 가능한 기준은 급여소득자는 300만 엔 이하(세 포함), 자영업자는 200만 엔 이하(필요경비 공제 후)입니다. 이 금액을 넘는 경우에도 가족의 상황과 특별한 사정에 따라 상환이 곤란한 분에 대해서는 인정되는 경우도 있습니다.[17]

유예기간은 5년간이지만 그래도 연 수입 300만 엔 이하라면 상환유예가 인정된다는 것을 알 수 있다. 이것이 처음부터 명확하게 밝혀진 것만으로도 꽤 큰 진전이다. 또 서문에서도 밝혔다시피 그러고 나서 5년 후 2014년 4월부터는 유예기간이 10년으로 연장되었다. 분명 좀 더 연장될 것이다. 원래 일본에는 지급형 장학금이 없는 이상한 상황이었으니 5년, 10년이라 할 것 없이 유예기간 같은 것을 전혀 두지 않고 저소득자에 대해서 상환 면제 정도는 해 주어야 하는 것이 당연하다. 앞에서도 말했다시피 2012년도부터 1종 장학금을 빌린 학생에 대해서는 소득연동제가 도입되었고 졸업해도 연 수입 300만 엔이 되지 않는 동안에는 무기한 상환을 연기할 수 있게 되었다. 이제는 그 이전에 빌린 사람에게도 또 2종 장학금을 빌려 이자까지 내야 하는 사람들에게도 같은 혜택을 주는 것만 남았다. 혹시 빌린 돈을 갚지 않는 것은 부끄러운 일이라고 생각하는 사람들도 있을지 모르지만 그렇지 않다. 결국 빼앗겨 버릴지라도 적어도 연 수입 300만 엔까지는 면제해 주었으면 한다고 끈질기게 주장하는 것이 중요하다. 그런 한 사람 한 사람의 노력만이 지금 이상한 꼴이 되어 버린 장학금 제도를 조금씩 나아지게 할 것이다. 실제로 여러 사람이 목소리를 높였기 때문에 지금 소득연동제가 도입된다든가, 상환 유예 기간이 연장된다든가 하고 있는 것이다.

입으로만 떠들어도 좋다. 선언하자. 빌린 돈을 갚지 않겠다고.

세계의 고등교육

지금까지 일본의 대학 수업료와 장학금 제도를 보았다. 특징으로는 국공립대학과 사립대학 모두 학비가 높고 장학금이 지급형(grant)이 아닌 대출(loan)뿐이라는 것이다. 요컨대 학비가 높고 장학금이 대출이라는 것이 일본 고등교육의 특징이다. 이것을 세계적으로 본다면 어떨까. 1장에서 말했다시피 일본의 고등교육에 대한 공적 지출은 세계에서도 최저 수준이다. GDP 대비 0.5퍼센트, OECD 평균의 절반밖에 안 된다. 당연하게도 다른 국가보다 고등교육이 충실하지 않다. 그러면 구체적으로 얼마나 차이가 있는 것일까. 몇 개의 예를 들어 비교해 보자.

미국 우선 일반적으로 대학 수업료가 높은 것으로 알려진 미국을 보도록 하자. 확실히 사립대학의 경우 미국은 수업료가 매우 비싸다. 평균으로 잡아도 연간 200만 엔은 되고 비싼 데는 500만 엔이나 하는 대학도 있다. 일본의 감각으로 보면 어디든 의학부를 다니는 정도의 수준이라 역시 무리라고 생각하는 사람도 많을 것이다. 그러나 이 사립대학들도 각자가 독자적인 장학금 제도를 구비하고 있어서, 수업료는 실질적으로 할인된다. 학생이 성적까지 좋으면 장학금을 받고 학교에 다니는 것이 가능하다는 것이다. 물론 이런 방식을 모두 긍정적으로만 보기는 어렵다. 원래 사립대학은 매력적인 교육환경을 갖추고 더욱 많은 학생을 끌어오기 위해서 비싼 수업료를 받아 왔다. 그중에서도 대학의 독자적 장학금은 핵심 중 하나이고 그것을 더욱 충실하게 하기 위해서 더욱 많은 수업료를 받는 대학 간 경쟁이 시작되었다. 그러므로 수업료를 할인하는 장학금이 실제로는 수업료를 올리는 원인이 되기도 한다. 그래도 대학은 독자적 장학금을 지급함으로써 스스로 바람직한 인재를 선발해 왔다. 아무리 수업료가 낮아진다고 하더라도 이것을 교육의 기회균등이라고는 할 수 없을 것이다.

그와 반대로 공립대학은 교육의 기회균등을 목표로 해 왔다. 현재 미국은 학생의 약 70퍼센트가 주립대학에 다니고 있는데 그 주립대학은 계속 낮은 수업료 정책을 유지해 왔다. 4년제 대학의 연간 수업료는 22만 엔에서 110만 엔으로 들쭉날쭉하지만 평균 55만 엔 정도 되고, 2년제 대학은 평균 22만 엔 정도 된다. 거기다 미국의 경우 정부기관의 장학금 제도가 매우 확실해서 지급형 장학금으로 수업료를 충당하는 것이 가능하다. 예를 들어 가장 유명한 것으로 '펠 장학금'이 있다. 이것은 미국 최대의 지급형 장학금으로 규모만 해도 연간 1조 엔을 넘는 금액이 학생에게 주어진다. 수급 기준도 경제적 필요에 따라 정해지며 저소득자를 배려하게 되어 있다. 혹시 거기서 누락된 경우에는 '스탠포드 장학금' 같은 대출형이 있어서 무이자와 유이자 어느 쪽이든 2조 엔의 장학금을 보유하고 있다. 이런 것을 공립대학의 낮은 수업료와 겹쳐 생각해 보면 미국은 적어도 일본보다는 고등교육의 기회균등에 충실하다고할 수 있을 것이다.

영국 유럽은 어떨까. 1장에서 본 <그림 2>(39쪽)를 한 번 더 보면알 수 있겠지만 유럽에서는 고등교육을 개인이 부담하는 경우는 거의없다고 해도 과언이 아니다. 거의 전부, 그렇지 못하더라도 가능한 한공적 부담으로 책임진다. 그러므로 최근 여러 제도의 변경이 있지만기본적으로 대학의 수업료는 무료인 것이 당연하다는 인식을 공유하고 있다고 해도 좋을 것 같다. 우선 유럽 중에서는 비교적 공적 부담이 적다는 영국을 보자. 덧붙여 영국의 대학제도를 모방한 오스트레일리아도 같은 방식을 택하고 있다.

원래 영국은 교육의 기회균등을 실현하려는 의식이 매우 강해서 대학에 가는 데 돈이 든다는 의식이 없었다. 정부가 수업료를 지급형 장학금으로 지불하고 있으므로 대학은 실질적으로 무상이다. 그러나 1998년부터 조금씩 상황이 변하고 있다. 이 해에 영국은 대학의 수업료를 받기시작하여 연간 약 21만 엔을 받게 되었다. 그 후 1년에 1만 엔씩 오르고있다. 또 EU권 외의 외국인 유학생에 대해서는 수업료를 모두 사적 부담으로 하여 문과가 175만 엔 이상, 이과가 230만 엔 이상이다. 거기다

이때의 개혁에 의해 장애자 대상을 빼고는 지급형 장학금은 원칙적으로 폐지되어 버렸다.

그리고 2004년 당시 블레어 수상은 상한금액을 3천 파운드(약 63만 엔)로 정한 다음 각 대학이 자유롭게 수업료를 결정해도 좋다는 법안을 통과시켜 버렸다. 이 법률이 시행된 2006년부터는 실제로 90퍼센트 가까운 대학이 수업료를 최고액인 63만 엔으로 설정하고 있다. 그러나 이렇게까지 되도록 영국 사람들이 가만히 있을 리가 없었다. 가장 먼저 학생들의 저항에 부딪쳤다. 의회에서는 야당뿐 아니라 여당에서도 백 명 이상의 의원이 블레어에 이의를 제기했다. 당시 법안에 반대하는 광범위한 여론이 형성되어 야당인 보수당조차 '고등교육의 무상화'를 외치기 시작할 정도였다. 이러한 여론의 압박으로 얼마간의 타협이 이루어졌다. 하나는 폐지된 지급형 장학금 제도가 2005년에 부활하게 된 것이다. 저소득층 학생에 대해서 연간 최고 276파운드(약 65만 엔)가 지급되었다.

또 하나는 수업료 지불 방식이 졸업 후 후불 방식이 되었다는 것이다. 즉 재학 시에는 수업료의 상당분을 국가가 대신 대학에 지불하고 학생이 졸업하고 나서 그것을 갚는다. 대출형 장학금 제도가 처음부터 수업료에 적용되었다고 생각하면 된다. 거기다 그 대출형 장학금에는 소득연동제가 포함되어 있다. 졸업 후 학생은 월급에서 장학금 상환분을 공제하지만 그것은 어디까지나 연 수입 1만 5천 파운드(약 344만 엔)를 넘을 때 초과분의 9퍼센트에 한해서이다. 거기다 소득이 낮은 사람이 계속 빚을 가지고 있으면 노후 생활의 압박이 되므로 졸업 후 25년째에 남아 있는 빚은 말소된다. 솔직히 일본의 입장에서 보면 부럽다는 말밖에

할 말이 없다. 1장의 <그림 1>(38쪽), <그림 2>(39쪽)에서는 영국의 고등교육에 대한 공적 지출이 적다든가 사적 부담이 높다는 것을 지적했지만 그래도 저소득자에 한해서 말한다면 학비는 실질적으로 무상이나 마찬가지이다. 영국에서는 한 번 학비 인상이 본격화되었지만 학생과 교원 들이 이를 저지하였을 뿐 아니라 오히려 학비 무상화로 방향을 돌려놓았다고 할 수 있다.

독일 이에 비해서 독일과 프랑스, 이탈리아는 지금까지도 대학 수업료는 원칙적으로 무료다. 여기서는 독일을 예로 들어 보자. 영국과 마찬가지로 예전부터 독일도 고등교육의 기회균등이라는 이념이 강하게 뿌리박혀 있다. 특히 1960년부터 1970년에 걸쳐서 학생들이 '사회적 약자에게도 교육의 기회를 주라'는 요구를 내걸고 정부를 강력하게 압박하여 1972년부터 전국의 대학 수업료를 무료화시켰다는 것이 특징적이다. 그러나 독일에서도 1988년 무렵부터 상황이 바뀌고 있다. 그해에 바덴뷔르템베르크 주는 수업료가 무료인 때문에 학생이 5년, 10년 동안 계속 재학하여 국가재정을 압박하고 있다고 하면서 장기재학생부터 수업료를 부과할 것을 결정했다.

그 후 조금씩 수업료 부과의 움직임이 일었고 2005년에는 연방헌법재판소가 수업료 부과를 전국에서 일괄적으로 금한다는 법률을 무효화해 버렸다. 이에 따라 몇 개의 주가 2007년도부터 500유로(약 7만 엔)의 수업료를 받는 것으로 결정했고 이는 독일 내에 큰 파문을 일으켰다. 학생과 대학교원 들은 항의를 위해 전국 각지에서 데모를 반복했고 '교육은 상품이 아니다', '수업료 부과는 사회를 분열시킨다' 같은 플랜카드를 내걸었다. 이처럼 여론의 강한 반발이 일자 주들 중에서는 일단 수업료 부과를 공표한 경우에도 이를 철회하는 곳이 생겨났다. 그래서 결과적으로 현 단계에서는 일부의 주에서만 수업료를 받고 있고 대부분의 학생은 여전히 무료로 대학을 다니고 있다.

독일에서는 정부기관의 장학금도 확실하다. 그중에서도 가장 규모가 큰 정부기관 장학금이 연방교육훈련조성법에 의거한 장학금이다. 이것은 부모와 본인의 소득에 따라 수급자격이 주어지며 학생 한 명당 최고수급액은 65만 엔이다. 특징적인 것은 수급액 중 50퍼센트가 대출이라는 점이다. 학생 입장에서 보면 장학금의 절반은 무료로 제공받고 갚아야만 하는 것은 절반뿐이라는 이야기가 된다.

상환 방식에 대해서도 일본과 비교해 보면 상당히 융통성이 있어서 상환이 시작되는 것은 지급 종료 후 5년째부터이다. 매월 상환액은 최저 105유로(약 1만 4천 엔)이며 최장 20년까지 상환하는 것이 가능하다. 그러나 월수입이 960유로(약 13만 엔)가 되지 않는 경우는 상환이 유예된다. 거기다 2003년 이후에 입학한 학생에 대해서는 상환총액에 상한이 정해져서 어떤 경우에도 1만 유로(138만 엔) 이상을 상환할 의무는 생기지 않도록 되어 있다. 독일의 대학 수업료는 거의 무료이며 특히 저소득자에게는 지급형에 가까운 장학금이 존재하고 있다.

스웨덴 유럽에서도 가장 고등교육이 충실하게 이루어지는 곳이 북유럽이다. 특히 덴마크, 핀란드, 스웨덴은 GDP 대비 공적 고등교육 지

학생에게 임금을

출의 비율이 각각 1.8퍼센트, 1.7퍼센트, 1.6퍼센트로 매우 높다. 국가정책의 핵심이 교육의 기회균등이어서 초등교육에서부터 고등교육에 이르기까지 기본적으로 돈이 들지 않는다. 스웨덴의 초등교육을 보면 수업료가 무료일 뿐 아니라 노트, 연필, 지우개 등의 학용품, 식비까지 무료이다. 태어날 때 경제적 환경에 따라 불평등하지 않은 것처럼 교육은 전부 공적 부담으로 행하는 것이 기본 원칙이다. 고등교육의 경우 역시 학용품, 식사에 돈이 드는 일은 없어서 다른 국가에 비해서 사적 부담 액수가 매우 적다. 스웨덴의 예를 통해 고등교육에 대해 좀 더 살펴보자.

스웨덴에서 대학의 수업료는 기본적으로 무료이다. 그것도 전국 14개 국립대학이 무료일 뿐 아니라 전국 3개의 사립대학도 무료이다. 그리고 이는 어떤 학생에게라도 적용되는 것이어서 외국인 유학생도 모두 포함된다. 물론 입학자격이 정해져 있으나 외국인 유학생이라 해도 스웨덴어 준비코스를 1년간 다녀서 스웨덴어를 습득하면 된다. 일반 입학자격도 공부에 집중되어 있어서, 고등학교 졸업뿐 아니라 25세 이상으로 4년간 노동경험이 있고 중등교육 수료 정도의 영어와 스웨덴어의 능력이 있으면 대학에 진학하는 것이 가능하다. 그래서 대학생의 연령을 보면 45퍼센트 정도가 25세 이상의 성인이라고 한다. 스웨덴에서는 수업료가 무료일 뿐 아니라 대학이 학생을 받아들이는 폭이 매우 넓다고 말할 수 있을 것이다.

또 장학금 제도도 충실하다. 지급과 대출, 두 종류의 장학금이 있으며 연간 지급액은 지급형이 최고 40만 엔, 대출형이 73만 엔, 합계 113만 엔. 비율로 보면 지급형 장학금이 전체의 약 35퍼센트를 점하고 있다. 지급기준은 부모와 배우자의 수입과 상관없이 학생 개인의 수입만이 고려된다는 것이 특징적이다. 25세 이상 학생의 경우, 수입이 있는 배우자가 있는 경우도 많지만 수업료가 무료이고 개인 단위로 장학금이 지급된다면 그 돈을 생활비로 쓰는 것이 가능하므로 가족에게 어떤 미안함도 없이 대학에 진학하는 것이 가능하다. 맞벌이로 생계를 꾸려나가는 세대라 할지라도 수업료가 무료이고 장학금이 지급된다면 어느 쪽이든 일을 그만두고 대학에 진학하는 것이 가능하다. 자녀가 있는 학생도 전체의 4분의 1 정도 되는 모양인데 그런 학생에 대해서는 별도의 경제적 원조가 가능해서 배우면서 생계를 유지할 수 있도록 배려하고 있다. 스웨덴 정부는 학습을 위해 경제적 원조를 필요로 하는 모든 학생을 지원하는 것을 기본원칙으로 하고 있는 듯하다. 수업료의 공적 부담을 포함해 생각하면 진짜로 그 원칙이 제대로 관철되고 있다고 해도 좋을 것이다.

아직 멀었다. 좀 더 밀어붙이자. 대학에 가고 싶다. 돈이 필요하다.
조건 없이. 모든 빚을 없애고 제대로 된 장학금을 받아내 보자.

지금까지 미국과 유럽의 고등교육을 보았는데, 견주어 일본의 수업료와 장학금이 얼마나 이상한 것인지 알 수 있다. 국공립대학과 사립대학의 수업료가 모두 비싸고 장학금이 대출밖에 없다는 것은 일반적이지 않다. 1장에서 일본이 대학 무상화를 권장한 국제연합 인권규약 제13조 2항(c)을 오랫동안 유보해 왔다고 서술했는데, 그 본모습이 생생하게 드러난다. 이런 심각한 상황 때문일까, 2001년 국제연합인 권위원회는 일본정부를 심하게 비판하고 유보를 철회하라고 요구했다. 이 문제는 회답기한이 2006년으로 설정되어 있었기 때문에 '2006년 문제'라고 불리고 있다. 2006년이라고 한다면 딱 장학금 상환의 연체자가 20만 명 가까이까지 늘었던 때이다. 대학의 수업료와 장학금 제도를 근본적으로 바꾸지 않는 이상 더는 어떻게 할 수 없는 지경에 이른 시기였다.

그러나 일본정부는 2006년 국제연합에 회답하지 않았다. 대신 정부가 취한 수단은 그저 오로지 장학금 환수를 더욱 엄격하게 하는 것이었다.

실제로 "'독립행정법인 일본학생지원기구의 주요한 사무와 사업의 개폐에 관한 권고 방향에 대해서'의 지적사항에 입각한 수정안"(2006년 12월 24일, 행정개혁추진본부결정)을 발표했다. 학생지원기구는 민간 전문가와 의견을 교환하여 장학금 회수를 강화할 수밖에 없다고 제안한 것이다. 그리고 이것을 받아들여 2007년 학생지원기구가 설치한 것이 '장학금 반환 촉진에 관한 전문가회의'(이하 전문가회의)였다.

이 전문가회의에서는 소득연동제 등에 기초한 상환 방법도 소개하고 있지 않았다. 회의록으로 보았을 때 이런 내용이 직접 논의된 분위기는 조금도 없다. 오히려 학생지원기구에서 민간금융회사의 수법을 빌려 채무자에 대한 제재를 강화하려고 하는 논의밖에 없었다. 의견을 제시하고 있는 자가 민간 금융회사이므로 무리한 일도 아니다. 전문가회의에서 결과적으로 제언된 것은 다음의 3가지였다.

①법적 조치 철저

②민간 채권회수업자에게 업무위탁

③상환체납자의 블랙리스트화

실제로 지금 학생지원기구가 하고 있는 징수강화는 거의 전문가회의가 제언한 것을 따르고 있다고 할 수 있다. 2006년, 일본의 장학금 제도의 동요가 확실해진 그때 일본은 세계의 상식에 역행하는 길을 걷기 시작했다. 원래 역행하고 있었으니 폭주를 시작했다고 하는 편이 정확할지도 모르겠다. 장학금 제도의 대부업화. 한마디로 이렇게 요약할 수 있는 전문가회의의 제언은 일본의 고등교육 왜곡을 더욱 노골적으로 드러냈다고 해도 과언이 아니다.

그런데 앞에서도 말한 바와 같이 2014년도부터 졸업 후 연 수입 300만 엔 이하인 상황을 10년간 유예할 수 있게 되었다. 또 2012년도부터는 제1장학금에 한해서 소득연동제가 도입되었다. 그리고 2013년에는 정부가 국제연합 인권규약의 고등교육 무상화 조항에 서명했다. 혹시 전문가회의의 위원들이 노력했기 때문이라고 생각하는 사람이 있을지도 모르겠다. 그러나 절대로 그렇지 않다. 2008년도 말에 블랙리스트 문제가 대두되면서 장학금 문제가 큰 사회문제가 되었기 때문에 생긴 결과다. 노동조합과 변호사 단체가 상환 때문에 곤란을 겪는 사람들을 위해 상담창구를 열고 국회의원과 미디어를 불러들여 목소리를 높였다. 또한 학생과 대학원생도 틈만 나면 확성기를 들고 학생지원기구에 몰려갔다. 꽤 압력이 되었을 것이다. 2, 3년 정도 전에 한 학생의 권유로 학생지원기구 이치가야(市ヶ谷) 지부에 가 보았다. 입구 앞에는 접근 금지 삼각뿔이 늘

어서 있고 문도 닫혀 있어서 들어갈 수 없었다. 휴무였을 리가 없다. 안에는 사람이 있었고 이쪽 상황을 기웃거리고 있었다. 이쪽에서도 계속 기다리고 있었는데 다섯 시가 지나자 뒷문으로 직원들이 슬슬 퇴근하는 것이 아닌가. 월급도둑놈이다. 분명 우리들 외에도 여러 사람들이 학생지원기구에 몰려들어서 더는 견딜 수 없는 지경에 이른 것이었겠지만 어쨌든 작은 노력들이 쌓여서 결국 소득연동제를 이끌어 낼 수 있었다.

그래도 아직 멀었다. 좀 더 밀어붙이자. 대학에 가고 싶다. 돈이 필요하다. 조건 없이. 모든 빚을 없애고 제대로 된 장학금을 받아내 보자.

다시 '학생에게 임금을'을 생각한다
대학원생의 경우

대
담

구리하라 • 블랙리스트 문제로부터 이야기해 볼까요.

아키야마 • 블랙리스트 문제가 급부상한 것은 2008년 말이었죠. 제가 관계하고 있는 전국대학원생협의회(이하 전원협)[18]에서는 장학금 문제로 계속 싸워 왔고 학생지원기구의 장학금이 '더는 장학금으로 기능하고 있지 않다'는 비판을 해 왔습니다. 블랙리스트 문제는 그 연장선상에서 나온 것이라고 이해하고 있습니다. 대학원생들은 '이렇게까지 극단적인 짓을 하다니' 하고 엄청난 의문과 불만, 분노를 느꼈고 때문에 이 문제와 싸우기 시작했습니다.

구리하라 • 우리도 놀랐습니다. 친구들 중에는 블랙리스트를 '전후 교육사상 최고의 바보짓'이라고 말한 사람도 있어요. 무상이어야 할 장학금이 대출이어서 모두 갚지 못해 쩔쩔매고 있는데 3개월 이상 연체되면 금융기관에 개인정보를 준다니 정말 어이가 없어요. 그런 때에 교토에 '블랙리스트회'라는 것이 생겨서 금년(2009년) 1월에 데모를 한다는 이야기를 들었습니다. 그래서 도쿄에서도 뭐든 해 보자 싶어서 '도쿄 블랙리스트회'

를 만들어 집회를 하기도 하고 그러고 있습니다. 전원협 쪽에서는 블랙리스트에 대해서 어떤 논의를 하고 있습니까.

아키야마 • 전원협에서는 매년 대학원생 경제실태에 대한 설문조사를 실시하고 있고 장학금 문제에 대해서도 조사해 왔습니다. 지금까지의 조사결과를 보면 장학금 신청을 포기한 사람들 중에 많은 수가 '갚을 수 있을지 몰라서'라는 이유를 들고 있습니다. 장학금이 장학금으로 기능하지 못하고 있다는 현실을 인식할 수 있지요.[19] 그리고 최근 이러한 경향이 더욱 심해지고 있는 와중에 블랙리스트 문제가 같이 대두되고 있어서 전원협은 다시 장학금 문제에 초점을 맞추어 싸우기 시작했다는 것으로 대략 요약할 수 있습니다.

'교육적 관점'에서 반환 촉진을 재촉한다고 하는 블랙리스트 문제를 함께 검토해 가는 중에 알게 된 것이 있습니다. 이 흐름의 연장선상에는 장학금의 대부금화, 금융화라는 문제, 거기에 더해서 장학금 사업의 민영화, 증권화라는 문제가 숨어 있다는 것입니다. 이런 검토 작업을 하면서 관심을 가진 여러 층의 사람들과 토론해야 한다, '애초에 장학금이란 무엇인가'라는 것을 다시 물을 필요가 있다는 것 등을 확인했습니다.

그리고 설문조사의 결과와 그동안의 토론을 정리하여 금년(2009년) 2월에 학생지원기구에 요청서를 냈습니다만 기본적으로는 '문부과학성이 말해야 할 것'이라는 한마디로 버티면서 블랙리스트 논리를 절대로 포기하려고 하지 않았습니다.

이런 상황 중에 '도쿄 블랙리스트회'나 장학금 모임이라는 단체와 공동으로 싸움을 해 온 결과 최대 5년간 상환유예 기준을 명확하게 한 것, 금융기관에 개인정보를 넘겨주는 동의서 강제를 부분적으로 철회시키는 데까지 왔습니다. 그렇지만 블랙리스트라는 사고방식을 붕괴시키는 데까지는 이르지 못한 것이 현재 상황입니다.

구리하라 • '도쿄 블랙리스트회'에서는 졸업해서 프리터*를 한다든가, 평범하게 일하고 있는 학생도 있고 대학원생, 강사도 있습니다. 대체로 모두 대학원생 때 대출을 받으면 400만 엔, 저는 600만 엔 정도, 학부부터 빌린 사람은 1천만 엔 정도 빚이 있는데 뭐 갚지 않는다고 할까, 갚을 수 없다고 할까, 그런 처지에 있습니다.

그래서 블랙리스트와 관련해 집회를 계속하면서 이런저런 조사를 해 봤습니다만 '장학금의 반환 촉진에 관한 전문가회의'라는 게 정말 문제더군요. 블랙리스트화 직전인 2006년부터 일본의 장학금 제도는 회수율이 낮다는 둥, 파탄상태라는 둥, 위기라는 둥 하는 이야기가 있더니 그 해결책으로 3개 대책이 세워졌지요. 채권회수 업무 민간 위탁, 철저한 법적 조치, 그리고 블랙리스트. 대부업체나 하는 짓이랄밖에요. 화가 나서 학생지원기구에 가 보았습니다만 같은 반응이 돌아왔죠. '우리가 한 것이 아니고 전문가회의와 문부과학성이 하라고 한 거'라는 겁니다. 그래서 전문가회의 위원들을 조사해 보니 대부분이 금융관계자였어요.

● '프리(free)'와 '아르바이터(arbeiter)'가 결합된 일본식 영어 명칭. 처음엔 예술 분야에서 일하는 사람들이 개인 작업만으로는 생계를 유지할 수 없어 적은 보수의 파트타임 일을 하는 것에서 출발한 것으로 알려져 있다. 그러나 경제불황이 장기화되고 안정된 고용을 보장받지 못하게 된 젊은 세대들이 자발적으로 프리터 대열에 합류하면서 일본 신세대의 노동관을 나타내는 하나의 현상을 가리키는 용어로 쓰여지기 시작했다.

학생에게 임금을

대학교원은 단 두 명이고 그중 한 사람이 고바야시 마사유키 씨라는 교육학자였습니다. 그래서 방문(이라기보다는) 잠복해 있다가 무슨 짓을 하는 거냐고 항의도 해 보고 무슨 말인지 알 수도 없는 책[20]을 냈다길래 다시 쓰라고 해 보기도 하고 그랬습니다.

전문가회의란 게 뭔가 이상하더군요. 단지 개별적 모임일 뿐인데 여러 가지 것을 결정하고 있어요. 고바야시 씨도 '나는 이용당했을 뿐'이라고 정색하더군요. 자신이 나쁜 짓을 하고 있다는 생각은 못하고 있는 것 같았어요. 그런 사람에게 '당신은 나쁜 짓을 하고 있습니다'라고 제대로 말해 주고 전문가회의 같은 사적으로밖에 보이지 않는 기구가 어떤 기능을 담당하고 있는가를 분명히 보여 주는 것은 중요한 일입니다.

> "학생이 대학이라는 장소를 구성하는 일원이 아니라 소비자로서 서비스 수혜자로서 관리되는 방식, 이런 것이 소위 대학개혁이라는 일련의 흐름 속에서 만들어지고 있는 것은 아닌가 하는 생각이 듭니다."

구리하라 · 앞서 설문조사 이야기가 나왔습니다만 다른 것은 어떤 이야기가 있습니까.

아키야마 · 설문조사에서 두드러지게 나오는 절실한 목소리로 크게 세 가지가 있습니다.[21] 우선 첫 번째는 비싼 학비와 장학금 제도에 대한 불만에서 생기는 대학원생들의 경제적 불안정입니다. 많은 대학원생들은 비싼 학비를 감당하면서 아르바이트로 수업료, 생활비, 연구비를 벌면서 대학원에 다니고 연구를 하고 있는 실정입니다.

그리고 최근 표면화된 문제는 취직 문제입니다. 그동안 대학원생은 증가하는 반면 연구자의 기반은 축소되고 취직이 어려워졌습니다. 이런 상황에서 취직에 대한 불안 때문에 박사과정에 진학하지 못한다, 연구를 계속할 수 없다, 이런 목소리가 꽤 나오고 있습니다.

마지막으로 이것은 대학원 중점화 정책과도 연결되어 있는 것입니다만 최근 몇 년 대학원 안팎으로 경쟁화 문제가 나오고 있습니다. 논문을 빨리 써서 업적을 쌓지 않으면 안 된다든가, 유행하는 것을 쓰지 않으면 연구비를 확보할 수 없다든가 하는 실태 조사도 있었습니다. 논문 편수 확보와 연구비 획득에 관심이 집중되어 버려서 원생들끼리 연구에 대해 폭넓게 토론하거나 연구회나 공부모임을 만들기가 어려워지고 있습니다.

구리하라 • 저의 주위에도 비슷한 분위기가 있습니다. 논문의 편수 늘리기 압박이 있지만 역사나 사상, 철학 등이 그렇게 편수를 늘릴 수 있는 것이 아닙니다. 그런데도 일률적으로 같은 편수를 요구받고 있지요.

아키야마 • 정말 그래요. 편수로 단순히 비교당할 일이 아닙니다. 제 주위에는 아직 서로 다른 분야의 사람들끼리 모여 서로 연구를 같이 해나가자는 사람도 많고 연구회 같은 것도 하고 있지만 대학 전체로 본다면 경쟁화로 서로가 신경이 날카로운 면이 있습니다.

구리하라 • 그래요. 뭔가 까칠까칠합니다. 그렇게 빨리 논문을 써서 박사논문을 내도 딱히 취직이 되지도 않는데.

아키야마 • 그런 분위기에서 좋은 연구가 될까 상당히 의심스러워요.

구리하라 • 연구할 때에 정신적으로 '빨리 써야만 해'라고 계속 압박을 받는 일은 퍽 괴로운 일입니다. 뭔가 빈둥거린달까, 쓸데없이 지껄일 곳이 있어야죠. 이런 상황이 시작된 게 언제쯤부터였다고 생각하십니까.

아키야마 • 큰 흐름으로 본다면 역시 1990년대 초반 대학원 중점화가 커다란 전환점이었다고 생각합니다. 1991년에 대학 설립 기준의 규정완화라는 형태로 일반교양과목과 전문과목의 구별을 없애고 대학 설립을 되도록 자유화한다는 흐름이 만들어졌습니다. 그런 흐름과 함께 대학원 중점화도 진행되어 왔습니다. 이런 규정 완화 과정에서 학부 교육을 점점 더 생략하면서 대학이 연구와 교육을 대학원으로 넘기고, 대학원생 수를 늘려 예산을 확보한다는 구도가 만들어졌습니다.

거기다가 이때 정리된 자유경쟁의 구조를 뒷받침하기라도 하듯이 2000년대에 들어서는 구조개혁 노선의 흐름 속에서 대학 제도 개혁이 단숨에 추진되었습니다. 경쟁에 의한 선택과 집중, 평가 시스템의 확립, 산업계와의 제휴라는 방향이 대세가 되었다고 생각합니다.

구리하라 • 최근 신문에서 읽었는데, 중점화 정책을 밀어붙이다 결국 문부과학성이 실패했다는 말이 나오기 시작하는 것 같아요. 그런데도 거기서 나오는 방책이라는 것이 그저 대학원생을 줄이면 된다는 식인 것 같더라구요.

아키야마 • 그런 식의 대응은 정말 단편적인 것이라고 생각해요. 원래 대학원생을 늘려 온 것 자체가 문제인가 어떤가, 그걸 먼저 따져봐야 하지 않을까요.

제 생각으로는 지적 생산에 종사하는 사람이 그 힘을 어떻게 발휘할 수 있는가를 사회 전체적으로 생각하지 않고, 대학원생을 늘려 온 것에 문제가 있다고 생각합니다. 즉 대학 개혁과 대학원 중점화가 대학 내 환경 변화에 대응한 결과가 아니라 노동시장의 변화와 행정, 재정 개혁이라는 외적 요인에 의해 구동되었다는 데 문제의 핵심이 있는 게 아니냐 하는 것이죠. 거기에 대한 언급도 정리도 없이 중점화 정책이 문제가 있으니 '정원을 축소하면 된다'는 식은 안이하다고 생각해요.

구리하라 • 저도 그렇게 생각합니다. 실제로 저도 올해 박사과정을 졸업해서 강사생활을 하고 있지만 그걸로는 전혀 먹고살 수가 없는 상황입니다. 정규적이고 학문적인 일자리를 얻을 수 없는 대학원생이 늘고 있는 것, 그것 자체가 문제라고 생각합니다.

예를 들어 지금 함께 공부하고 있는 사람들을 떠올려 보면 같은 연구실 사람들이 아니에요. 학생, 대학원생, 프리터나 강사 들인데요, 완전 아카데믹한데다가 자유로운 분위기니까 여러 발상이 나오기도 하고요. 이번 블랙리스트같이, 뭔가 문제가 있을 때 이구동성으로 '자 우리가 할 수 있는 게 뭐지?' 같은 이야기를 하고 있더라구요.

대학원생은 뭐든 배우고 싶어서 어쩔 줄 모르겠다는 인간들이고, 그래서 학적의 유무와 상관없이 '대학원생'이라고 불러야 하는 거 아닌가 싶어요. 대학원생에게는 지금까지와는 다른 아카데믹한 일을 할 기회가 매우 많아지고 있고 거기다 그런 기회가 여러 장소에서 이미 이루어지고 있는데 부족한 것은 돈뿐이지요. 그러니 대학원생의 수를 줄이는 것보다도 오히려 원생의 생활보장을 해 주어야죠. 그것만으로도 이들의 아카데믹한 힘이 더욱 빛을 발하게 될 거라고 생각합니다.

학생에게 임금을

아키야마 • 지금 말씀하신 '자유로운 분위기니까 자유로운 발상이 가능하다'라는 지적에 동의합니다. 저는 학부 때, 도쿄도립대학(이하 도립대학)에 다녔는데, 당시에는 어느 정도 자유로운 분위기가 남아 있어서 학생들끼리 토론하고 공부할 수 있는 장소가 있었어요. 저도 수업만으로는 만족할 수 없어서 여러 군데 연구회와 고전독서회를 만들어 밤을 지새우며 토론하고 그랬어요. 이런 장소에서 저도 연구의 즐거움과 자유로운 발상을 얻었습니다. 도쿄대학교 코마바(駒場) 기숙사(4장 204쪽 참조)와 야마카타대학 기숙사 폐지, 도립대학의 야간과정(B류) 폐지 등 대학을 둘러싼 변화 속에서 대학 자체가 관리 대상이 되는 분위기가 생겼어요.

이후에 도립대학 개혁(4장 192쪽 참조)과 관련해서 말하면 인문학 경시와 대학으로부터의 퇴출이라는 흐름이 있었고 그것이 대학의 관리와 평가·경쟁을 축으로 대학이 존재해야 한다는 압박과 연동하고 있습니다. 그 이전의 대학은 자유로운 분위기 속에 죽치고 토론할 수 있는 장소가 있었으므로 자치가 만들어지며, 그래서 또 학생이 머무를 장소가 지켜질 수 있었다고 생각합니다. 그러나 지금 언급한 것 같은 대학 관리 속에서는 학생이 대학이라는 장소를 구성하는 일원이 아니라 소비자로서 서비스 수혜자로서 관리되는 방식, 이런 것이 소위 대학개혁이라는 일련의 흐름 속에서 만들어지고 있는 것은 아닌가 하는 생각이 듭니다.

구리하라 • 대학원생에게도 이상한 악순환이 있지요. 진짜로 좋아하는 것을 하기만 하면 뭐든 자유로워질 수 있는데도 업적평가 때문에 논문도 많이 써야 하는데다가 박사논문을 쓰지 않으면 취직자리가 없다 싶어 과열된 경쟁 속에 자신을 내던지고 말아요. 결국은 즐기기는커녕 본인이 뭘

하는지도 모르는 채로 끌려가요. 관리당하고 있다는 생각이 들 수밖에요.

그리고 저는 학부 때부터 와세다대학을 다녔는데, 확실히 눈에 띄게 자유로운 분위기가 없어지고 있는 것은 사실인 것 같아요. 와세다는 2001년에 동아리방을 철거한 적이 있었는데(4장 199쪽 참조) 그때부터 대학 관리라는 것이 놀랄 정도로 엄격해졌습니다. 그전까지는 학과실이나 휴게실에서 담배를 피우면서 수다를 떤다거나 빈 교실을 멋대로 사용해서 공부모임이나 상영회 같은 것을 할 수 있었는데 이젠 전혀 불가능합니다. 특히 새 건물은 자동 도어락이어서 애초부터 사용할 수가 없습니다. 그렇게 되어 버리면 학생들은 수업을 듣는 것 말고는 아무것도 할 수 없게 될지도 모르지요.

아까 1990년대 초반의 대학 설치 기준 완화 이야기를 해 주셨는데, 역시 넓은 의미에서 대학의 신자유주의화를 생각해 볼 때, 그 중심에 학비가 있는 것이 아닐까 생각합니다.

일본의 학비는 비상식적으로 비싸지 않습니까. 거기다 집세와 물가도 비싸니 생활비도 늘어나죠. 수업료가 오르기 시작한 것이 1970년대이고 그때는 세계적으로도 신자유주의적 개혁이 시작되었던 때였다고 생각합니다. 수업료 인상이라는 것이 신자유주의의 상징이었죠. 대학이나 교육, 학문 같은 지적인 것, 비물질적인 것을 상품으로 보기 시작하면서 인지자본주의가 포스트 포디즘이라고 하는 틀 속에서 전형적인 산업이 되었어요.

실제로 국립대학의 수업료가 오른 것이 1971년 '중앙교육심의회'가 '사륙답신'을 내놓은 뒤부터인데요, 대학은 학생 개개인의 다양한 니즈

학생에게 임금을

에 대응하는 교육을 제공해야 한다, 학생은 그 속에서 자신에 대한 선행 투자로 자신의 교육을 선택하는 것이므로 스스로 돈을 내는 것이 당연하다는 논리였습니다.(3장 132쪽 참조) 거기에는 교육은 상품이며 학생은 소비자라는 인식이 명확히 자리잡고 있습니다.

아키야마・지금의 대학생과 대학원생은 비싼 학비를 아르바이트로 충당하고 있고 정말 부족한 시간을 쪼개어 대학과 대학원에 다니고 있습니다. 그러니까 "그에 상응하는 수업, 지도를 제공받아야만"이라는 감각이 있는 것은 충분히 알 수 있어요. 다만 대학과 지식의 관련 방식으로 이런 흐름이 바람직할까 하는 의문은 강하게 남습니다. 현시점에서 필요한 것은 학비 문제를 시작으로 대학생과 대학원생이 대학과 관계 맺는 방식의 변화, 구리하라 씨가 지적한 바와 같이 "상품을 제공하는 곳"으로 대학이 변질되어 버렸다는 문제를 의논하는 것입니다. 그리고 그 시비를 끝까지 가리는 것이 아닐까 합니다.

이 문제를 생각할 때, 아마 관건이 되는 것은 대학생과 대학원생을 대학의 운영방식을 결정하는 구성원으로 보는 사상일 겁니다. 그렇기 때문에 대학자치라는 것이 큰 의의를 갖고 있다 하겠습니다. 대학생과 대학원생이 일개 소비자로서가 아니라 대학의 한 구성원으로서 자신들의 의견을 모아가는 체계, 운동으로서의 의의 말입니다. 그러나 대학원 전체를 살펴보면 대학원생들이 모두 바쁘고 또 다양해져서 자치 자체가 어려워진 것도 사실입니다. 그 와중에 대학원생도 자신이 소비자로서 취급되고 있음을 인식하고 있다는 것이 중요하지요.

구리하라・기업과 소비자의 관계가 아니다, 하는 이야기를 들어 왔습니다만 해외, 특히 유럽에서는 아직 그런 인식이 강할지도 모르겠군요.

일본에서 블랙리스트 문제가 나오기 시작할 무렵, 프랑스에서는 사르코지 대통령의 개혁에 저항하여 몇 개 대학에서 전 학생 파업이 일어났습니다. 똑같은 신자유주의 개혁 상황에 처했어도 프랑스에서는 일본과 달리 학생들이 반란을 일으켜 버리는구나 싶었어요. 거기다 교수들도 같이 파업을 해 버리는 거예요.

아키야마 • 유럽에서는 대학 안에 학생 대표가 의견을 표할 수 있는 장이 만들어지기도 하는 것 같습니다. 신자유주의 개혁에 대한 그런 반응은 제도적 면에서도 의식의 면에서도 대학생과 대학원생이 대학의 구성원이라는 인식이 있고 그들 역시 그것을 자각하고 있다는 점이 중요하지 않겠습니까.

프랑스의 사례도 그렇습니다만 학생과 교원이 함께 대학의 구성원으로 연대하고, 서로가 서로를 지원할 때야말로 전 학생 파업 같은 것이 가능하겠죠. 이런 점을 포함하여 대학과 학생이라는 존재를 인식하는 데 있어 일본과 유럽은 큰 차이가 있습니다.

구리하라 • 일본이라면 지원과 연대는커녕 교수들이 수업을 하지 않는다면 불평을 하는 학생이 꽤 있을걸요.

아키야마 • 도립대학 개혁 때 정말 그런 문제에 부딪쳤습니다. 개혁의 방식이 아무리 봐도 너무 심해서 제가 소속된 학부의 교수가 항의의 의미를 담아서 사직을 했습니다. 그때 주변의 반응이 "학생이 있는데 수업을 방기하고 그만두어 버리는 것은 무책임하지 않아?"라는 것이었습니다. 저는 그 교수를 지원하고 싶었습니다만 주위의 분위기 때문에 힘들었습니다.

당시 저는 교수가 의도(개혁에의 의사표시)하고 있는 것을 왜 이해해 주지 않을까 하고 의문을 품었습니다. 그러나 조금 생각해 보면 깨닫게 되는 점이 있습니다. 여기에 상징적으로 드러난 문제가 '대학이란 어떤 곳인가'라는 것에 대한 합의가 학생 측에서도 교원 측에서도 없었다는 것입니다. 이 문제가 도립대학의 경우에는 강압적인 개혁이라는 극단적인 상황 속에서 가시화되었습니다만, 이후 다른 대학에서도 노출되리라고 생각합니다.

그러므로 앞으로 대학을 둘러싼 여러 문제를 생각할 때 이 대학상, 혹은 학생상을 둘러싼 인식의 격차를 어떻게 메울까 하는 것이 중요한 포인트가 될 것입니다.

구리하라 • 아마 일본의 대학교수가 파업을 한 적은 없었던 것 같은데 한번 해 보면 좋겠군요.

아키야마 • 학생이 어떻게 반응할까요. 소비자 의식을 완전 드러내 버릴지 어떨지.

구리하라 • 의외로 괜찮을지도 모르겠다는 생각이 들어요. 대학에 갔는데 교실에 '파업 때문에 휴강입니다'라는 알림종이가 붙어 있다고 합시다. 그러면 '무슨 일이지' 하고 생각하게 되지 않겠습니까. 그렇게 되면 교수도 대학에서 일어나고 있는 문제를 설명하지 않으면 안 되고, 거기서부터 대학에 대해 무언가를 함께 생각하는 자리가 만들어질지도 몰라요.

가끔 수업의 질에 불만을 표하는 학생도 있지만 그런 학생은 무언가 대학에 과도한 것을 기대하고 있다고 생각해요. 지금은 그런 문제가 부딪치는 장소가 수업밖에 없습니다만, 조금쯤 들어준다면 그 과도한 것이 반전될 가능성도 있지 않을까요.

아키야마 • 문제를 가시화한다는 의미에서는 교수의 파업 같은 것이 좋을지도 모르겠군요.

> 지적인 생산활동을 하고 있는데도 소비자니까 '학비를 내라'고 계속 말하고 있는 쪽의 논리를 무너뜨릴 필요가 있습니다. 대학원생 쪽에서 '대학원생에게 월급을'이라는 표현으로 자신의 지적 활동에 대한 승인을 요구함으로써 가능하겠지요.

구리하라 • 조금 전의 이야기로 돌아가면, 유럽에서는 최근 2, 30년에 걸쳐서 그런 분위기를 만들어 왔는지도 모르겠어요.

최근 '아우토노미아'에 대한 글을 읽었습니다만 1960년대 말부터 1970년대에 걸쳐서 이탈리아의 학생들이 자신들은 지적 생산에 관련된 노동자라면서 '학생에게 임금을'이라고 말하며 들고일어났다고 합니다. 당시 문제가 되고 있던 것은 대학의 획일적인 관리였다고 하는데요. 예를 들어 밀라노 대학에서는 건축학과의 학생과 교원이 홈리스들을 끌어들여서 학내에 살게 한다든지 하는 일을 했다고 하더군요. 이에 대학이 '관계자 외 퇴거'를 요구했는데, 다음에는 홈리스들을 강사처럼 초빙해 강의를 들었다고 해요.

결국은 학교 바깥으로 쫓아내 버리긴 했지만 그 대신 시내에 무료

주택을 전기, 수도 포함 제공했다고 합니다. 아마도 이런 활동에서 학교 바깥의 사람들, 학생, 교수라는 단위를 넘어서 대학의 지적 생산에 임금을 지불하라, 생활보장을 하라는 발상이 생겨났다고 생각합니다. 그리고 교수와의 접점, 고등교육 무상화의 포석 같은 것이 구축되는 계기가 되지 않았나 싶어요. 최근 전원협에서 '대학원생에게 월급을'이라는 슬로건을 제안했다는 소식을 들었어요.

아키야마 • 앞에서도 말씀드렸듯이, 지금 많은 대학원생들이 아르바이트를 하면서 어떻게든 시간을 쪼개어 자신의 연구를 하고 있습니다. 그리고 거의 전임교원과 마찬가지로 그것을 학회 같은 곳에서 발표하고 논문을 쓰면서 여러 형태로 사회 환원 활동을 하고 있습니다. 이것을 잊으면 안 됩니다. 이러한 지적 생산활동을 인정한다는 의미에서 '대학원생에게 월급을'이라는 주장은 중요한 의미를 가진다고 생각하고 있습니다.

저의 연구와 관련해서 말씀드린다면, 지역연구를 테마로 하고 있으니까 단순히 학계에 환원한다는 의미가 아니라 어떻게 현장에 그것을 돌려줄까 하는 것, 그리고 제 연구결과에 대해 피드백을 받는 일에 대해서 생각하고 있습니다. 아마도 많은 대학원생들이 분야는 서로 달라도 그런 수준까지 생각하고 있지 않을까요.

이런 수준에서 지적인 생산활동을 하고 있는데도 소비자니까 '학비를 내라'고 계속 말하고 있는 쪽의 논리를 무너뜨릴 필요가 있습니다. 대학원생 쪽에서 '대학원생에게 월급을'이라는 표현으로 자신의 지적 활동에 대한 승인을 요구함으로써 가능하겠지요. 어떤 의미에서 이 요구에는 '월급'이라는 물질·경제적 면은 물론이거니와 동시에 대학원생에 대한 인식을 전환하는 상징적 의미도 들어 있습니다.

　그리고 개인적인 생각으로는 이 상징투쟁에서 이기지 않으면 이후에도 대학원생은 비싼 학비에 허덕이며 아르바이트 생활을 도리 없이 해야 하고, 경제지원이라는 명분하에 TA(교수 보조), RA(기숙사 운영 보조) 같은 임금노동을 하며 계속 착취당할 것이라고 생각합니다.

　구리하라・대학원생이 임금노동을 하며 착취당하고 있다, 정말 그렇습니다. 실제로 TA라는 게 시급 천 엔~천이백 엔 정도이지 않습니까. 그런데도 꽤 많은 일을 하고 있지요. 어떤 학생들은 대학교수의 엄청난 사무를 돕고 있기도 하지요.

　저도 딱 한 번이지만 TA를 해 본 적이 있습니다. 일은 정말 간단해서 학부 수업에 출석카드를 나눠 주거나, 프린트를 한다든가 하는 것이었는데 시급이 어쨌든 얼마 안 되었어요. 저의 경우, 집이 도심에서 멀리 떨어져 있어 차비가 왕복 천오백 엔 정도 들었어요. 아르바이트를 하러 가는 돈이 더 들 정도였죠. 아마 다른 대학원생들도 이런 귀찮은 일들을 했을 거라고 생각합니다. 사실 학회의 사무 같은 일들은 전부 대학교원이 해야 할 일인데 말이죠.

　아키야마・확실히 그렇습니다. 그리고 아까의 이야기에 이어서 대학에서 학부생의 위치를 만드는 것도 중요하다고 생각해요. 대학원생만이 아니라 학부생도 여러 가지 것을 배우면서, 이후에 사회에 나가기도 할 것이고, 원래부터 대학 내에서 여러 가지 토론을 하면서 지적인 것을 만들어 내고 있는지도 모르지요. 그런데 왜 학비를 내는 것일까. 그런 점에 대한 의문이 생기지요.

　　　　　　　　　　　　　　　　　　　　　학생에게 임금을

그 배경에는 대학이라는 것을 수업의 틀 내에서, 주어진 수업에 대해서만 평가한다는 인식이 있는 것 같아요. 수업 이외에 생기는 일들, 동아리 활동이나 연구회, 독서회 같은 것이 전혀 포함되지 않는 것이죠. 대학원생의 경우에는 업적만 일방적으로 평가할 뿐, 그 활동 자체에 대한 평가는 전혀 없습니다.

그럴수록 더욱 자신들이 하고 있는 일을 제대로 인정받는다는 의미에서 대학원생의 연구활동에 월급을 지급하라는 주장은 큰 의의가 있습니다. 다만 학부생에 대해서는 다른 논리, 즉 교육의 기회균등을 위한 학비 무상화라든가, '학생에게 임금을'이라는 논리가 필요하겠죠.

구리하라 · 서 있는 위치로 보면 대학원생은 교수와 학부생 중간에 있습니다. 그런 의미에서 거기에서 돈을 내놓아라 하는 것은 상징적인 의미를 갖고 있을 거예요.

단지 논리적으로 본다면, 하고 있는 일 자체는 학부생부터 월급을 받고 있는 전임 교원까지 별로 다르지 않다고 생각해요. 책을 읽고, 조사 활동을 하고, 공부모임을 하고, 자신들의 아이디어를 표현하는 것이니까. 그런데도 '월급'을 받는 사람과 '소비'하고 있어서 돈을 내는 사람이 확실히 구분되어 있습니다. 그러나 모두가 지적 생산을 하고 있다는 것을 계속해서 말할 필요가 있습니다.

아키야마 · 맞습니다. 지금까지는 문제를 확실히 하기 위하여 대학원생만을 특화시켜서 이야기를 해 왔습니다. 그러나 실제로는 학부생이나 대학원생, 교원 사이에는 특별한 차이가 없습니다. 확실히 양자의 관계는 제도적으로 분명히 구분되어 있으며 권력관계, 아카데믹한 면에서의 자본의 소유관계를 포함하여 고정화되어 있습니다. 그러나 대학원생도 학부생도 대학 내에서 토론하고 연구를 하면서 지적인 것을 생산하고 있고 그것을 주위에 전달하고 표현하고 있다는 점에서 본다면 거기에는 아주 느슨한 차이밖에는 없습니다.

이런 주장을 하는 것은 정규직 교원을 몰아붙이려는 것이 아니라 대학은 일종의, 지적인 활동과의 관련을 기준으로 한 대체 가능성을 갖고 있다는 이야기를 하고 싶어서입니다.

구리하라 • 재미있는 발상 같은 게 나오려면 그런 경계선이 없는 쪽이 좋겠지요. 학생이 어떤 형태로 재미있는 것을 발견하느냐 하면요 수업에 잘 나오지 않아도, 교수나 친구 들의 이야기를 통해 재밌어 보이는 책을 읽고 공부모임을 한다든가 하면서예요. 아마도 전임 교원들도 평소에 바빠서 외부 사람들과 어울릴 기회가 없으니까 학생이나 대학원생 들과 어울려야 새로운 아이디어 같은 것을 얻을 수 있을 거라고 생각해요.

아키야마 • 자꾸 제 이야기를 해서 죄송하지만 도립대학에서는 예전에 일하면서 대학에 다니는 사람들을 위한 야간 과정이 있었어요. 교수들도 거기서 공부하는 사람들의 질문은 "현실에 밀착된 것이어서 예리하다"라는 이야기를 했어요. 거기서는 학생과 교수의 사이가 가까워서, 틀렸다고 생각되는 문제에 대해서는 교수라고 할지라도 엄격하게 비판하는 분위기가 있었습니다. 그 속에서 교수도 단련되고, 학생들도 여러 가지 것을 발견하는 것이 수업이라는 틀 내에서도 가능했지 않았나 생각해요.

구리하라 • '학생에게 임금을'이라고 말했을 때, 이것은 현실적으로는 학비를 공짜로 한다든가 장학금을 지급형으로 한다든가 학생에 대한 그 밖의 생활보장을 생각한다든가 하는 것입니다. 그러나 그 단어에는 지금까지 이야기한 것을 긍정적으로 끌어낸다는 의미가 있습니다. 하나는 학부생도 대학원생도 지적인 것을 만들어 낸다는 관점으로 지적 생산의 주체로 서게 한다는 점. 그리고 또 하나는 물질적 의미에서도 돈에 쫓겨서 아르바이트 같은 것을 안 해도 된다는 것, 경제적인 속박으로부터 벗어나서 문제를 생각할 수 있는 여유가 생긴다는 거죠.

아키야마 • 그렇게 생각하면 수업료 인하, 지급형 장학금 설치의 주장은 어쨌거나 현상에 대해 수동적인 것 같은 느낌이 있군요. 어떤 느낌이냐면 이 주장은 지금까지 빼앗겨 온 것을 다시 돌려받는다는 의미가 강해요.

그게 아니라 '학생에게 임금을'이라는 주장은 우리가 하고 있는 일, 우리의 존재를 인정받는다는 의미도 가지고 있으므로 매우 적극적인 것이라고 생각합니다.

구리하라 • 제 친구가 한 이야기입니다만, 학생이 백 명 있다면 백 개의 생각과 욕망이 있고, 그것을 그대로 드러내 표현할 수 있는 자유를 보장하는 공간이 대학이라고 생각합니다. '학생에게 임금을'이라는 것은 그것을 더욱 적극적으로 표현하고 있습니다.

아키야마 • 조금 전 말했던 경쟁화나 평가라는 원리는 여러 가지 지적인 것을 단 하나의, 혹은 한정된 기준을 내세워 제한하는 것입니다. 그 기준으로 효율성, 유용성, 탁월성 같은 것이 있다고 생각합니다만, 그런 것에 대항해 가는 원리란 결국 대학이 원래 가지고 있던 자유로운 분위기가 아닐까 생각합니다.

저는 그 분위기가 대학이라는 곳의 즐거움과 가능성으로 연결된다고 느끼고 있습니다. 저 자신, 연구의 환원방식이라든가, 제도로서의 대학에 그렇게까지 연연하고 있지는 않습니다. 그러나 사람들이 모이는 장소로서의 대학에 대해서는 관심이 많습니다. 그 장소에서 우선적으로 즐거움과 자유를 제대로 확보하지 않으면 다른 곳에서도 자유를 얻을 수 없다는 생각도 하고 있습니다.

구리하라 • 평가 이야기가 나와서 하는 말인데, 지금은 즐거움이란 게 없잖아요. 어서 논문을 써라, 얼른 직장을 잡아라같이 업적을 다투느라 반목하고 모처럼 다른 사람들과 자유롭게 무언가를 생각할 시간과 장소를 얻었는데 그걸 잃어버리고 말지요. 그렇게 해서 전임의 위치에 간다고 하더라도 엄청나게 바빠져서 또 아무것도 못하고 말아요. 일주일에 수업이 10강좌에, 다른 업무까지.

솔직히 돈을 벌고야 싶지만 그렇게까지 지위를 얻고 싶지는 않아요. 우리가 원하는 것은 그저 돈밖에 없습니다. 평가나 선별 없이 생활이 보장되는 구조. 사실은 일본학술진흥회 같은 것이 대학원생 전원을 연구원으로 고용하면 된다고 생각하고 있어요.

아키야마 • '학생에게 임금을' 혹은 '대학원생에게 월급을'이라는 주장은 어떤 의미에서 '대학에 자유를'이라는 주장이기도 합니다. 대학이라는 장소에 집착하여 이런 싸움을 해 가는 이유는, 대학을 자신이 정말로 일하고 싶어 하는 장소, 자신의 연구를 자유롭게 하고 발표할 수 있는 하나의 장으로 만들고 싶어서입니다. 지금처럼 '3년, 5년 안에 얼른 졸업해라. 그런데 그 이후는 어찌 될지 몰라'라고 하는 냉정한 곳에는 들어가고 싶지 않아요. 그러므로 대학원생의 입장에서 '지금 이대로의 대학으로 정말 괜찮은 것인가'라는 문제제기를 하는 것입니다.

이것은 대학 강사들도 아마 똑같을 것이라고 생각합니다. 대학원생은 그런 문제를 전임교원과는 다른 형식으로 제기할 수 있다고 생각합니다. 이 대담이 대학원생 문제뿐만 아니라, 이처럼 '대학이란 어떤 장소인가'라는 근본적인 부분에 대해서도 토론하는 계기가 되었으면 좋겠습니다.

아키야마 미치히로(秋山道宏)

1983년생, 현재 오키나와 국제대학 강사, 전공은 사회학과 오키나와 전후사. 공저로 「표로 읽는 경제의 논점(図説 経済の論点)」(旬報社, 2014), 논문으로 「일본 복귀 전후의 섬 반환 운동의 모색과 한계—센카쿠 열도의 자원개발을 둘러싼 운동이 목표한 것들(日本復帰前後における島ぐるみの運動の模索と限界—尖閣列島の資源開発をめぐる運動がめざしたもの)」(『一橋社會科學』 제4권, 2012) 등. 2008년~2010년, 히토츠바시대학(一橋大学) 대학원 재학 중에 전국대학원생협의회의 임원을 역임하였다.

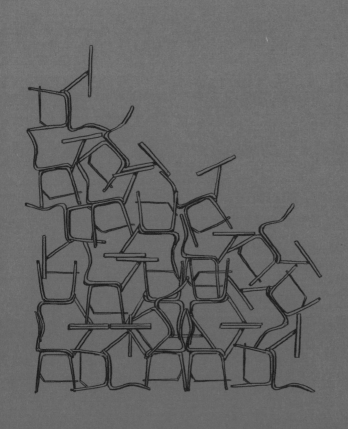

3장

부채학생 제조공장

> 기업은 노동자를 퇴직시켜 곧바로 채산성을 맞추고, 국가는 증세
> 와 구조조정을 해서 상환 의지를 보여 준다. 오늘날의 자본주의는
> 이미 빚 없이는 돌아가지 않는다. 노동자도 기업도 국가도 모두 빚
> 투성이이다. 이득을 얻는 것은 은행뿐이다.

1960년대 후반, 일본 각지에서 대학 점거가 연이어 발생했다. 1965년 게이오대학(慶應大學)에서 수업료 인상 반대투쟁이 일어나고, 이를 시작으로 1966년에는 와세다대학(早稻田大学), 메이지대학(明治大学), 주오대학(中央大学), 1968년에는 니혼대학(日本大学)과 도쿄대학(東京大学)에서 바리케이드 파업이 결행되었다. 다음 해 1월에는 도쿄대학 야스다강당(安田講堂)의 바리케이드가 경찰에 의해 철거되었으나, 이런 상황이 미디어에 보도되면서 불똥이 교토대학(京都大学)으로 튀어 전국적 반대시위로 확대되어 갔다. 도쿄대학, 도쿄외국어대학(東京外國語大学), 도쿄교육대학〔(東京敎育大学, 현재의 츠쿠바대학(筑波大学)의 모태)에서는 1969년도 입시를

중단했을 정도였다. 당시의 슬로건은 '대학 해체', '산학협동 반대'. 물론 '대학 해체'라고 해서 문자 그대로 대학을 없애 버리자는 것은 아니었다. 대학이 산업계를 위해 인재를 제공하는 곳이기만 하다면 해체해 버리자는 것, 대학의 존재 방식은 스스로 정하자는 주장이었다.

1969년 10월, 대학 점거는 77개교로 정점에 이르렀으나 그 이후 놀라울 만큼 급속히 진정되어 버렸다. 대학당국은 학내에 경찰을 불러들여 학생들을 억눌렀다. 결국 대학 점거는 가라앉았지만 당연하게도 해결된 문제는 없었다. 대학의 구조는 조금도 변하지 않았고, 언제 또 학생들이 시위를 시작할지 알 수 없었다. 그래서 1970년대부터 정부와 대학은 학생들의 불만을 분석하고 그 불만을 해소하기 위해 대학개혁에 돌입하였다. 물론 그렇다고 해서 학생들이 반대해 온 '산학협동'에 메스를 들이댈 리는 없었다. 학생들의 불만은 어디까지나 '질 높은 교육'을 받지 못한다는 데 있고 그것을 해결해야 한다면서 산업계의 요구대로 대학개혁을 수행한 것이다.

우선 대학개혁의 배경부터 확인해 보자. 1960년대부터 1970년대에 걸쳐 일본의 대학은 큰 변화를 겪고 있었다. 학생 수가 갑자기 늘었고, '대학의 대중화'라 부를 만한 상황이 만들어지고 있었다. 실제로 이 10년간 단기대학을 포함하여 국·공·사립 대학의 진학자 수는 거의 두 배로 늘었다. 구체적인 숫자를 본다면, 이 10년간 학생 수는 71만 명에서 167만 명으로 증가, 진학률은 10.3퍼센트에서 23.6퍼센트까지 올랐다. 국립대학의 학생 수는 20만 1천 명에서 32만 9천 명으로, 11만 8천 명 늘었고 공립대학은 4만 명에서 6만 6천 명으로 2만 6천 명 증가한 것에 비해, 사립대학은 46만 9천 명에서 128만 4천 명으로 81만 5천 명이나 늘었다. 놀랍게도 이 10년간 사립대학의 학생 수는 174퍼센트나 증가한 것이다.

미국의 사회학자 마틴 트로우(Martin Trow)는 대학제도를 진학률의 상승에 맞추어 3단계로 분류하고 있다. 진학률 0퍼센트~15퍼센트는 엘리트형, 15퍼센트~50퍼센트는 대중형, 50퍼센트 이상은 보편형이라는 분류가 그것이다. 1960년대에서 1970년대까지의 진학률만으로 본다면 일본의 대학은 명백히 엘리트형에서 대중형으로 변모하고 있었다. 이즈음이 바로 전후 베이비붐 세대가 대학생이 되던 무렵이었다. 또한 고도성장의 과정에서 어느 정도 풍족해져 경제적으로 대학 진학이 가능하게 된 가정도 늘고 있었다. 이공계 중심이기는 했으나 기업이 대학을 졸업한 인재를 구하고 있었다는 점도 고려할 수 있을 것이다. 이러한 여러 가지 이유가 맞아떨어져 학생 수가 급격히 늘었고 겨우 10년 남짓 사이 대학은 엘리트형에서 대중형으로 변화했다. 어느새 대학이 한정된 엘리트가 모이는 장소가 아니라 수많은 대중이 모이는 장소로 변화한 것이다.

그러나 입학지원자가 늘었다고 해서 곧바로 거기에 맞는 대학제도가 확립될 리 없었다. 그 나름의 시간과 공적인 지원이 필요했다. 그러나 당시의 정부는 눈앞의 것밖에 보지 못했다. 1960년대 정부는 '국민소득증가계획' 실현을 위해 과학기술자 양성을 추구하고 있었고 이공계 학생을 서둘러 늘리고자 했다. 국립대학 정원을 조금씩 늘리는 것으로는 필요에 맞출 수 없었다. 그래서 문부성은 사립대학을 끌어들이는 방침을 세웠다. 우선 1961년 문부성은 사립대학 설치를 자유화하여 입학정원 증가를 유도했다. 원래 학과 증설과 입학 정원 변경은 문부대신과

협의해야 한다고 되어 있었으나 이때부터는 사전 신청서 제출로 허가를 받을 수 있게 되었다. 거기다 이공계뿐 아니라 문과계도 포함하여 증원할 수 있게 되었다. 사립대학 쪽에서 베이비붐 세대의 수험생을 내버려 둘 리가 없었다. 당연히 이공계, 문과계를 가리지 않고 가능한 한 많은 학생을 입학시켜서 경영의 안정을 꾀했을 것이다. 이 시기에 사립대학은 공적 재정지원과 교육의 질에 관한 논의는 빼 놓은 채 경영적 측면만을 우선시하며 규모 확대를 추진해 나갔다.

그렇다면 사립대학은 규모를 얼마나 확대해 갔을까. 1960년대까지 학생수가 1만 명을 넘었던 대학은 와세다대학, 니혼대학, 게이오대학, 주오대학, 메이지대학, 호세이대학(法政大学), 간사이대학(関西大学), 리쓰메이칸대학(立命館大学), 도시샤대학(同志社大学), 센슈대학(専修大学), 도요대학(東洋大学), 고쿠가쿠인대학(国学院大学), 간사이가쿠인대학(関西学院大学)의 13개 대학이었다. 그러나 1965년에서 1970년이 되면 거기에 아오야마가쿠인대학(青山学院大学), 메이지가쿠인대학(明治学院大学), 리쿄대학(立教大学), 코마자와대학(駒澤大学), 류코쿠대학(龍谷大学), 가나자와대학(神奈川大学), 고쿠시칸대학(国士舘大学), 긴키대학(近畿大学), 도쿄이과대학(東京理科大学), 도카이대학(東海大学), 오사카공업대학(大阪工業大学), 후쿠오카대학(福岡大学), 메이조대학(名城大学) 등의 13개 대학이 1만 명 이상의 대학으로 추가되었다. 이것만 보아도 1960년에서 1970년까지의 10년간 사립대학의 학생 수가 174퍼센트 증가했다는 것이 있을 수 없는 수치임을 납득할 수 있을 것이다. 지금 일본에서는 사립대학의 비율이 압도적이며 세계적으로도 교육에의 공적 지원이 매우 낮은데, 그 이유의 일단은 1960년대 문부성의 정책에 있다고 할 수 있다. '대학의 대중화'가 현실적인 정책과제였을 때, 유럽이 국공립대학의 점진적 확충을 꾀했던 데 비해 일본은 사학 설립 자유화라는 안이한 길을 택했다. 그리고 이 시점에서 공적 부담을 늘리는 선택지를 방기하고 있었던 것이다.

전후의 학제개혁에 의해 9개년의 의무교육이 정착되고 교육의 기회균등이 촉진되어 국민의 교육수준이 눈에 띄게 향상되었다. 이러한 변화가 일본의 사회·경제적 발전에 중요한 공헌을 했다는 것은 분명하다. 그러나 지금의 학교교육은 양적 증가에 따른 질적 변화를 어떻게 도모해 갈까 하는 문제에 직면하고 있다.

이것은 1971년에 나온 중앙교육심의회의 답신이다. 1967년 문부성은 중앙교육심의회에 '이후 학교 교육의 종합적 확충 정비를 위한 기본시책에 대하여'라는 자문을 구했다. 이에 대해 중앙교육심의회는 4년간의 심의 기간을 거쳐 답신을 냈다. 1967년은 일본 연호로 소화 46년이었으므로 '사륙답신(四六答申)'이라 부른다. 사륙답신은 전후교육의 기본이념이었던 교육의 기회균등에 교육의 '질적 변화'를 시사한 것으로 매우 유명하다. 특히 고등교육에 대해서는 수익자부담 원칙을 강조했다. 대학의 교육비를 부담하는 것은 정부가 아니라 교육 서비스를 받는 학생과 그의 부모라는 것이다. 요컨대 국공립대학의 수업료를 인상해야 한다는 것이다. 사륙답신의 다음을 보자.

교육비는 사회적으로는 일종의 투자라고 볼 수 있다. 그 투자의 경제적 효과가 당사자에게 귀속되는 것과 사회 전체에 환원되는 것을 구분할 수 있다면, 그것을 고려한 수익자부담의 비율을 결정하는 것이 합리적이다. 그러나 실제로는 그러한 구별을 하는 것이 곤란할 뿐 아니라 교육투자의 효과는 분명히 경제적인 이익에만 그치지 않으므로, 경제적 효과만으로 수익자부담액을 정하는 것은 타당하지 않다.

따라서 수익자부담의 실제액은 교육정책의 입장에서 대부분 국민에게 경비 조달이 곤란하지 않은 정도, 개인경제적으로는 유리한 투자로 간주할 수 있는 한도 내에서 책정해야 할 것이다.

여기에는 교육비를 공적 부담으로 조달해야 하는가, 그렇지 않으면 사적 부담으로 해야 하는가, 그 액수는 얼마로 해야 하는가, 그에 대한 객관적 기준이 없다고 쓰여 있다. 있다고 한다면, 그것은 '개인경제적으로 유리한 투자라고 간주'할 수 있을지의 여부뿐이다. 그리고 실제로 이 점이야말로 수익자부담의 근거가 된다. 교육비는 자신을 위한 선행투자이므로 스스로 돈을 내는 것이 당연하지만 그 한도를 정하기가 어렵다는 것이다. 즉 교육비 수익자부담의 근거는 교육에 시장 경쟁원리를 도입한다는 것에 있다. 학생은 장래를 위해 선행투자로 학비를 내고, 더 좋은 대학을 고르려고 한다. 대학은 학생의 니즈에 대응하기 위해 거액의 자금을 투자하여 수준 높은 교육을 제공하려고 한다. 당연하게도 대학 간에는 입학생 모집 경쟁이 생긴다. 얼마나 돈을 들여서 얼마나 좋은 인재와 설비를 준비할 수 있을까. 그런데 대학은 돈을 들인 만큼 더 많은 수업료

년	국립대학	사립대학	격차(사립÷국립)
1975	36,000엔	182,700엔	5.07배
1976	96,000엔	222,700엔	2.31배
1978	144,000엔	282,000엔	1.99배
1980	180,000엔	355,000엔	1.97배
1982	216,000엔	406,000엔	1.88배
1984	252,000엔	433,000엔	1.79배
1987	300,000엔	517,000엔	1.72배
1989	339,600엔	571,000엔	1.68배
1991	375,600엔	642,000엔	1.71배
1993	411,600엔	688,000엔	1.67배
1995	447,600엔	728,000엔	1.63배
1997	469,200엔	757,000엔	1.61배
1999	478,800엔	783,000엔	1.64배
2001	496,800엔	800,000엔	1.61배
2003	520,800엔	801,000엔	1.54배
2005	535,800엔	818,000엔	1.53배

주. 수업료가 급격히 오른 30년간의 내용만 수록함.
출처 : 문부과학성, 「국립대학과 사립대학의 수업료 등의 추이」

〈표 2〉 국립·사립대학의 수업료 평균 추이

를 걷으려고 할 것이고 학생은 더욱 좋은 교육을 위해서 더 많은 학비를 내는 것이 당연하게 된다. 이것을 어떻게 생각해야 할까. 결과적으로 교육 수준을 높일 수 있으므로 학생에게도 대학에게도 좋은 일이라 해야 할까. 그렇지 않으면 돈이 없는 학생과 작은 대학을 괴롭히는 나쁜 시스템이라고 생각해야 할까. 적어도 현상적으로 볼 때는 후자가 타당하다.

그런데 사륙답신에서는 대학의 수업료는 '국민 1인당 개인소비지출에 대해 국립은 20퍼센트, 사립은 40퍼센트로 하자'고 제안되어 있

학생에게 임금을

다. 1971년 시점에서 대학의 수업료는 국립대학이 1만 8천 엔, 사립대학이 9만 5천 엔이었다. 그런데 사륙답신에서 국립대학은 7만 3천 엔, 사립대학은 14만 6천 엔으로 하라고 지시한 것이다. 쉽게 말하면 국립대학의 수업료를 네 배로 올려서, 사립대학과의 차이를 반 정도로 축소하려 한 것이다. 이 답신에 따라 특히 1975년 이래 국립대학의 수업료는 급격히 인상되었다. 국립대학이 수업료를 올리면 여기에 따라 사립대학도 수업료를 올리고, 그것을 본 국립대학은 다시 차이를 메우기 위해 인상한다. 이런 꼬리물기의 결과로 오늘날 국립대학의 수업료는 53만 엔, 사립대학의 수업료가 82만 엔까지 올라가게 되었다.(<표 2>) 통상적으로는 가능하지 않은 수업료 인상이 일어난 방식인데, 이는 분명 1971년 시책의 결과였다.

1970년대부터 자본주의는 새로운 단계로 들어섰다. 1장에서 소개한 사회공장이라는 개념을 떠올려 보자. 가정에 있어서든, 학교에 있어서든, 소비에 있어서든, 사회생활의 모든 영역이 공장으로 편입되어 간다. 거기다 이 프로세스가 굉장한 것은 단지 사회생활이 공장의 일부가 된다는 데 있지 않고, 역으로 공장 생산활동의 성격까지 바꿔 버린다는 데 있다. 원래 공장에서는 자동차가 되었든 뭐가 되었든, 물질적인 재화를 생산하기 위해 매뉴얼 작업을 수행하는 것이 일반적이다. 어떻게 균일한 상품을 대량으로 만들까 하는 것이 여기서 문제가 된다. 경영자는 작업효율을 높이기 위해서 작업 매뉴얼을 만들고 노동자는 그것을 잠자코 익힌다.
　설사 지혜롭거나 효율적인 방식일지라도 노동자가 멋대로 일하는 방식을 바꿔서는 안 되며, 그저 경영자의 명령에 충실하면 되는 것이었다.

여기에 비해 사회공장에서는 머리를 써서 일할 것이 요구된다. 지혜를 발휘하여 매일의 생활을 쾌적하게 하고, 타인을 신경 쓰고, 친구와 대화하고, 컴퓨터를 통해 정보를 주고받고 등등. 요컨대 평소 인간이 사회생활을 영위하기 위하여 하고 있는 일들이 생산활동의 원동력이 된다. 정보산업과 서비스산업은 물론이고, 자동차산업과 같은 구체적인 제조업에서도 지금은 균일한 상품을 만드는 것만 해서는 안 된다. 다품종 소량생산이라고 할까, 소비자가 어떤 자동차를 좋아할지 그것을 재빨리 알아채고 필요한 만큼 물건을 만들어 내지 않으면 안 된다. 중요한 것은 고객과의 의사소통이며 일상적인 정보교환이다.

최근 이러한 자본주의의 성격을 인지자본주의, 또는 기호자본주의라고 부르고 있다. 아우토노미아 운동의 이론가인 프랑코 베라르디(Franco Berardi)는 다음과 같이 말하고 있다.

인지적 활동은 언제나, 생산양식이 기계적이었던 때도 인간이 생산하는 것 전체의 기초를 만들어 왔다. 인간의 노동과정에 지적인 활동이 동반되지 않는 경우는 없다. 그런데 오늘날에는 인지능력 자체가 본질적인 생산수단이 되고 있는 것이다. 산업노동의 권역에 있어서도 정신 활동은 반복적인 자동작용인 근육운동을 생리적으로 지지한다는 의미를 지녔다.

오늘날에는 수많은 혁신, 언어, 소통적 제 관계에서 정신이 활용되고 있다. 정신이 자본제의 가치 증식 과정에 포섭되는 것, 그것이 실제의 변이를 초래했다. 의식·감각유기체는 경쟁에의 압력, 자극의 가속, 항상적인 주의환기라는 스트레스에 복종당하고 있다. 그 결과, 거기에서

학생에게 임금을

정신이 형성되고 다른 정신과 관계 맺는 것 같은 정보권, 즉 정신대기권이 병리적 분위기를 만들어 내고 있다.[22]

지식과 정보, 정동(情動), 아이디어, 이미지 등등. 인간의 인지적 활동이 자본주의의 이윤을 만들어 내는 최고의 도구가 되었다. 인지자본주의에서 노동이란 "혁신, 언어, 소통"을 만들어 내고, 그것을 잘 사용하는 것이다. 정보산업과 서비스산업에서 그런 활동은 매매되는 상품이지 않은가. 그리고 잘 생각해 보면, 이 책의 주제이기도 한 대학은 이러한 인지적 활동의 일대 거점이라고 할 수 있다. 원래 대학은 학생과 교원이 천천히 무언가를 생각하고 기쁨과 슬픔 같은 정동을 나누어 가지는 장소이다. 진학률 50퍼센트라는 현상에 입각해 보면 대학에서는 엄청난 규모의 인지적 활동이 일어나고 있다고 해도 좋을 것이다.

그렇기 때문에 정부와 기업, 대학은 수업료 인상으로 시작한 대학개혁에 기를 쓰고 있는 것이다. 원래 인간의 인지적 활동은 사적인 것이며 기업의 경제활동과는 어울리지 않는 것이었다. 그러나 인지자본주의에 기반하여 돈벌이를 하려면 물질적인 재화와 마찬가지로 "혁신, 언어, 소통" 능력을 상품으로 사용할 수밖에 없다. 거기다 모두가 그것을 당연하다고 생각하여 기업의 경제활동을 위해 자진해서 자신의 인지능력을 개발하지 않을 수 없게 되었다.

여기에서 대학에 기대되는 역할은 매우 컸다. 우선 학생은 수업료를 내게 되는 시점에서 교육을 상품으로 구입하는 꼴이 된다. 대학의 인지적 활동은 고액의 지식상품이다. 그리고 대학이 완전히 취직 전문 학교화되어, 기업이 필요로 하는 문제해결능력과 정보처리능력, 의사소통능력을 가르치게라도 된다면, 인지자본주의를 보급하는 그 교육적 효과는 짐작할 수 없을 만큼 크다고 말할 수 있지 않을까.

그러나 인용문에서 베라르디가 지적하고 있는 것처럼, 인지자본주의는 그것이 침투하면 침투할수록 "정신대기권의 병리적 분위기"를 넓혀나가게 된다. 예를 들어 보통 학생은 대학에서 좋아하는 것을 학습하고 자신의 인성을 개발한다고 하지만 사실은 취직을 위한 지식만을 강요당하고 있다. 스펙을 쌓는 데 도움이 되는 과목과 인턴십, 실용영어, 각종 자격시험 대비, 컴퓨터 프로그램 활용 능력 등등 마치 기업에 도움이 되는 지식을 익히는 것이 학생의 의무라도 되는 것처럼.

바보 같은 일이지만 연간 천만 엔 가까운 학비를 내고 엄청난 액수의 장학금 대출을 짊어지고 취직난의 현실에 부닥치게 되면 어쩐지 진심으로 그것을 해야 한다고 생각하게 된다. 취직 채용면접에서 불합격이라도 받게 되면 공부가 부족했다거나 기업이 원하는 스펙을 제대로 쌓지 못한 자신이 잘못이라고 생각할지도 모른다. 그러나 취직을 위한 공부를 하면 할수록, 절박감이 조여 오면 조여 올수록 점점 더 스스로 무언가를 생각하고 자기를 표현하는 것이 스트레스가 된다. 학생들을 둘러싸고 있는 것은 문자 그대로 "정신대기권의 병리적 분위기"이다.

사실상 인지자본주의는 자본주의에 있어서는 위기이다. 모두가 병에서 헤어나오지 못하게 되었기 때문이다. 학생들은 늘 친구들과 별것 아닌 걸로 수다를 떨고, 괜히 말도 안 되는 소동을 일으키기도 한다. 내기 같은 것을 하고 이벤트를 만들거나 하면서 작당하는 일이 있을지도 모른다. 그러나 그것이 목적은 아니다. 친구와 함께 있는 것이 즐거우니까, 그저 함께 있고 싶으니까 그러고 있는 것이다. 그런데 취직활동인지 뭔지 모르겠지만 추상적으로 의사소통능력을 기르라는 얘기를 들으면 황당해져 버린다.

또 아무리 의사소통 기술을 단련하고, 토익 점수를 올린다 해도, 대체로는 비정규노동자가 되어 싼 임금에 사용되고 버려진다. 인지적 노동인지 뭔지는 모르지만, 그런 취급을 받을 거라면 진짜로 일 같은 것을 안 하는 것이 낫다. 아무리 일해도 만족스러울 만큼의 돈은 벌 수가 없다. 그러므로 일하지 않고 그럭저럭 살아갈 방법을 구하는 것이 낫다. 친구들과 바보같이 떠드는 것이 즐겁다는 것은 이미 알고 있으니 그것을 살려서 살아 버리는 쪽이 더 좋지 않은가.

노동 없이 사는 것. 무제한으로 즐기는 것. 학생만이 아니라 많은 사람들이 그렇게 사는 즐거움을 알고 있다.

물론 자본가가 그런 것을 방치해 둘 리가 없다. 노동으로부터 도망가 버리는 사람이 늘어나면 자본주의가 붕괴되어 버리기 때문이다. 설령 일할 사람을 확보할 수 있다 하더라도 물건을 사지 않는 사람이 늘어나 버리면 그것 자체로 위기다. 여기에 자본가는 술책을 꾸려 노동자를 노동과 소비에 붙들어 매어 놓으려고 해 왔다.

사회학자 존 홀로웨이(John Holloway)는 개와 사육하는 주인을 예로 들어 이를 다음과 같이 말하고 있다.

개를 복종시키려는 이 싸움에서 주인은 중요한 패를 갖고 있습니다.

개를 묶는 줄을 길게 하는 것이 가능합니다. 이러한 수단을 취하는 것은 개의 강함을 인식하고 있기 때문입니다. 동시에 이는 개를 피로하게 하여 얌전하게 만들려는 책략이기도 합니다. 개가 완전히 피곤해져서 약해지면 주인은 필요에 따라 개를 때려 복종하게 하고 그리고 줄을 짧게 하는 것이 가능해지는 것입니다.[23]

여기에서 개로 비유된 노동자는 주인인 자본가로부터 도망가려 한다. 지금도 주인의 손을 뿌리쳐 버릴 것 같다. 이때 주인은 줄을 길게 하여 개를 피로하게 하는 작전에 돌입한다. 개는 자유로워졌다고 우쭐해 날뛰다가 그 바람에 녹초가 된다. 홀로웨이에 의하면 이 작전 중 최고가 빚이다. 자본가는 노동자에게 신용카드를 나누어 주고, 빚으로 물건을 사는 구조를 만들어 낸다. 노동자는 버는 돈이 적어도 자동차와 집을 손에 넣는 것이 가능하다. 그러나 막대한 빚을 쌓느라 노동자는 스스로 자신의 목을 조르고 있다는 것을 깨닫는다. 남은 미래 20년, 30년을 고스란히 빚을 갚는 데 바쳐야만 하기 때문이다. 이미 일하지 않는다든가 하는 선택지는 있을 수 없다.

여기에 추격이라도 하듯이 물리적, 윤리적 압박이 더해진다. 빌린 것은 갚아라, 그러지 않으면 죽는다고. 돈을 갚지 않는 것은 채권자의 신용뿐 아니라, 자신을 갚을 수 있는 인간이라고 인정해 주었던 사회를 배신하는 것이므로. 퇴직을 당해 갚을 수 없다는 것이 분명해지면 카드는 즉시 정지, 전 재산이 몰수된다. 사채라도 썼다가는 인간관계는 물론 자신의 신체까지 빼앗겨 버릴 것이다. 그러나 그렇게까지 된다고 해도 아무

학생에게 임금을

도 불쌍하다고 생각하지 않는다. 돈을 갚는 것이 사회적 신용을 지키는 것이며 도덕적 규범을 제대로 세우는 일이기 때문이다.

반대로 말하면 인간은 빚을 지고 그것을 갚는 것으로 사회로부터 신용을 얻고 있다. 그러므로 많은 빚을 지고 갚을 수 있다면 그 사람은 훌륭한 사람이다.

물론 빚을 지고 있는 것은 노동자만이 아니다. 그 주인인 자본가도 다른 주인으로부터 돈을 빌린다. 1970년대부터 기업은 은행에서 돈을 빌려 사업을 하고 그 빚을 다시 빚으로 메워 왔다. 국가가 해 온 일도 완전히 똑같다. 슬슬 갚아야 한다고 재촉당하면, 기업은 노동자를 퇴직시켜 곧바로 채산성을 맞추고, 국가는 증세와 구조조정을 해서 상환 의지를 보여 준다.

오늘날의 자본주의는 이미 빚 없이는 돌아가지 않는다. 노동자도 기업도 국가도 모두 빚투성이이다. 이득을 얻는 것은 은행뿐이다. 거액의 빚과 이자를 굴리는 것만으로 이익이 쌓여 가기 때문이다.

네그리나 베라르디와 마찬가지로, 아우토노미아 운동의 이론가였던 마우리치오 라차라토(Maurizio Lazzarato)[24]는 최근 이러한 자본주의를 분석하여 부채경제라고 부르고 있다.

그런데 최근 학생지원기구의 대부업화가 진행되고 있다. 이것은 부채경제와 무관하지 않다. 은행업계 쪽에서 본다면 이전의 일본육영회 때부터 공적 장학금을 없애는 것은 중점 현안이었다. 역사를 들추어 문제점을 낱낱이 밝혀내 보자.

> 대학을 졸업하면 무려 20년에 걸쳐서 노동에 구속된다. 아무리 인
> 지적 노동이 시시하다고 하더라도, 혹은 다른 삶의 방식을 원하더
> 라도, 아무 생각 없이 돈을 모아야만 한다. 학생들은 사육당하는
> 개로 지쳐갈 수밖에 없는 것일까. 노예와 같이 살아갈 수밖에 없는
> 것일까.

일본의 장학금 제도는 1943년 10월 18일에 발족한 일본육영회로부
터 시작되었다. 1943년이라면 제2차세계대전이 한창 고비에 이르렀을
때, 그것도 일본의 패색이 짙어진 채로 장기화되는 전쟁 때문에 국민경
제가 피폐해져 가고 있을 때였다. 잘 알려진 바와 같이 전쟁 중의 일본은
"이길 때까지는 아무것도 바라지 맙시다(欲しがりません勝つまでは)" 등의
표어를 바탕으로 결혼반지는 물론 절에 있는 종까지 몰수했다. 왜 하필
이면 이 시기에 장학금 제도가 만들어진 것일까. 1942년 당시 육영회 창
설에 관계한 나가이 류우타로(永井柳太郎)는 중의원 본회의에서 장학금
제도의 필요성에 대해 다음과 같이 말했다.

> 일본 국민 대다수가 빈부 여하를 막론하고 평등하게 높은 수준의 교
> 육을 받고 그 천부의 양식을 발휘하는 교육제도를 확립하는 것이 긴급
> 하고도 긴급한 임무라고 믿습니다.
> 우수한 자질을 가졌는데도 학자금이 없어서 그 자질을 연성할 기회를
> 얻지 못하고 허무하게 매장시키는 일은 국가의 손실 그 이상의 것이라
> 고 말할 수밖에 없습니다. 이와 같은 것에 대해, 예를 들어 흥아육영금

학생에게 임금을

고(興亞育英金庫)와 같은 것을 창설하여 국가가 그 학비를 빌려주고 교육을 계속할 길을 열어 주는 것. 그것은 단지 인재 육성에 대한 국가의 요구에 답하는 것일 뿐 아니라 국가의 정치를 정의 위에 확립시키는 것이라고 정부는 믿고 있습니다.

언뜻 보기에 이 연설은 양심으로 가득 차 있는 것처럼 보인다. 전시에 국가의 재정이 어려운 와중에도 고등교육을 받지 못하는 가난한 사람들은 국가가 지원해야 한다고 말하고 있으므로. 국가존망의 위기일수록, 차세대 교육에 공적 자금을 사용하여 일본 재생의 희망을 청년들에게 걸어 보려 했다고도 말할 수 있다. 그러나 육영회의 설립은 그런 미담만으로 묘사할 수 있는 것은 아니었다. 이 시기 일본은 국가총동원체제의 일환으로 장학금 제도만이 아니라 여러 가지 사회보장제도를 정비하려고 했다. 전쟁 때문에 서민의 생활이 피폐해져 갔지만, 그래도 국가주의를 고양시켜야만 했다. 그래서 국민의 평등화가 기획되었던 것이다. 무서운 일이지만 대일본육영회 발족 3일 후, 1943년 10월 21일에는 메이지신궁 외원에서 출전학도병의 장행회(壯行會)가 열렸다. 일본의 장학제도는 학생을 전쟁에 동원하기 위해 만들어졌다고 해도 과언이 아니다.

또한 육영회라는 명칭으로 알 수 있듯이, 일본의 장학금 제도에는 당초부터 엘리트주의적인 발상이 포함되어 있었다. 육영이란 좋게 말하면 영재교육이라는 뜻이다. 나가이도 "우수한 자질을 가졌어도 학비가 없어서"라고 말하고 있는 것처럼, 장학금을 받을 수 있는 자는 수재들뿐이었다. 거기에는 성적이 좋고 나쁘고를 떠나 모든 젊은이에게 배울 권리를 보장한다는 발상이 극히 부족하다. 그리고 대학에 진학하는 것도 일부의 부자들과 수재들뿐이었기 때문에 대출이라는 수익자부담의 구조를 택하게 되었던 것이다. 한줌의 엘리트를 위해 세금을 쓰는 것은 불공평한 일이며, 본인부담으로 하는 것이 당연하다고 생각했던 것이다. 물론 전시 중이었으므로 세금을 투입할 여력이 없었다고도 할 수 있다. 지금의 지원제도도 장학금은 대출뿐이며 선정도 성적을 중시하고 있다. 솔직히 이 정도로 대학 진학률이 올라간 현재에도 전시와 같은 제도가 운영되고 있다니, 누가 봐도 이상한 일이다.

그러나 비록 미약하다고 하더라도 육영회에 교육의 기회균등에 대한 이념이 포함되어 있었던 것은 분명하다. 나가이의 연설 앞부분에 "일본 국민 대다수가 빈부 여하를 막론하고 평등하게 높은 수준의 교육을 받고 그 천부의 양식을 발휘하는 교육제도를 확립하는 것"이라고 했던 것에서도 이를 알 수 있다. 경제적 경우에 대응하여 장학금을 지급할 수 있게 하여 많은 사람들이 고등교육을 받을 기회를 만든다는 것. 전후 헌법과 교육기준법에는 이러한 이념이 문자로 기재되어 있으므로 영재교육주의를 넘어서서 기회균등 방식의 지급형 장학금으로 변해 갈 가능성도 있었다. 또한 그렇기 때문에 육영회의 장학금에는 대출밖에 없었지만 그 대신 모두 무이자였고, 교육직을 택하는 이에게는 상환을 면제하는 등의 조치가 취해졌다. 육영회에는 장학금 제도 실행기관으로서 최소한의 인식이 있었다고 할 수 있다. 대부업자이기만 한 것은 아니었다.

1970년대 말이 되면 은행업계가 일제히 교육 대출 상품을 팔기 시작한다. 마침 대학 진학률이 비약적으로 오르고 수업료 인상이 시작되었던 무렵이었다. 부모의 수입만으로는 부족해서 돈을 빌리지 않으면 대학에 진학할 수가 없다. 그러나 은행의 교육 대출은 엄청난 이자를 떼고 담보도 필요하다. 물론 그렇게 해서 은행은 이득을 보겠지만 육영회라는 무이자 장학금 제도가 있는 한, 자발적으로 은행에 가서 돈을 빌리려는 사람은 없을 것이다. 은행업계에서 본다면 육영회는 교육 대출 시장의 자유경쟁을 방해하고 있다. 그런 장애물은 하루라도 빨리 치워 버리지 않으면 안 되었을 것이다. 그래서 은행업계는 대장성 관료를 통해 육영회 제도개혁을 몰아붙였다. 그것이 가시화된 것이 1983년 제2회 임조(임시행정조사회) 답신이었다. 이 답신은 육영회에 대한 두 가지의 개혁을 지시하고 있다.

①장학금에 이자를 붙이는 것
②상환 면제 제도를 폐지하는 것

이 지시를 반영하여 1984년 일본육영회법이 전면 개정되어 장학금의 유이자화가 결정되었다. 이후 육영회는 무이자인 1종 장학금과 유이자인 2종 장학금을 중심으로 운영되었다. 1997년에는 교육직의 상환 면제 제도도 폐지되었으니 이로써 제2임조의 지시가 두 가지 모두 실행되게 되었다.

그러나 이 정도의 장학금 개혁으로는 아직 부족하다고 생각하는 사람도 많았다. 그래서 1999년에는 사회경제생산성 본부가 '선택, 책임, 연대의 교육개혁'이라는 보고서로 총괄하여, 장학금 제도를 포함하는 발본적인 교육개혁을 제언했다.[25] 츠츠미 세이지(提淸二), 하시즈메 다이사부로(橋爪大三郞), 오오사와 마사치(大澤眞幸) 같은 저명한 포스트모던 사상가들이 집필을 맡았다. 그들은 포스트 근대의 도래에 발맞추어 학교(그들이 말하는 '학교'에는 대학도 포함된다)도 그 기능을 변화시키지 않으면 안 된다고 말한다.

> 획일적인 규율훈련 장소였던 학교를, 아이들 하나하나가 '개인'으로서 자기를 배려하고 발견하고 단련하여 향상시킬 수 있는 장소로 재편성하지 않으면 안 된다.[26]

근대의 학교는 아이들에게 엄하게 규율을 가르쳐 일정한 틀에 집어넣는 곳이었다. 그 주요기능은 공업화 사회를 지지하는 것이었으며 공장 등에서 정형화된 업무를 담당할 대량의 인재를 만드는 것이었다. 이에 비해서 포스트 근대에는 한 명 한 명이 개성을 살려서 일할 것이 요구된다. 이에 대응하여 학교도 아이들이 자신의 개성을 '배려하고 발견하고 연마하여 향상'시킬 수 있도록 개혁되어야 한다. 이렇게 말할 수 있을 것이다. 대학을 인지자본주의 시대에 맞게 만들자는 것. 혹시 이 분석 자체는 어느 정도 참신하다고 생각할지도 모르겠다. 그러나 대학개혁의 구체적인 내용을 검토해 보면, 정말이지 놀랄 만한 내용이 쓰여져 있다.

① 대학입시 폐지
② 수업료의 대폭 인상

학생에게 임금을

③교육비의 전액 자기부담

④은행의 '장학대출' 확대

⑤육영회 재검토

보고서는 우선 학생정원을 폐지하여 입시를 없애자고 제안하고 있다. 당시의 아이들은 지금과는 비교할 수 없을 정도로 과도한 입시경쟁에 고통받고 있었다. 또한 겨우 대학에 들어갔다고 해도 특별한 일이 없는 한 누구라도 졸업할 수 있었기 때문에 거의 공부하지 않고 졸업해 버리는 일도 많았다. 그러나 그래서는 대학교육의 의미가 없다. 그러므로 미국처럼 입학의 문호를 넓히고 그 대신 졸업을 엄격하게 제한하는 편이 좋지 않을까. 대학입시 같은 것은 폐지해 버리고 대학에 가고 싶은 사람은 모두 입학시켜 버리자는 제안이 나온 것이다. 이것만이라면 그렇게 나쁘지 않다는 생각이 든다.

그러나 이 제안서는 한술 더 떠 다음으로 이어진다. 대학입시를 없애면 진학률이 갑자기 올라서 학생 수가 지금의 허용 범위를 넘어 버릴 것이다. 또한 학생 수가 늘어도 수업료를 지금과 같이 유지한다면 나라의 교육비 부담이 엄청나게 커질 것이다. 어쩌면 좋을까. 간단하다. '대학의 교육비는 완전히 수익자부담으로 하면 된다'라고. 요컨대 대학교육에 대한 국가의 부담을 지금보다도 오히려 줄이고, 그 대신 수업료를 몇 배 인상하자는 것이다. 보고서에서는 잠정적으로 1년간 수업료를 180만 엔, 생활비를 120만 엔, 합계 300만 엔으로 하자고 쓰고 있다. 4년간 재학하면 1200만 엔이나 된다. 대다수가 지불할 수 없을 정도의 금액이다. 이

만큼이나 인상하면 누구나 대학교육이 그 비용을 들일 만한 가치가 있는지 진지하게 생각하게 된다. 결과적으로 "정말로 배울 필요가 있는 사람만이 대학에 오게 된다"[27]는 것이다.

그렇다면 이만큼의 학비를 어떻게 낼 수 있을까. 모두 부모가 부담하도록 할 것인가. 보고서에서는 부모가 학비를 부담하는 구조로 하면 부모의 소득에 따라 대학 진학이 좌우되어 버리므로 엄청난 불평등이 생겨난다고 서술하고 있다. 그러므로 원칙적으로 부모가 학비를 내는 것은 금지시키고, 혹시 내는 경우에는 증여세를 붙이는 등 벌칙을 만든다는 것이다. 학비는 모두 학생 본인부담으로 한다. 물론 많은 학생들이 아직은 저축이 없으므로, 지금 바로 학비를 낼 수 없을 것이다. 그래서 어떤 학생이라도 은행에서 장학금 대출을 받을 수 있게 한다. 1200만 엔을 20년 할부, 연간 6퍼센트의 고정금리로 빌린다고 할 때 연간 상환액은 100만 엔 정도 된다. 이 정도라면 자동차 대출보다는 많지만 주택대출 정도는 아니므로 일하기 시작하면서부터 충분히 갚을 수 있다는 것이다. 자신의 학비는 자신이 낸다. 이 자기부담의 원칙이야말로 가장 공평한 구조라는 것이다.

물론 은행이 이 정도의 금액을 어떤 담보도 없이 학생 개인에게 빌려주겠는가 하는 문제가 있다. 그러나 보고서는 총체적으로 학생은 일본 경제의 장래 그 자체이며 확실한 대출자라고 강조하고 있다. 만약 필요하다면 국가가 채무보증을 서는 것도 가능하다. 연간 일인당 300만 엔으로 하여 학생 3백만 명이 장학금 대출을 받는다고 한다면 총액은 무려 9조 엔이 된다. 은행업계 쪽에서 본다면 정부 보증하에 9조 엔 규모의 교육대출시장이 손에 들어오게 된다. 이렇게 입맛 당기는 이야기는 없을 것이다. 게다가 이러한 장학금 대출이 충실하게 수행되면 육영회의 장학금 같은 것은 필요 없게 된다. 원래 육영회는 대출액도 극히 적은데다가, 면제직 규정도 교육직뿐이므로 민간기업에 공헌하는 요소가 하나도 없다. 일원적인 배분 시스템도 다양한 학생의 필요에 답하기에는 부족하여 지금으로서는 시대에 뒤처져 있다. 지금부터의 학생지원은 장학금 대출을 중심으로 진행되어야만 한다. 만일 장학금 제도를 남겨둔다고 해도 공적 장학금은 될수록 줄이고 대학의 독자 장학금을 설립하는 것이 좋다고 되어 있다.

지금까지 보고서의 내용을 장황하게 말했지만 집필자들이 어떤 교육 이미지를 갖고 있는지는 분명해졌다고 생각한다. 앞에서도 인용한 것과 같이 보고서는 "개인으로서의 자기를 배려하고 발견하고 단련하여 향상시키는 것"이 포스트 근대의 대학의 역할이라고 하였다. 단적으로 말하면 자기책임을 불어넣는 것이 대학의 역할이다. 학비를 국가나 부모가 내 주는 것은 아이들을 게으름뱅이에 응석받이로 만들 뿐이다. 가난한 학생을 지원하기 위해서 장학금을 만든다든가 하는 것은 논외다. 학비는 절대로 본인이 자기부담으로 해야만 한다. 돈이 부족하면 빚을 얻고 자력으로 갚아야 한다. 이렇게 빚으로 변통하면서 학생은 자기책임의 감각을 몸에 익힐 수 있게 된다. 게다가 은행업계에서 본다면 이걸로 교육대출시장이 확대되고 막대한 이익을 올릴 수 있으므로 더할 나위 없이 좋다. 2장에서 2008년 부상한 블랙리스트 문제에 대해 말했지만, 이 시기 학생지원기구는 장학금 상환 체납자에게 패널티를 주는 이유로 '교육적 배려'라는 것을 거론했다. 이 단어를 보았을 때 처음에는 농담이라고밖에 생각할 수 없었다. 다시 1999년의 보고서를 읽어 보니 실제로는 오랫동안 계획되어 온 것이며 진심이라는 것도 알 수 있다. 무섭다.

이러한 제언을 받아 2001년, 고이즈미 내각은 '일본육영회 재검토'를 내세웠다. 행정개혁의 일환으로 육영회에 대해서도 해체·축소 논의가 있었고, 국가기구를 슬림화하기 위한 독자법인화가 시사된 것이다. 2004년 4월 국립대학 법인의 발족과 함께 일본국제교육협회와 내외학생센터, 국제학우회, 간사이 국제학우회가 병합하여 독립행정법인 학생지원기구가 발족하게 되었다. 그다음에는 장학금 제도의 대부업화가 착착 진행되었다. 대출금 징수를 강화하기 위해서 민간의 채권회수업자에게 업무를 위탁하고 법적 조치를 철저히 하며 블랙리스트를 추진했다. 학생지원기구는 '장학'의 이념을 잃어버리고 '대출' 측면만을 강화하고 있다. 국립대학의 법인화 후, 또다시 수업료 인상이 시사되고 있고 또 대학의 독자장학금의 중요성이 거론되는 상황을 생각하면 일본의 장학금 제도는 계속해서 1999년의 보고서에 맞춰 움직였다고 말할 수 있다.

그런데 현재 학생지원기구가 추진하고 있는 것은 장학금 대출금 징수를 더욱더 강화하는 것이다. 이미 말했다시피 상환할 수 없다고 간주되어 재판소에 고소된 건수는 연간 6천 건을 넘고 있다. 학생지원기구가 민간은행처럼 되어 가고 있다. 혹은 그 준비를 하고 있다. 물론 학생지원기구에는 아직 공적인 성격이 남아 있다. 무이자 장학금도 있고 상환유예 규정도 있으며 채권을 증권화하고 있지도 않다. 그러나 몇 번이고 강조하고 싶은 것은 대출금 징수의 교육적 효과라는 것의 기만성이

학생에게 임금을

다. 징수가 강화되는 것으로 학생은 장학금이 빚이라는 것을 인식하게 되었다. 그 뒤를 따르는 것은 물리적, 윤리적 압박이다. 빚을 갚지 않는 것은 부도덕하며 죽인다 해도 억울해할 것 없다는.

홀로웨이가 말한 것처럼, 빚이란 개를 지치게 하기 위해 사용하는 긴 목줄과 같은 것이다. 그렇다면 해야 할 일은 확실하다. 목줄이 길든, 짧든 주인을 버려두고 전속력으로 도망가면 된다. 그렇게 하면 반드시 뿌리칠 수 있다. 망설이지 말고 달려라. 혹은 반대로 주인에게 다가가서 어리광을 부리는 척하며 먹어치우면 그것으로 일은 끝난다. 키우는 주인이 없는 개, 탐욕스러운 이리. 빚을 갚지 않는 놈은 인간이 아닌가. 그렇다면 인간이 아니라 아귀가 되면 된다. "쇠를 먹어라, 굶주린 이리여. 죽어도 돼지는 삼키지 말라."[28] 나의 피에는 쇠맛이 난다.

진짜 욕망이, 축제 속에서, 즉 유희적 긍정과 파괴적 포틀래치* 속에서 어느덧 표현되는 것이다. 상품을 파괴하는 인간은 상품에 대한 인간적 우위를 드러낸다. 그는 자신의 욕구의 이미지에 달라붙은 추상적 형태에 갇혀 있지 않는다. 소비에서 소진으로의 이행이 와츠의 불꽃 속에서 표현된 것이다.[29]

1965년 8월, 미국의 로스엔젤레스 남부의 흑인 거주지 와츠에서 폭

● 포틀래치(potlatch) 미국 북서부 인디언들의 겨울 축제 중 선물 분배 행사. 선물을 받은 자는 답례로 더 큰 선물을 하며 선물 분배는 계속 이어진다.

동이 일어났다. 흔히 말하는 와츠 폭동이다. 폭동은 6일간에 걸쳐서 사그라들지 않는 약탈로 이어졌다. 이 폭동으로 2만 개나 되는 상점이 불태워졌으며 군인, 경찰 들과의 시가전으로 발전하여 체포자는 4천 명, 사망자는 36명, 부상자는 9천 명에 이르렀다고 한다.

인용한 문장은, 이 폭동에 대한 상황주의자(situationist)[30]의 분석이다. 당시 인종문제로 주로 다루어졌던 이 폭동을 상황주의자는 상품세계의 파괴라고 자리매김했다. 상점을 습격하고 물건을 약탈하는 빈자들. 강탈한 물건을 필요에 따라 나누어 가지는 상호부조. 파괴된 상점에서 계산대를 떼어 내 그것을 걷어차며 노는 아이들. 전기도 들어오지 않는 집에 냉장고와 텔레비전을 가지고 들어가며 환호하는 청년들. 확실히 인종문제라고만 말할 수는 없다.

옛날이나 지금이나 '필사적으로 일하라. 출세하면 원하는 것은 무엇이든 살 수 있게 된다'는 말이 귀 따갑게 들려온다. 게다가 인간의 신분을 구매능력으로 따지는 풍조가 일반화되어 있다. 그러나 한번 빈곤에 떨어진 인간에게는 아무리 일해도 손에 넣을 수 없는 것이 수없이 많다. 그러므로 '조금 더 참아라. 열심히 일하고 있으면 언젠가는 잘살 수 있게 된다'는 말은 실제로는 거짓말일 뿐이다. 혹은 인간의 가치가 소비로 결정된다는 것은 어떻게 보아야 할까. 인간보다 물건이 더 중요하기라도 하다는 것일까. 젠장, 생각하면 생각할수록 화가 난다. 그렇다. 물건을 살 수 없다면 빼앗고, 가져와서 걷어차 버릴 수밖에 없다. 무엇이 더 소중한지 주종관계를 확실히 하자. 폭동의 의미는 확실해진다. 잡동사니 같은 상품이 현란하게 보이는 이미지의 세계. 인간은 그 이미지에 휘

둘려서 아무리 저임금이라도 필사적으로 일하게 된다. 와츠의 폭동자들은 그런 인간보다도 잘난 척하는 상품을 밖으로 끌어내고 상점에 불을 질러 보이는 것으로 자신들을 둘러싼 상품세계를 파괴하려 한 것이다.

갑자기 이런 이야기를 해 본 것은 그것이 지금의 학생반란을 생각하는 힌트가 된다고 생각하기 때문이다. 예를 들어 2010년 11월, 영국 런던에서 수업료 인상에 반대하는 5만 명의 데모가 갑자기 일어났다. 현재 연간 3천 파운드(40만 엔)로 설정되어 있는 수업료의 상한선이 9천 파운드(120만 엔)로 인상될 수 있다고 했으니 데모도 일어날 법했다. 이때 일본 뉴스 프로그램에서도 학생들이 여당인 보수당 본부에 들이닥쳐 유리창을 깨부수는 영상이 흘러나왔다. 혹시 너무 심했다고 생각하는 사람이 있을지도 모르겠다. 그러나 잘 생각해 보라. 학생은 수업료 인상에 반대하고 있다. 그러므로 물건을 함부로 다루는 것은 당연한 일이다. 그들이 분노를 느끼는 것은 대학이라는 지적 상품의 가격이 오르는 것, 즉 물건이 인간보다 대단해져 버리는 일이기 때문이다. 제대로 하자면 이전의 폭동처럼 수업료를 인상하는 대학에 잠입해서 컴퓨터든 무엇이든 밖으로 끌어내고 걷어차는 학생이 나온다 해도 이상할 것이 없다.

학생들은 유리창을 깨부수는 것으로 상품화된 대학에 균열을 일으키려고 했던 것이다.

그러나 좀 더 파고들어가 보아야만 한다. 오늘날 학생을 둘러싸고 있는 상품세계는 대체 어떤 것일까. 원래의 1960년대를 끌어내어 맞세워 보아도 현재의 것과는 상황이 다르지 않은가. 이전에 가난한 흑인은 비싼 물건을 살 수가 없었다. 그러나 지금의 학생은 설령 가난하다고 해도 학비를 조달하는 것이 가능하다. 어째서 그런가 하면 돈을 빌릴 수 있기 때문이다. 빚으로 빚을 갚기 위해 평생을 죽도록 일하겠다는 서약서로 학비를 내는 것이 가능하다. 학생뿐만이 아니다. 지금은 많은 서민들이 빚을 얻어 차든 집이든 비싼 상품을 구입하고 있다. 어떻게든 이 상품 세계는 더 많은 소비가 일어나게 하기 위해 온갖 꼼수를 부리고 있는 것 같다. 이런 상황을 이해하기 위해서는 빚과 엮여 있는 금융자본에 대해 생각하지 않을 수 없다.

'학생에게 임금을'이라는 슬로건은 대학 점거 중인 학생들을 다양하고 풍부한 행동으로 나아가게 하는 기폭제가 되었다. 이 슬로건을 따라서 지금 아예 이렇게 말해 보아도 좋지 않을까. 채무자에게 임금을. 빚을 지고 있는 서민은 그저 살아가고 있는 것으로 임금을 받을 권리가 있다.

아우토노미아의 이론가인 크리스티앙 마라치(Cristian Marazzi)에 의하면 금융은 노동의 미래적 가치를 드러내고 있다.[31] 주식에 투자를 하든 채권에 투자를 하든, 금융자본은 국가나 기업, 혹은 개인을 대상으로 그 노동의 미래 상황을 중요시한다. 투자가는 부단히 정보를 주고받으면서 금융상품에 담겨 있는 그 장래적 가치를 예측하고 그것의 매매를 통해 이윤을 만들어 낸다. 물론 금융이 무언가 물질적인 재화를 만들어 낼 리가 없다. 정보라고 하는 비물질적 재화를 교환하고 있을 뿐이다. 투

학생에게 임금을

자가는 아무 일도 하지 않고 아무것도 생산하지 않는 것처럼 보일 수 있다. 그러나 그것은 인지자본주의의 경제활동 그 자체이다. 예를 들어 인터넷 기업인 구글은 모든 사람들에게 정보검색의 기회를 제공하고 있다. 그것을 자선사업으로 하고 있을 리가 없다. 이용자가 웹상의 광고를 클릭하면 그때마다 기업으로부터 돈이 들어오는 시스템이 만들어져 있다. 단지 정보의 교환을 상품화할 수 있는 것으로 유도하는 것, 거기에 사적 소유권을 발생시키는 것, 모르는 사이에 많은 사람들을 그냥 움직이게 하는 것. 금융이든 인터넷 기업이든 인지자본주의의 경제활동이라는 것은 이런 것이다.

세계적으로 금융화가 진행된 것은 1970년대 후반부터였다. 이 시기부터 금융은 일부 전문가만이 아니라 중산층 계급으로도 널리 퍼지게 되었다. 이것을 가정경제의 금융화라고 하는데 요컨대 중산층 계급의 예금을 투자신탁으로 연결시키고 특히 확정출자형연금이라고 하는 형태로 연금기금의 운용을 보급시킨 것이다. 거기에다 아무것도 가진 것 없는 서민들의 생활마저 금융상품의 세계로 끌어들이기 시작했다. 서브프라임은 그 한 예다. 다소 가난하더라도 주택대출을 받을 수 있다. 왜 그런 대출이 만들어졌을까. 그것은 주택대출을 주물럭거려서 리스크가 높고 이윤이 좋은 금융상품을 만들었기 때문이다. 이 대출상품이 세계공황을 불러일으켜 결과적으로 서민들을 주택에서 내쫓아 버린 것이다.

그러나 여기에서 생각해야만 하는 것은 이 금융화의 프로세스가 서민들로부터 무엇을 빼앗았는가 하는 것이다. 결과적으로 집을 빼앗았다든가 하는 그런 것만이 아니다. 서민들은 상상력을 빼앗겼다. 원래 서민들은 쾌적한 곳에서 살고 싶다는 꿈을 공유하고 있다. 그리고 그것을 구체화하는 방법도 다양하다. 정부에 공공주택을 요구할 수도 있고, 빈집이 있으면 여러 사람이 불법점거를 할 수도 있었다. 그러나 이미 서민들의 사고는 대출을 얻어 주택을 구입하는 것을 삶의 목표로 굳혀 버렸다. 한번 돈을 빌려 버리면, 쾌적한 생활의 꿈은 상품세계의 감옥 속에서만 존재하게 된다. 부자들은 서민들이 마음속에 그려 온 미래 생활의 상상을, 바꿔 말하면 서민들의 인지적 활동을 금융상품으로 소유하고 그것을 매매하는 것으로 이윤을 얻고 있는 것이다. 그리고 한편, 서민들은 '자기 집 마련'을 가장 확실한 '성공'의 이미지로 상정하고 대출 상환을 위해 지옥 같은 노동을 기꺼이 강요당하는 것이다.

주택대출뿐만이 아니다. 오늘날은 교육대출, 자동차대출, 신용대출에 대해서도 완전히 똑같은 일이 일어나고 있다. 앞서 말했다시피 교육대출은 금액으로 보아도 주택대출에 이어 제2의 대출시장이다. 장학금이 완전히 공적 성격을 잃어버리면, 아마도 주택대출과 같은 일이 벌어질 것이다. 누구라도 대학에 갈 수 있다고들 말한다. 한 사람당 수백만 엔이나 되는 교육대출을 받는다. 물론 이것으로 꿈을 이룰 수 있게 된 학생도 있을 것이다. 지금까지 불가능했던 대학 진학이 가능하게 되었으므로. 그러나 빚으로 대학에 가는 것이 일반화되면 대학을 둘러싼 상상력이 상품세계 속으로 갇혀 버린다. 원래 대학에 대해서는 정부에 학비 무상화를 요구해도 되고, 배워야 할 지식에 대해서도 취직에 도움이 될지 안 될지에 관계없이 동아리 활동을 하거나 동료들과 함께 마음이 시키는 일을 해도 괜찮다. 그러나 대학의 금융화가 진행되면 진행될수록 빚으로 대학교육이라는 상품을 구입하는 것이 당연한 일이 되어 버린다. 빚을 갚기 위해 배워야 할 지식이 취직활동과 직결되어 버린다. 대학에 가고 싶다는 서민들의 사고가 상품세계에 얽매여 버린다. 서민들을 기다리고 있는 것은 빚을 갚기 위한 지옥의 노동뿐이다. 거기다 부자들은 교육대출을 운용하여 충분히 이윤을 얻을 수 있다.

금융화는 인간생활의 구석구석까지 퍼져 있다. 상품세계의 파괴. 금융화에 기반한 상품세계에 대해서 인간이 물건보다 소중하다는 것을 보여 줄 수 있을까. 간단한 것이라도 좋다. 우선 대학교육이 상품화되어 있으므로, 영국의 학생들처럼 유리창을 깨부수는 것도 괜찮을지 모르겠다. 그러나 금융화의 흐름을 멈추기 위해 무언가 다른 방법은 없을까. 하찮고 일시적인 수단이라도 좋다. 금융자본이라는 영문 모를, 게다가 거대하고 교활한 기계를 고장 내기 위해서는 있는 대로 상상력을 동원하여 백의, 천의, 만의 공격을 준비할 수밖에 없다.

'학생에게 임금을'이라는 슬로건은 대학을 점거 중인 학생들을 다양하고 풍부한 행동으로 나아가게 하는 기폭제가 되었다. 이 슬로건을 따라 지금 아예 이렇게 말해 보아도 좋지 않을까. 채무자에게 임금을. 빚을 지고 있는 서민은 그저 살아가고 있는 것으로 임금을 받을 권리가 있다. 구글에서 얼쩡거리고 있는 컴퓨터 이용자처럼, 서민들은 금융자본을 위해서 자신의 미래 생활을 졸라매고 있다.

더 좋은 곳에서 살고 싶다든가, 더 재미있는 것을 배워 보고 싶다든가 하는 미래를 그리는 인지적 활동은 빚을 지지 않은 사람이라도 모두가 하고 있는 일이다. 그것은 오랜 시간에 걸쳐 인류가 축적해 온 공공재와 같은 것이다. 금융자본은 명백히 여기에 기생하고 있다. 이렇게 말해도 좋을까. 우리는 모두 지금의 공공재를 만드는 데 기여해 왔다. 사용료를 내놓아라. 그것이 기본소득이다. 게다가 채무자에게는 압도적인 강점이 있다. 이미 돈을 받았지 않았는가. 삼십육계, 도망쳐 버리면 된다. 물론 이것은 무척 어려운 일이다. 이 사회는 돈을 빌리고 갚지 않는 인간에게 몹시도 잔혹하다. 그래도 시도해야만 한다. 빌린 것을 갚지 말자. 그것은 우리가 이미 받았어야 할 돈이다. 전쟁은 이미 시작되었다.

대학생, 기계를 부수다
러다이트들

론
보

──────── 이것은 몇 년 전에 '1968년론'으로 쓴 것이다. 당시의 학생들은 어떤 생각으로 바리케이드 파업을 결행한 것일까. 누가 무슨 생각으로 무엇을 부수고 싶어 한 것일까. 이런 것을 생각하기 위한 일환으로 읽어 주면 좋겠다.

지금으로부터 200년 전, 영국에서 러다이트 운동이 일어났다.[32) 수공업자가 공장으로 몰려가 기계를 두들겨 부순 것이다. 산업혁명에 동반한 급격한 기계화. 그것은 수공업자의 일을 빼앗았을 뿐 아니라, 그들이 일에서 느끼는 기쁨과 자기존엄을 바스러뜨린 것이기도 했다. 공장 노동자들이 기계의 부품처럼 다루어지면서 인간다움은 티끌만큼도 남아 있지 않게 되었다. 기계화는 점점 더 가속화되었다. 많은 수공업자들은 간절히 바랐다. "좀 기다려 줘. 내가 어떻게 움직이는 것이 좋을지 좀 더 시간을 갖고 생각하게 해 줘." 그들은 공장의 기계를 부수는 것으로 기계화의 흐름을 멈춰 세웠다. 러다이트라는 단도직입적인 방식을 통해 자신들의 바람을 실현했다.

그로부터 150년 후, 세계 각지에서 제2의 러다이트 운동이 일어났다. 1960년대 후반, 공업화가 비약적으로 진전되고 사회 전체가 하나의 공장이 되기 시작했다. 공장에서 일하는 남성을 위해 여성에게는 가사가 떠맡겨지고, 공장에서 일하기 위해 학생들은 기술을 배워야 했고, 공장의 경영이 제대로 이루어지게 하기 위해 소비자는 소비를 강요당했다. 사회 전체가 하나의 공장이 되었다고 한다면 가정과 학교, 광고와 쇼핑가는 공장의 기계가 되었다고 할 수 있을 것이다. 급격한 기계화는 생활의 장에서 인간성을 빼앗아 버렸다. 게다가 심한 것은, 빼앗긴 측에게는 기계화의 시비를 물을 여유도 주어지지 않았다는 것. 그렇다면 한 번 더 러다이트를 일으켜 시간을 만들 수밖에 없다. 가정이라는 기계를 부수는 것, 학교라는 기계를 부수는 것, 소비라는 기계를 부수는 것. 일단 기계를 멈추고 천천히 생각해 보자. '어떻게 살아가야 하는가'를. 혹은 행동을 통해서 표현해 보자. '내가 살아가는 방법은 스스로 정한다'라고. 1960년대 후반, 각자의 방식으로 곳곳에서 무수한 러다이트가 일어났다.

덧붙이자면 제2의 러다이트 운동은 물건을 부수는 것에만 국한되지 않았다. 이미 그때의 공장은 이전의 공장과 달랐다. 기계가 물리적 기계로만 한정되지 않기 때문이다. 학교의 수업, 가정생활, 소비하는 것. 이런 기계를 멈추려면 도대체 어떻게 하면 되는 것일까. 여기에서 핵심은 문화적인 것에 있다. 문화적 표현에 집중하고, 일상에 불화를 일으키고, 지금까지와는 완전히 다른 일상을 상기시키는 것. 표현을 촉발하기 위해서 많은 사람이 모이고, 자유롭게 행동할 수 있는 해방구를 만들어 내는 것. 물론 쇼윈도를 두드려 부수거나, 차에 불을 지르는 일도 많았을

학생에게 임금을

것이다. 그러나 이 역시 물리적 폭력을 의미하는 것이 아니다. 오히려 이는 소비에 대한 분노를 불러일으키기 위한 것이었으며 여기에서 핵심은 그러한 분노를 표현한다는 데 있다. 그러면 구체적으로 어떤 일이 일어났던 것일까. 1960년대 말의 대학 파업. 그것은 대학이라는 기계를 러다이트하는 시도였으며 미증유의 규모로 일어난 문화적 표현의 실험장이었다. 대학 파업은, 제2의 러다이트 운동의 상징이다. 잠시 일본의 사례를 들어 이 운동의 가능성을 더 살펴보자.

시간을 멈추다

1960년대 말, 전국 각지에서 대학 파업이 연달아 일어났다. 끓어오르듯이 결성된 전공투. 학생들이 대학에 바리케이드를 치고 학교 내에 틀어박혔다. 대학에 따라 파업의 이유는 여러 가지다. 그러나 대학 파업의 근저에는 공유된 사상이 있었다.

지금 으스스한 한 강당에서 우리들은 생각하고 있다.

전 대학 바리케이드 봉쇄를.
도쿄대학의 철저한 '파괴'를.

전 대학 바리케이드 봉쇄의 의미는 그저 단순히 7개 항목의 관철을 목표로 한 전술적 압박은 결코 아니다. 지금의 사회를 근저에서부터 떠받치고 있는 고급관리 노동자 양성소로서의 도쿄대학의 존재 그 자체를 구체적으로 부정하는 것. 그리고 거기에 완전히 잠식된 우리들 일상성 그 자체를 완벽하게 부정하는 것. 그러한 행위를 의미한다. 힘을 다해 전학봉쇄로 돌격하자.[33]

이것은 1968년 11월, 도쿄대 전공투가 바리케이드 봉쇄를 선언했을 때의 문장이다. 문장 중에 등장하는 7개 항목은 대학운영 민주화를 위한 7개 요구항목을 말한다. "의학부 부당처분 백지철회, 기동대 도입, 자기비판·도입성명 철회, 청의연(청년의사연합)의 협력단체 인정, 문학부 부당처분 백지철회, 일체의 심사협력 중단, 1월 29일 이후의 모든 사태에 대한 처분 무효화. 이상을 대중소통의 장에서 문서로 확약하고 책임자는 책임지고 사퇴". 원래 도쿄대학의 파업이 결행된 것은 이 7개 항목을 위해서였다. 그러나 인용한 문장이 쓰여진 시점에서 파업의 목적은 변해갔다. 학생들의 관심은 "고급 관리 노동자 양성소로서의 도쿄대학"을 끝까지 추궁하는 것이었다. 당연하게도 도쿄대학에서 얌전하게 공부에 전념하면 대체로 출세의 계단에 오르는 것이 가능하다. 고급관료, 대기업임원 등 엘리트라 불리는 위치를 얻는 것도 불가능하지 않았다. 그러나 그것은 자신들이 자본주의 사회의 지배층이 된다는 것을 의미했다. 그걸로 괜찮은가. 혹은 그러한 자신을 부정해야만 하는 것은 아닐까. 도쿄대 학생들의 바리케이드에는 그런 생각이 담겨 있었다.

이런 이야기를 들으면 도쿄대학에서나 적절한 이야기라고 생각할

학생에게 임금을

지도 모른다. 그러나 기본적으로 다른 대학의 경우도 마찬가지였다. 물론 도쿄대 학생처럼 엘리트의 삶이 약속된 것은 아니었다. 그러나 그래도 대학교육을 받고 기업이 필요로 하는 능력을 익힐 수 있다면 출세의 길이 열린다. 게다가 1960년대 말이라면 마침 고도성장이 한창이던 때였다. 이대로 간다면 틀림없이 편안한 생활이 기다리고 있다. 그러나 그 배후에서 일본은 분명히 미국의 베트남 침공에 가담하고 있었고, 공업화의 결과로 농·어촌이 붕괴되어 갔고, 공해문제가 속출하고 있었다. 나의 '평화와 번영'을 위해서 다른 사람들이 희생해도 좋은 것인가. 인생의 정해진 경로에서 일단 내려와서, 자신이 살아갈 방법을 다시 생각해볼 필요가 있는 것은 아닐까. 적어도 그럴 시간만이라도 갖고 싶다. 당시 와세다대학의 학생이었던 츠무라 타카시(津村喬)는 이후 바리케이드의 의미를 돌아보며 다음과 같이 말하고 있다.

바리케이드라는 것은 기동대나 우익들이 들이닥치는 것에 대비한다는 것 이전에, 자신들에게 주어질 미래를 차단하기 위한 것이었다. '기다려, 우리들의 인생은 우리가 정하고 싶어'라고 말하고 싶었다고 할까. 그러려면 우선 수업을 그만둘 필요가 있었다. 모라토리엄이라고 할 수도 있겠다. 무언가 창조적인 판단중지로서 그것은 존재했다고 할까.[34]

바리케이드는 시간의 흐름을 차단하고 싶다는 학생들의 의사표현이었다. 대학에 틀어박혀 터무니없이 한가한 시간을 만들어 냈다. 거기서는 필연적으로 지금까지 말을 건네 보지도 않았던 학생들과 대화하는 일이 가능해졌고, 공동생활을 통한 신뢰관계가 키워졌다. 어깨를 걸고 기동대와 충돌하는 동안 학생들 사이에는 강렬한 연대의식이 싹텄다. 빈 교실을 이용해 토론회와 공부모임이 열리고 그래도 부족하면 스스로 수업 커리큘럼을 만들어서 자체적으로 강좌를 열었다. 자신들에게 바람직한 문화와 생활을 실험해 보는 것. 바리케이드에는 그러한 문화적 의미 부여가 강했다. 바리케이드는 시간을 멈추는 상징과 이미지, 그 자체였다.

그러나 니혼대학(日本大学) 전공투처럼 바리케이드의 물리적 강고함에 역점을 두는 곳도 있었다.

> 우리의 바리케이드는 지금까지의 학원투쟁(와세다대, 주오대, 메이지대 등)처럼 단지 책상과 의자를 쌓아올리는 간단한 것이 아니다. 책상과 의자를 엇갈려 쌓아올리고 짝을 맞추어서 다시 철사로 묶고 못을 박는 강고한 바리케이드이다. 그것은 문자 그대로 틈없이 책상과 의자로 메우는 것이다.[35]

다른 대학과 비교하여 니혼대학에서는 우익학생과 체육학과 학생들의 힘이 강했다고 한다. 대학에서 핸드마이크를 들고 비판적 발언을 하다가 맞기라도 하면 죽을 수도 있다. 이런 상황에서 바리케이드를 치고 대학과 맞섰던 것이다. 언제 우익학생이 습격할지 모른다. 그래서 니혼대학생들은 밖으로부터의 물리적 공격을 막아 낼 수 있는 바리케이드를 만들어야만 했다. 오싹하게 다가오는 긴장감. 주변에는 겨우 의자와 책상밖에 없다. 모두가 지혜를 모아 창의적 공사를 했다. 믿을 수 없을 정도로 견고한 바리케이드. 그것은 니혼대학 학생들의 필사적인 노력의 결과로 만들어진 것이었다. 실제로 니혼대생의 바리케이드는 우익학생을 격퇴한 적도 있다고 한다.

> 약 70명의 검은헬멧폭력집단(일본학생회의 등 반체제파 우익학생 그룹)은 화염 빔, 암모니아 약품을 사용해서 바리케이드를 태우려고까지 했다. 그 공격에 대해서 행동대 약 백 명을 중심으로 한 3백여 명의 학우는 바리케이드 '진지'를 쌓는 한편 유격전을 전개하여 그들을 모조리 분쇄했다. 검은 헬멧 한 사람을 포로로 잡기까지 했다.[36]

그렇다고는 해도 니혼대학 전공투의 강력함이 물리적 측면에만 그친 것은 아니었다. 원래 니혼대학에서는 우익학생의 폭력이 강해서 핸드마이크를 잡는 것도 하기 힘든 상황이었다. 그랬던 것이 바리케이드 이후 좋아하는 것을 내키는 때 말할 수 있게 되었고, 우익학생이 쳐들어와도 격퇴할 수 있게 되었다. 틀림없이 거기에 있는 자신은 이전과는 완전히 다른 자신이다. 자신은 어떤 것으로도 될 수 있다는 것. 긴장감 넘치는 속에서 필사적으로 지혜를 모아 바리케이드를 쌓는 행위에는 이러한 생각이 담겨져 있었다. 그리고 이렇게 생각해 보면 니혼대학의 학생들이 만든 바리케이드에는 다른 대학과 같은 특징이 있음을 알게 된다. 시간의 흐름을 일단 멈추고, 지금까지와는 다른 삶의 방식을 모색해 보는 것. 그것이 가능하다는 상상과 상징을 만들어 내는 것. 니혼대학 전공투는 그것을 물리적 강고함이라는 형태로 표현해 낸 것이다.

자신의 언어로 스스로 말하라

대학에서 핸드 마이크를 손에 들면 긴장감이 뻗쳐오른다. 이것은 니혼대학만의 이야기가 아니다. 예를 들어 와세다대학에서도 정치 분파에 속하지 않은 학생이 발언하기 위해서는, 혁명 마르크스파나 민청 같은 분파와 싸우면서 발언을 위한 장소를 확보해야만 했다. 유인물 한 장을 뿌리는 데도, 대자보를 붙이는 데도 똑같은 노력이 필요했다. 그런 것을 좋아하는 학생도 있을지 모르겠지만 보통은 싫어한다. 그러므로 일견 아무것도 아닌 것처럼 보이는 이 행위에도 학생 한 명 한 명의 강한 각오가 필요했다. 핸드마이크로 발언하는 것. 이것은 학생들의 자율의 표현이었다.

우리는 개인으로부터 출발한다. 일상으로부터 출발하는 나, 유일자로서의 자기존재와의 싸움을 다하는 것, 출발은 여기밖에 없다. 여기에는 어떤 당파 논리도 조직 논리도 없다. 우리는 자기 내부의 '언어'로 말하는 것으로부터 출발한다. 그것은 자기 존재를 반복해서 추구하는 싸움이며, 조직과 강령을 뛰어넘는 시점이 거기에서 비로소 생길 것이므로.
우리는 여기에 싸우는 동료들을 모아, 논쟁이 아니라, 스스로 말하지 못한 모순을 말하고 싶다고 생각한다. 비판이, 동의가, 각각의 언어로 말해질 때, 우리는 선동에 시를 불어넣는 것이 가능하다고 생각한다. 거기에서 자립에의 지향, 개인의 발상으로부터 비롯한 근본적인 싸움을 만들어 가 보자.[37]

학생에게 임금을

이것은 1969년 2월 7일, 와세다대 반전연합의 집회에서 뿌려졌던 유인물이다. 유인물을 통해 학생들이 원했던 것은 자신들의 언어를 스스로 말하는 것이었다. 발언 내용도 중요했을 것이다. 그러나 그 이상 중요한 것은 발언을 하는 것 자체였다. 조직의 언어가 아니라, 자신의 언어로 말하는 것. 이것이 전공투의 가장 중요한 점이었고, 그들이 표방한 반권력의 핵심이었다. 아무리 양심적인 정치 분파라 하더라도, 말해야 할 언어를 조직이 독점하고 구성원이 거기에 따르기만 한다면 어떤 방식의 권력 비판도 의미가 없다. 그것 자체가 하나의 지배질서이기 때문이다.

물론 좌파의 문제만이 아니었다. 앞서 언급했던 츠무라 다카시는 전공투가 상대로 한 권력은 '언어의 질서'였다고 말한 바 있다. 1960년대 말, 산업계는 이미 포스트 공업화 사회에로의 이행을 시사하고 있었고 지식과 정보, 즉 언어를 어떻게 관리할까를 과제로 하게 되었다. 예를 들어 전공투를 '폭도' 취급한 것은 대학당국과 경찰만이 아니었다. 그것은 정보조작을 하는 매스컴의 힘이었다. 또 사람들이 소비에 몰려가게 된 것도, 일본이 물질적으로 풍부해졌기 때문이 아니라, 매스컴과 광고에 의해 그것이 당연하게 여겨졌기 때문이다.

포스트 공업화는 대학에도 영향을 미쳤다. 정보기술의 개발과 지적 중간층의 육성. 당시 많은 대학이 '산학협동'을 내걸었는데, 그것은 대학을 지식산업의 거점으로 삼겠다는 것을 의미한다. 물론 교육이 상품으로서의 성격을 높여가면 교원이 지적 상품을 생산하고 학생은 그저 그것을 소비하는 것이 되므로, 양자의 틈은 더 벌어지기만 한다. 극히 일부의 전문가가 언어를 독점하고 일방적으로 정보를 전달하게 된다. 그래서는 안 된다는 뜻으로, 학생들은 '자기교육'으로 그것에 맞서고자 했다.

직업혁명가를 따라간다고 한들, 오물수거자나 부두의 노동자를 따라
간다고 한들, 상징적이라 하더라도 교단(敎壇)이 남아 있는 한, 교육하
는 자와 교육받는 자의 분리를 지양하려고 의식적으로 추구하지 않는
한, 그것은 컵 속의 폭풍에 지나지 않는다. 반대학운동은 따라서 그 한
형태로 강연회를 조직한다고 하더라도, 무언가 다른 양식을 차츰 탐구
하지 않으면 안 된다. 그 다른 양식이란 잘 가르치는 것이 아니라 무언
가 회전장치를 만드는 것, 듣는 자, 보는 자의 자기교육을 환기시키는
연극적 스타일의 가능성 같은 것이다.[38)]

대학에서는 교육하는 자와 교육받는 자가 확실하게 구분되어 있다.
그것은 생산자와 소비자의 구분이었고, 연극으로 예를 들자면 배우와 관
객의 구분이었다. 포스트 공업화가 양자의 틈을 더 벌려 일방적인 정보
전달을 촉진해 왔다면 일단 그것과 단절하여 '자기교육'의 회로를 만드
는 것, 대학에서 수동적인 소비자이기만 했던 학생들이 좋아하는 것을
좋은 대로 표현해 보는 것이다. 예를 들어 학생들이 자신들의 수업 커리
큘럼을 짜고, 자신들이 받고 싶은 수업을 열어 본다. 내용이 좌파적인지
어떤지는 중요하지 않다. 자신들이 배우고 싶은 것, 자신들이 전달하고
싶은 것을 스스로 꾸려가 본다. 학생들은 이러한 자주강좌의 시도를 통
해 대학의 지적 생산은 교수의 전용 특권이 아니라 학생들도 수행할 수
있다는 것을 표현한 것이다.

그러나 학생들의 지적 생산은, 문자 그대로의 교육에만 한정되어 있지는 않았다. 바리케이드는 그곳에 모인 학생들의 지혜와 상상력의 산물이었으며 핸드마이크로 연설하는 것도 유인물과 대자보로 대학을 뒤덮은 것도 학생들의 지적 실천의 하나였다. 그 밖에도 예를 들자면 한이 없지만, 여기서는 한두 개 유니크한 표현 방법을 소개해 보자. 예를 들어 낙서는 학생들이 사용하는 표현의 상투적 수단이었다.

연대를 구하며, 고립을 두려워하지 않는다.
반대하는 것이야말로 올바른 도리이다.
제국대학 해체
모두의 위에 우리의 세계를
투쟁이냐옹*
혁명이시다.
멈추지 말아요 엄마, 등 뒤의 은행나무**가 울고 있어.
투혼불멸!

대학 파업이 한창인 때, 학생들은 대학의 여기저기에 낙서를 했다. 그때까지 대학의 한 설비에 지나지 않았던 교문, 건물의 벽, 콘크리트 담벼락, 학장실의 문이 갑자기 학생들의 표현의 장으로 변했다. '언어의 질

● 원문은 냐로메(ニャロメ). 냐로메는 아카츠카 후지로(赤塚不二郎)의 만화 「も一れつア太郎」에 등장하는 고양이 캐릭터.
●● 은행나무는 도쿄대학의 상징.

서'를 상징했던 대학이 학생들의 무질서하고 무수한 표현으로 넘쳐흘렀다.

1968년 당시, 무사시노 미술대학(武藏野美術大学)에 있었던 토이 주가츠(戶井十月)는 이후에 낙서에 대해서 다음과 같이 말하고 있다.

낙서의 편리한 점은, 그 신출귀몰성과 익명성에 있다. 대단한 도구도 필요 없고, 언제 어디서든 그려 넣을 수 있고, 서명을 남겨 책임을 질 필요도 없다. 그리고 일단 그것이 그려지면 누군가의 손에 의해 지워질 때까지 영원히 자력으로 메시지를 흘려보낸다. 이 무책임과 편리가 평범한 사람을 한 사람의 표현자로 발전시키는 결정적인 계기를 만들었던 것이다.[39]

낙서는 언제 어디서든, 누구에게도 가능한 표현이었다. 문장과 그림을 작성하는 능력이 한 줌의 소설가와 시인, 예술가에게 전유되어 왔다면, 그것을 평범한 사람들이 멋대로 사용해 버리는 것. 학생 한 사람 한 사람이 표현자가 되고, 좋아하는 표현을 마음대로 해 버리는 것. 낙서는 바리케이드, 유인물, 대자보, 확성기와 마찬가지로 자신의 언어로 스스로 말하겠다는 학생들의 강한 의지 표현이었다. 포스트 공업화 사회가 '언어의 질서'를 토대로 하고 있다면, 낙서하는 표현자들은 그것을 무너뜨리는 것만을 생각하고 있었던 것이다.

또 하나, 헬멧을 예로 들어 보고 싶다. 1960년대 말의 학생 반란이라고 하면, 대체로 헬멧을 쓰고 복면을 한 학생들을 떠올린다. 말할 것도 없이 헬멧은 머리를 보호하는 장비이다. 그러나 아무리 좋은 헬멧이라하더라도 한두 번 타격을 가하면 부서져 버린다. 그러므로 아무것도 쓰지 않는 것보다야 낫지만, 역시 물리적 방어라는 측면에서는 한계가 있다. 오히려 학생들이 헬멧에 이끌렸던 것은 문화적 측면에서였고, '여차하면 실력행동도 불사한다'는 의사 표시를 하고 싶었던 것이다.

더욱 재미있는 것은 헬멧이 학생들의 영웅적인 각오를 보여 준 것뿐만 아니라, 학생 한 사람 한 사람의 개성을 표현하고 서로의 존재를 확인하는 의사소통의 도구였다는 점에 있다.

예를 들어 학생들은 자신들의 헬멧에 색을 칠하고, 문자를 새겨 넣는 것으로 자신들의 정체성을 보여 주려고 했다. 정치 분파로 말하자면 흰 헬멧은 중핵파(中核)*, Z마크는 혁명 마르파**, 청색 헬멧은 사청동해방파(社青同解放派)**, 낫과 망치는 제4인터파**, 검은 헬멧은 무당파 등등. 게다가 처음에는 이러한 특정한 정치 분파에 한정되지 않고, 학생 한 사람 한 사람이 궁리를 짜내서 자기 나름의 헬멧을 쓰고 데모나 집회에 나타났다고 한다.

지금에 와서 헬멧은 특정한 분파 학생들의 전매특허처럼 되었고, 한명 한 명의 개성이나 의지보다 집단으로서의 힘을 기호화하는 것처럼 되어 버렸지만 1968년에서 1970년 무렵에 그것은 실로 다양한 개성을

● 혁명적 공산주의자동맹 전국위원회.
●● 일본혁명적공산주의자동맹 혁명적 마르크스주의파.
⦚ 일본사회주의 청년동맹 해방파.
⦚⦚ 제4인터내셔널.

표현하는 소도구로 존재했다.

핑크 물방울 모양이 있는가 하면, 검정 바탕에 고양이가 춤추고 있는 것도 있었다. 아메요코의 상점가 근처에서 산 독일군의 철모에 검은 칠을 해서 쓰고 있는 고등학생도 있었고, 오토바이용 헬멧에 석쇠를 붙인 데모 부대도 있었다. 은색의 헬멧 부대가 눈에 들어오면 '니혼대학 예술투쟁위원회 일당들이다'라고 박수를 보내고, 본 적도 없는 색의 헬멧 부대가 지나가면 '저건 어느 대학 놈들이야?'라고 옆 사람에게 묻기도 했다. 거기서 의사소통이 생겨나고 정보가 전달되었다.

또 한 개의 헬멧을 나이프로 깎아서, 몇 층이고 겹쳐진 스프레이 페인트 단층을 보는 것으로, 그 주인이 어떤 운동적 경과를 거쳤는지, 그 헬멧이 어떤 인간들의 손을 거쳐 왔는지를 알 수 있었다.

여러 기호를 내포한 실로 편리한 도구이며, 사람들은 거기다 자신만의 기호—메시지를 담으려고 했다. 그리고 그러한 무수히 많은 헬멧이 각각 신호를 보내고 무언의 메시지가 집회장과 거리를 날아다녔다. 한편으로는 수습할 수 없는 혼돈 그 자체의 풍경이었으나 그것들이 모이고 융합하여 하나의 거대한 메시지를 거리를 향해 발사한 것도 또한 사실이다.

이 제각각의 무질서한 에너지와 표현이, 우리들의 우선적인 힘이고 가능성이었다고 생각한다.[40]

학생들은 끓어오르는 표현에의 욕구를 헬멧을 통해서 그대로 드러내려고 했다. 보통 데모나 집회가 열려도, 거기 있는 모든 사람이 연설을 하거나 구호를 외치거나 하지는 않는다. 대체로 떠드는 것은 단체의 대표자들뿐이다. 대학에서든 가두에서든 '언어의 질서'는 어디에나 존재한다. 그러나 한번 헬멧을 써 보면 상황은 달라진다. 아무 말 없지만, 그러나 저마다의 생각을 담은 메시지가 그 자리에 난무한다. 제멋대로에 무질서한 에너지와 표현. 학생들은 '언어의 질서'를 넘어서 자신들이 있는 장소에서 무질서의 질서를 창출하려고 했다.

대학생, 기계를 부수다

좀 더 문맥을 넓혀 보자. 당시 전공투의 대학 파업에 영향을 주었다고 말해지는 것이 제1, 2차 하네다(羽田) 투쟁*, 사세보(佐世保) 엔터프라이즈 기항 저지 투쟁**, 오우지(王子) 야전병원 반대 투쟁이었다. 특히 오우지 야전병원 반대 투쟁은 격렬한 폭동 상태였던 것으로 널리 알려져 있다.[41] 1968년 초, 도쿄도 북구 오우지는 배트남전 반대의 주요 무대가 되고 있었다. 당시 미국은 베트남 전쟁의 부상병을 일본에서 치료하기 위한 병원을 오우지에 개설하려고 했다. 여기에 반대하기 위해 전학련과 반전청년위원회는 수천 명을 끌고 데모와 가두시위를 반복했다. 헬

● 일본의 베트남전쟁 지원에 반대하여 신좌파의 각 당파가 하네다(羽田) 공항에서 사토 에이사쿠(佐藤榮作) 당시 수상의 출국을 저지한 사건. 1967년 10월 8일 베트남 방문에 반대한 것을 1차 투쟁, 1967년 11월, 12월 미국 방문에 반대한 것을 2차 투쟁이라 부른다.
●● 1968년 1월 미국 해군 원자력 항공모함 엔터프라이즈가 사세보항에 기항하는 것에 반대하여 일어난 투쟁.

멧을 쓰고 각목을 든 학생들이 기동대와 충돌을 일으켰다. 오우지의 지역 시민이 충격을 받았던 것은 상상하기 어렵지 않다.

거기다 반전청년위원회는 '반전'을 축으로 만들어진 청년 노동자 네트워크였다.[42] 이 네트워크의 특징은 청년 한 사람 한 사람의 자율성에 무게를 두고 있었다는 점이다. 직장에서는 기업주의 지배가 철저했고 노동자의 자유는 거의 통하지 않았다. 또 노동조합에서는 하향식 지휘계통이 존재했다. 말단의 청년노동자에게 자유는 없다. 노동조합의 데모에 참가하는 일이 있어도, 그것은 어디까지나 조직운동이었고 그저 형식적인 것일 뿐이었다. 그러나 데모에 나갈지 말지를 스스로 결정하고 싶고 어떤 행동을 할지도 스스로 결정하고 싶었다.

반전 청년위원회는 이러한 자유에의 갈망에서 만들어졌다고 해도 좋다. 물론 청년위원회가 말을 듣지 않았으므로 조합 집행부가 좋아할 리 없었다. 기동대와 싸우다 체포자라도 나오면 강한 비난을 받았을 것이다. 그러므로 청년 노동자가 반전청년위원회로 가두에 나오는 것은 그 나름의 각오가 필요한 일이었다. 전공투의 핸드마이크와 마찬가지로, 청년 노동자가 가두에 등장하는 것은 그것만으로 자율성을 표현하는 것이었다.

그래서 당초 오우지에 나타난 학생과 청년 노동자는 매스컴에서 내보낸 '폭도' 이미지가 강했고, 지역 시민들은 이들을 매우 두려워했다. 그러나 일단 기동대와 충돌하는 장면을 목격하면서 그 정도로 폭도는 아니라는 것을 알게 되었다. 오히려 기동대의 폭력이 두드러지면서 보고 있던 사람들은 '저렇게까지 하다니'라고 비난의 목소리를 높이게 되었다. 데모가 반복될 때마다 '순수한 정의감'을 느끼게 하는 학생들은 공감을

학생에게 임금을

얻었고 시민들의 호의를 불러일으켰다. 한 달이 지나자 학생 편에 선 구경꾼들이 경관을 향해 돌을 던지기 시작했다.[43] 지금은 믿을 수 없는 일이지만, 전학련 학생들이 각목을 들고 기동대를 향해 돌진하면 구경꾼들은 "가라, 가라" 하면서 뒤에서 기동대를 향해 돌을 던졌다고 한다. 그리고 4월 1일 밤, 오우지는 마침내 폭동 상태가 되고 말았다.

경찰차가 불타오르고 있는데 소방차도 오지 않았다. 파출소에서 캐비닛을 들고 나와 서류에 불을 질렀다. 미군 오우지 병원 가까이의 북구 오우지 혼쵸(本町) 주변은 1일 밤 몇 시간 동안 대혼란 상태였다. 여러 무리가 뒤엉켜 야마타니(山谷), 가마가사키(釜ヶ崎) 폭동처럼 진행되기까지 했다. (중략) 모여든 군중의 상당수는 '반경찰적' 움직임을 보였고 학생 이외에 16명이 체포되었다. 무리는 소동으로 인해 늘어가기만 했다. 이날 밤도 일시적으로는 약 2천 명에 이르렀다. 샐러리맨 차림, 동저고리 바람의 중년 남성, 아이를 업고 아이의 손을 잡은 게다 차림의 주부, 젊은 아가씨, 일반 학생 등 정말로 가지각색. 게다가 군중들은 호기심에 들떠 여기저기 몰려다녔다. 학생들은 이 군중들을 방패막이로 이용했다. 경찰들은 "손을 쓸 수 없다"고 한탄했다.[44]

이것은 다음 날 아사히 신문의 기사이다. 대략 2천 명의 군중이 속속 모습을 드러냈다. 그들은 경찰에게 돌을 던지고 경찰차에 불을 지르고 파출소를 파괴시켰다. 한번 불이 붙은 군중의 소동은 어떻게 해도 가라앉지 않았다. 당시 주로 베트남 평련('베트남에 평화를!' 시민연합)으로 활동했던 이노우에 스미오(井上澄夫)는 당시의 모습을 다음과 같이 회상하고 있다.

최초에 우리가 주민이라면 주민, 노동자라면 노동자 등에 놀랐던 것은 오우지 야전병원 철거투쟁 때였지요. 생선가게 형님이나 스시집 형님들이 속속 나와서, 기동대가 눈앞에 늘어서 있는데 말이지, 보도블럭을 팡팡 깨는 거야. 엄청 큰 애만 한 돌을 만들어서 기동대의 2, 3미터 앞에까지 가서 두랄루민 방패를 노리고 던지는 거야. 학생들은 이런 식으로는 하지 않잖아. 이건 뭐지 하고 생각했어. 이 생명력은. 뭐 자포자기라면 자포자기였을 수도 있지만.(웃음)[45]

이 회상을 읽으면 알 수 있다. 오우지 야전병원 반대 투쟁이 반전운동의 틀을 넘었다는 것을. 이미 가두투쟁의 목적은 베트남 전쟁에 반대하는 것이 아니게 되었다. 폭동에 참가한 군중에게 있어서 중요한 것은 정치 내용이 아니었다. 그들은 경찰에게 돌을 던지는 것이 재미있었으니, 투석 자체가 목적이었던 것이다. 회상에도 생선가게나 스시집의 형님들이 나오고 있지만 그 밖에도 동네 공장의 젊은 노동자들, 불량소년들이 '재밌어, 재밌어'라고 떠들어 대면서 경찰에게 돌을 던졌다는 이야기도 있다. 반전청년위원회의 멤버들도 그랬지만 보통의 젊은이들은 직장과 학교의 규칙에 얽매여 스스로 무엇을 생각하고 자유롭게 행동할 여지를 거의 가질 수 없었다. 집으로 돌아가도 마찬가지였다. 애써 돈을 벌어도 노는 데 쓸 시간이 거의 없다. 할 수 있는 거라고 한다면 기업이 제공하는 레저에나 참여하고, 쓸데없이 물건을 사는 것 정도. 직장일과 사생활

학생에게 임금을

에 이르기까지, 무엇이든 처음부터 결정되어 있었다.

젊은이들은 언제 어디서나 질서를 따라야만 했으며 거리를 걷고 있어도 수동적인 소비자, 관객일 뿐이었다. 눈앞에서 헬멧을 쓴 학생들이 경찰을 노리고 돌진하고 있다. 심장이 뛰지 않을 리 없다. 우선 마음껏 돌을 던져 보자. 표적은 질서의 상징인 경찰이다. 재밌다. 더구나 전학련 같이 질서 있는 움직임은 재미가 없다. 생각나는 대로 돌을 던지는 것, 질서를 따르는 것이 아니라, 오히려 무질서의 질서를 창출하는 것. 폭동은 자신을 속박하고 있던 질서를 때려 부수고 싶다는, 자신의 것은 자신이 하고 싶다는 젊은이들의 자기표현이었다. 그리고 그렇게 생각하면 이 폭동이 전공투에 준 영향을 쉽게 상상할 수 있다. 가두와 마찬가지로, 대학도 또 하나의 도시공간이다. 그것이 지배에 점유되어 있었다 한다면, 학생이 해야만 할 일은 명백하다. 대학을 폭동상태로 끌어들이는 것. 있는 대로 모든 자기표현을 행하는 것. 대학 파업은 그러한 도시적 실천 중 하나였다.[46]

노동자가 최초의 전복을 시도한 이후, 오늘날 자본주의의 풍족함은 오히려 좌절 국면을 맞고 있다. 서구 노동자의 반조합적 투쟁이 우선 무엇보다도 노동조합에 의해 진압당하고 젊은이들의 반항적 운동이 무정형의 모습으로 분출하고 있다. 그 최초의 항의의 목소리 속에는 전문화된 낡은 정치에 대한 거부, 예술과 일상생활에 대한 거부가 직접 포함되어 있었다. 거기에는 범죄의 양상하에 개시된 새로운 자발적 투쟁의 두 가지 면이 있다는 것을 알 수 있다. 그것은 계급사회에 대한 프롤

레타리아트의 제2공격의 전조이다. 아직 움직이지 않고 있는 이 부대의 미아들이, 변했지만 그럼에도 불구하고 그대로인 전장에 다시 모습을 드러낼 때, 그들은 새로운 '러드 장군'의 지시에 따를 것이다. 이 장군은 이번에는 허용된 소비의 기계를 파괴하라고 그들을 보낼 것이다.[47]

이것은 1967년 출판된 기 드보르(Guy Debord)의 『스펙타클 사회』에서 인용한 것이다. 글 중에 등장하는 '러드 장군'은 러다이트 운동의 전설적 지도자인 네드 러드(Ned Rudd)를 말한다. 예전의 러다이트는 공장의 기계를 파괴했다. 그러나 지금은 사회 전체가 하나의 공장이며 예술도 교육도, 일상생활 전체가 공장의 기계가 되었다. 우리는 지금 '소비의 기계'를 파괴하지 않으면 안 된다. 또 생산의 장에서는 노동조합조차도 공장의 일부가 되어, 임금 인상을 대가로 경영자에 협력하고 있다. 이미 노동조합도 기계일 뿐이고, 노동자가 파괴해야만 할 대상이 되었다. 그러므로 지금 필요한 것은 생산에서 소비에 이르는 모든 생활 영역에서, 제2의 러다이트 운동을 시작하는 것이다. 이러한 드보르의 관점이 파리 5월혁명의 선구가 되었다는 것은 분명하다. 유럽뿐만 아니라 일본도 포함한 세계 공통의 사고방식이었다는 것은 쉽게 짐작할 수 있다.

전 세계의 학생이 대학이라는 기계를 러다이트하려고 했다. 학생은 샐러리맨이 될 운명이고 거기에 이견을 달 여지조차도 주어져 있지 않다. 그렇다면 대학에 바리케이드를 펼치고 수업을 멈추어도 되지 않을까. 멈추고 천천히 생각한다. 자신은 어떻게 살고 싶은가, 자신에게 필요한 지식은 무엇인가, 자신이 생각하고 있는 것을 어떻게 표현하면 좋을

학생에게 임금을

까. 바리케이드로 차단된 공간 안에서 학생들은 자신들의 표현을 폭발시켰다. 자주강좌, 확성기, 낙서, 대자보, 헬멧. 자신이 듣고 싶은 수업을 자신이 개설하고 말하고 싶은 것을 말하고 그리고 싶은 것을 그리며 좋을 대로 자기 꼴을 만든다. 학생들은 그 표현을 통해서 자신의 것은 자신이 결정할 수 있는, 자신은 위대하다는 것을 진심으로 느낀 것이다. 대학 파업은 학생들의 온 힘을 다한 문화적 표현이며 스스로 자율을 만들어 낸 극히 정치적인 행위였다.

정치적이라 하면, 정당과 노동조합, 압력단체를 떠올리게 될지도 모른다. 확실히 그들의 조직이 하고 있는 것이 정치이다. 그러나 그것은 이상적 정치 목표를 향해 사람들을 동원하는 정치이다. 올바른 지도자가 그 밖의 많은 사람들을 이끄는 것. 대학의 권위적 구조와 마찬가지로, '가르치고/이끄는' 쪽과 '배우고/이끌리는' 쪽 사이에는 명확한 계급이 존재한다. 그것은 지배질서임에 틀림없고, 결코 받아들일 수 없다. 신구 좌파의 분파이든 아니든, 우수한 지도자가 있어도 상관이 없다. 자신의 언어로 스스로 말한다. 그저 탁월한 언어에 따르는 것이 아니라, 백의, 천의, 만의, 언어를 자유롭게 만들어 가는 것. 내용이든 표현이든 얽매이는 것은 아무것도 없다. 학생들은 자유롭게 행동하고, 그 행동을 통해 자기 존재감과 자율의 감각을 얻으려 해 왔다. 대학 파업은 조직 정치를 부정하고 완전히 다른 정치적인 것을 만들어 내려 했다.

그렇다고는 해도, 대학 파업이 계속 이러한 논리로만 움직인 것은 아니었다. 파업이 길어짐에 따라 학생들의 피로는 점점 늘어갔다. 스스로 생각하고 그것을 제대로 표현하는 데 집중하는 것은 정말로 어려운 일이었다. 조직에 몸을 맡겨 버리는 것이 편하지 않을까 하고 생각하게 된다. 그건 그렇다. 지쳐 버린 끝에 어떻게 하면 좋을지 모르게 되었을 때, 조직은 자신들과 함께 혁명을 일으키자고, 국가권력을 탈취하면 세계의 모순을 전부 해결할 수 있다고 자신만만하게 이야기해 왔으므로. 예를 들어 니혼대학 전공투에서도 시간이 흐름에 따라 조직의 정치가 강해졌다. 대학 파업이 이기지 못한 것은 무엇 때문인가, 국가의 압력이 움직이고 있었기 때문이다. 그렇다면 우선은 전국적인 정치 투쟁을 조직하여 국가권력을 탈취하지 않으면 안 된다는 논리였을 것이다. 정신을 차렸을 때 대학 파업은 이미 그 본래의 의미를 잃어가고 있었다. 문화적 표현이 더 큰 정치의 한 부분밖에 되지 않았던 것이다.[48]

어쨌든 세계적으로 보아도 1960년대 말의 대학 파업이 그 후의 사회운동을 앞서 이끌었다는 것은 사실이다. 우먼 리브, 에콜로지 운동, 주민운동, 코뮌 운동, 노동자 자주관리 등등 일상생활에 침투한 공업화의 메커니즘을 일단 멈추고 완전히 다른 삶의 방식을 모색하는 것. 이러한 운동이 지향했던 것은 대학 파업과 다르지 않다. 러다이트. 물론 사회의 공장화는 멈출 수 없고, 현시점에서 본다면 오히려 더 진행되고 있다고 해도 좋을 것이다. 일상생활에 대해 말하자면, 벗과 대화하고, 연애를 하고, 독서를 하는 것이, 직업으로 서비스를 하는 능력과 직결되게 되었다. 대학도 지금에 와서는 완전히 취직예비학교가 되었고, 대학 그 자체도 지적 상품을 만들어 내는 거대기업이 되었다. 그러나 이러한 현상에 처해 있다 하더라도 제2의 러다이트 운동이 무의미하다고는 할 수 없다. 잘 생각해 보면, 이 운동이 시작된 지 아직 50년밖에 되지 않았기 때문

학생에게 임금을

이다. 우리들 일상을 둘러싸고 있는 기계가 더 교활하고 거대해졌다면, 우리들은 더욱 적절한 러다이트를 일으키면 된다. 다시 또다시 무수한 러다이트를. 한 번 더 대학을 멈추고, 문화적 표현을 해 나가면 된다. 이미 미국과 유럽에서는 학생들이 행동을 개시하고 있다. 대학생, 기계를 부수다. 새로운 러다이트는 이제 막 시작되었다.

4장

불온한 대학

학비와 장학금 문제는, 그저 돈의 문제에 그치는 것이 아니다. 그것은 대학의 수업 내용은 물론 학생 개개인의 생활까지 큰 폭으로 변화시켜 왔다. 분명히 말하면 학생도 교수도 돈 때문에 또는 취직 때문에 자유롭게 생각하고 그것을 행동으로 옮길 기회를 빼앗겨 왔다. 이 장에서는 그 과정을 검토해 보려고 한다.

> 대학을 졸업하고도 돈을 갖기 위해 싫어도 일을 계속할 수밖에 없다. 빌린 것을 갚지 않는 것은 부도덕한 일이고, 그래서는 사람 취급을 받지 못하기 때문이다.

1970년대부터 수업료 인상이 시작되었고, 대학교육은 지적 상품이라는 성격을 강화해 왔다. 상품의 가치는 더 좋은 자리에 취직할 수 있느냐 마느냐에 달려 있다. 학생은 지적 상품을 구입하고 자기

단련에 매진해야만 한다. 본래 인간의 지적 활동에는 한계가 없지만, 인지적 노동은 지적 활동을 한정시켜 버린다. 자유로운 의사에 따른 활동이 없는 건 아니지만 돈이 될지 말지가 그 활동을 제한하는 것은 확실하다. 취직을 위한 자기 단련. 거기서 보람을 느끼는 사람이 있을 수도 있다. 그러나 대부분의 사람은 그런 바보 같은 것을 하고 싶지 않아 하고 한다고 하더라도 취직을 위한 명분일 뿐이라고 생각할 것이다. 그래도 할 수밖에 없다. 왜냐하면 빚이 있기 때문이다. 수업료 인상과 함께, 장학금 사업이 확대되었다. 확대라고 해도 이자가 붙는 대출이 늘어난 것뿐이다. 대학을 졸업하고도 돈을 갚기 위해 싫어도 일을 계속할 수밖에 없다. 빌린 것을 갚지 않는 것은 부도덕한 일이고 그래서는 사람 취급을 받지 못하기 때문이다. 장학금을 빌리지 않았다 하더라도, 사회인이 되어 차와 집을 사기 위해 대출을 받았다면 마찬가지다. 장학금은 분명 이 둘과 함께 일본의 3대 대출 중 하나이다.

인지적 노동과 부채는 멀지도 가깝지도 않게 호응해 왔다. 이것이 대학의 '병리적 분위기'를 조성하고 있다. 물론 갑자기 대학이 그런 분위기에 둘러싸인 것은 아니다. 1980년대부터, 학비와 장학금, 즉 돈을 중심으로 한 몇 개의 대학 개혁이 수행되고 그것이 현재의 이상한 대학을 만드는 치명타로 작용했다. 그 개혁의 핵심은 대략 다음과 같은 다섯 가지이다.

①대학의 취직예비학교화
②대학원 중점화 정책
③국공립 대학의 민영화

④교직원의 비정규화

⑤학생의 자치활동 규제

　대학은 비싼 수업료에 맞는 교육을 제공해야만 한다. 구체적으로는 기업의 경제활동에 도움이 되는 지식을 제공하고 학생의 취직활동을 지원해야 한다는 요구가 있었다. 대학원도 마찬가지다. 고도의 지식을 가진 노동자를 많이 키워 내야만 한다. 또 대학은 인지적 활동을 수행하는 하나의 기업이며 채산성을 중시하는 것이 당연해졌다. 국공립대학의 공적 성격이 그것을 방해한다면 그런 것은 파괴해야만 한다. 국공립대학뿐 아니라 채산이 맞지 않는 학문이 있다면 그런 것은 없애 버려야 마땅하다. 고용의 방식도 마찬가지다. 비정규 고용이 바람직하다. 매번 학생의 다양한 필요에 대응하는 교육이 요구되므로 거기에 따라 교원도 얼마든지 갈아 넣을 수 있어야 한다. 또 학생도 같은 논리에 따라야만 한다. 대학은 더 좋은 서비스를 제공하는 공간이며, 그 이미지를 훼손하는 자유분방함은 단속되어야 한다. 동아리 활동과 자치 기숙사 등 학생은 자신들의 자치 공간, 학생 모두의 공간을 만들고 싶어하지만 그것은 옳지 않다. 대학은 한 기업의 사적 공간이다. 학생의 자치활동 같은 것은 어떻게 되어도 상관없다. 어쨌거나 학생은 좋은 기업에 취직하여 대학의 기업 이미지를 높여 주면 그만이다. 그래야 매해 학생들을 끌어모아 떼돈을 벌 수 있게 될 것이다. 그러나 이런 대학개혁이 진행되면 진행될수록 대학은 '병리적 분위기'로 좀먹어 갔다.

　다음은 1980년대 이후의 대학개혁을 보도록 하자.

1984년 8월, 국회에서 임시교육심의회 설치 법안이 만들어져서 임시교육심의회가 설치되었다. 그때까지 교육개혁이라 하면 문부대신의 자문기관인 중앙교육심의회가 중심이었지만, 전혀 개혁이 진행되지 않았다. 그래서 당시 수상이었던 나카소네 야스히로(中曾根康弘)는 기다리다 지친 나머지 내각 직속으로 심의회를 만들고 자신의 리더십을 바탕으로 개혁을 단행하고자 했다. 그리고 1987년 9월, 이 임시교육심의회의 답신을 받은 문부성은 대학심의회를 설치했다. 여기서부터 1970년 이래 논의되었던 대학개혁이 실행되기 시작한다.

우선 1991년, 대학심의회는 '대학교육의 개선에 대하여'라는 답신을 내었다. 이 답신을 받아서 대학설립 기준의 규정완화가 진행되었다. 규정완화라고 하면 무엇을 의미하는지 잘 와 닿지 않을지도 모르겠다. 간단히 말하면 대학설립 기준이 개정된다는 것이다. 그 내용은 다음과 같다.

①일반교양과목과 전공과목의 구분 규칙 폐지
②일반교양 내의 과목(인문·사회·자연·언어·체육) 구분 규제의 폐지

원래 전후의 대학 시스템은 일반교양과목과 전공과목으로 구분되어, 복수 단위의 기준도 국가가 일률적으로 정해 왔다. 대학 쪽에서 보면 정말로 산업계가 원하는 전공과목만을 개설하고 싶었지만 국가가 정한 기준 때문에 그렇게 할 수 없었다. 게다가 무엇을 반드시 해야 한다는 이념으로 과목 구분이 된 것이 아니어서, 일반교양은 이과 학생을 포함하여 반드시 알아 두어야 할 교양이라는 정도의 의미밖에 없었다. 그래서 종래

의 과목 구분 규제는 획일적이며 실효성 없는 교육 시스템의 상징으로 간주되었다. 게다가 이미 1970년대부터 일반교양 폐지론이 나오고 있었다.

그러나 주의해야만 하는 것은 1970년대와 1990년대는 폐지의 이유가 달랐다는 것이다. 1970년대, 과목 구분 폐지가 대두된 것은 산업계가 전문인력 양성을 요구하고 있었기 때문이다. 당시 대학에 요구되었던 것은 관료와 변호사, 중간관리직, 중견기술자 등 일정한 자율성을 가진 특정 분야의 전문가를 키우는 것이었다. 그때부터 이미 '개성존중'이라는 용어는 사용되고 있었으나 교육내용은 어디까지나 전문지식의 부여가 중심이었다.

그에 반해 1990년대 들어서면서는 '혁신적인 사고, 의사소통능력'과 같은 부분을 더욱 중시하게 되었다. 인지자본주의가 널리 퍼짐에 따라 특정 전문지식만이 아니라 한 명 한 명의 개성과 창조력을 살려서 일하는 방식이 요구되었던 것이다. 여기에 대응하여 대학에서도 전공과목이 아니라 교양과목이 중시되게 되었다. 게다가 종래의 교양과는 다르게 시장경쟁을 전제로 한 '새로운 교양'이 필요하게 되었다. 2002년이 되면, 중앙교육심의회는 '새로운 시대의 교양교육의 존재방식에 대해서'라는 답신을 내어, '새로운 교양'이란 무엇인가를 확실히 부각시켰다.

① 주체적인 인간으로서 자립하는 힘, 새로운 시대에 창조적으로 임하는 행동력, 타인의 입장에 서는 상상력
② 세계화에 동반되는 타문화 이해와 그것을 위한 어학능력
③ 과학기술에 대한 이해와 그 기술에 관한 윤리적 판단력

④국어능력으로서의 고전적 교양

⑤올바른 문장작법을 바탕으로 하는 글쓰기

요컨대 '새로운 교양'은 인간의 인지능력이다. 노골적으로 말해 보자면 기업의 경제활동에 도움이 되는 '문제해결능력', '정보처리능력', '의사소통능력'이라고 말할 수 있을 것이다. 예를 들어 문제해결능력은 취업계획과 인턴십, 현장실습을 통한 직업관 육성이며 정보처리능력은 컴퓨터 프로그램 활용능력이고 의사소통능력은 기업에서 쓸 직한 실용영어와 올바른 문장작법 등을 의미했다. 1991년의 대학설립 기준의 규정완화를 계기로 하여, 대학은 인지자본주의에 적응한 기관으로 변화한 것이다.

대학원 중점화 정책은 '박사 실업 문제', '고학력 워킹 푸어' 등의 문제를 일으키게 되었다. 대학원을 졸업한 박사학위자가 많아진들 대학에 교원 자리가 늘지 않으면 결국 미취업자 수만 늘어나는 게 당연하다.

1991년, 대학심의회는 규정 완화를 발표한 바로 그해에 '대학원의 정비충실에 대해서', '대학원의 양적 정비에 대해서'라는 답신을 발표했다. 이른바 대학원 중점화 정책이다. 원래 대학원의 양적 확대는 1986년의 임시교육심의회·제2차 답신에서 시사된 바 있고, 그후 천천히 대학원 입학자 수가 증가해 왔다. 1991년 답신은 그것을 한층 더 밀어붙여서, 2000년까지 대학원생 수를 두 배로 늘린다고 하는 것이었다. 실제로 이 두 개의 답신을 따라 대학원생 수는 차츰 증가했다. 1985년 시점에서 7만 명이었던 것이 2006년에는 26만 명을 넘어섰다. 20년간 대학원생 수가 네 배 가까이 증가한 것이다.

도대체 왜 이렇게까지 대학원이 확대되어야만 했던 것일까. 대략 답신은 다음의 4가지를 이유로 들고 있다.

①학술연구의 비약적 발전에 따른 창조적 연구자의 수요 확대
②기업에서의 고도의 전문직업인 수요 확대
③해외로부터의 유학생 유입 증가
④학부생과의 비율로 보았을 때 대학원생 수가 적음

요컨대 이공계의 우수한 연구자를 육성하는 것, 신기술의 개발과 특허 획득을 위한 것, 그리고 기업이 대학원생 수준의 고도의 전문능력을 필요로 하고 있다는 것이 이유였다. 물론 기업의 수요라고 해도 이렇다 할 기준은 없고 '기업의 인재 수요는 수량적으로 명확하게 파악하는 것은 불가능'함에도 불구하고 대학심의회는 대학원 확대를 지시하였다. 이것을 받아 문부성은 '대학원의 교육 시스템을 개선하면 그 대학에는 예산을 25퍼센트 늘려 준다'고 공언한 것이다.

바로 행동에 들어간 것은 도쿄대학교 법학부였다. 도쿄대학 법학부는 전 교원을 대학원의 교원으로 이동시키고 대학원의 교원이 학부의 교원을 겸임하는 형식을 택했다. 지금까지 대학은 학부가 중심이었고 대

학원은 그 부속물에 지나지 않았으나 그 관계를 역전시킨 것이다. 이것을 보고 다른 대학도 예산 획득을 위해 도쿄대학과 마찬가지로 서둘러 대학 재편을 시행했다. 대학원을 확대 개편하지 않으면 국가로부터 보조금과 연구비를 받을 수 없다. 그러나 개혁을 해도 정원이 차지 않으면 문부성으로부터 평가를 받을 수 없었기 때문에 2차 모집을 하고 사회인 입학을 장려하는 등 강제로 학생 수를 늘려 갔다. 많은 대학이 확대된 규모에 맞게 대학원생을 입학시켰으리라는 것을 상상하기 어렵지 않다.

그러나 결국 대학원 중점화 정책은 '박사 실업 문제', '고학력 워킹 푸어' 등의 문제를 일으키게 되었다. 대학원을 졸업한 박사학위자가 많아진들 대학에 교원 자리가 늘지 않으면 결국 미취업자 수만 늘어나는 게 당연하다. 현재 이공계의 포스트 닥터(임시직 박사연구원)와 문과계의 시간강사들을 합치면 대략 4만 1천 명에 이른다. 거기에 프리터가 된 박사 취득자 수는 그 몇 배에 이른다고 한다.

실제로 1996년에는 이 문제에 대응하기 위해서 '포스트 닥터 등 1만 인 지원 계획(포스트닥 1만인 계획)'이라는 것이 나오기도 했다. 이것은 제1기 과학기술 기본계획의 일환으로 '젊은 연구자의 양성, 확대를 꾀한다'는 것을 목적으로 한 계획이었다. 그 중심이 된 것은 일본학술진흥회의 특별연구원 제도였는데, 이 제도의 규모 확대를 통해 문제를 해결하려 했던 것이다. 특별원구원에는 몇 개의 종류가 있다. 예를 들어 PD라고 불리는 박사학위 취득자를 대상으로 한 사업에 채용되면, 박사과정 재학자에게는 월 20만 엔 정도, 박사학위 취득자는 월 36만 엔 정도, 그리고 연간 150만 엔 이하의 연구비가 지급된다(2008년). 그러나 그 혜택를 입는 것은 매년 정말 몇 퍼센트밖에 되지 않고, 3년 또는 5년으로 임기가 정해져 있으므로 결국 그 후에는 프리터로 돌아갈 수밖에 없다. 솔직하게 말해서, '포스트 닥터 1만인 계획'은 많은 대학원생과 포스트 닥터에게까지 지원되지 못했으며 근본 문제를 해결하는 것과도 거리가 멀었다.

그 후 대학개혁은 2001년 4월 성립된 고이즈미 준이치로(小泉純一郎) 내각에 의해 급전개되었다. '구조개혁'을 내걸었던 이 내각은 다케나카 헤이조우(竹中平藏) 경제재정 담당대신 주최로 경제재정 자문회의를 열어, 국공립대학의 개혁을 토론에 붙였다. 종래의 대학심의회라는 틀을 넘어서, 국공립대학의 법인화를 추진하기에까지 이른 것이다. 여기에서는 큰 사회문제가 되었던 도쿄도립대학의 법인화를 예로 들어 보도록 하자.

2003년 국립대학과 마찬가지로 공립대학의 법인화 법안이 통과했다. 이에 따라 도쿄도는 도립대학의 법인화에 착수하기 시작했다. 이시하라 신타로(石原慎太郎) 도지사의 지나친 행보 탓도 있었지만 도립대학의 법인화는 학생부터 교원, 도민까지 매우 폭넓은 층의 반발을 불러일으켰다. 발단은 2003년 8월 1일, 정례기자회견 발표였다. 이날 이시하라는 갑자기 "새로운 도립대학의 구상에 대해서"라는 방침을 내놓았다. 이 구상은 도쿄도립대학, 도쿄과학기술단기대학, 도립보건과학대학, 도립단기대학의 4개 대학을 폐지하고 새로운 대학(도쿄슈토대학*)을 만든다는 것, 구 도립대학의 각 학부와 도립과학기술단기대학의 일부를 교양학

● 원문은 슈토다이가쿠 도쿄(首都大学 東京).

학생에게 임금을

부로 재편하여 도시환경학부, 시스템디자인학부, 보건복지학부를 설치한다는 것이었다. 당시 도립대학 총장조차 기자회견 한 시간 전에 이 새로운 방침을 들었다고 하니, 이시하라의 일방적 통지였다고 할 수 있다. 그때까지 도립대학은 긴 시간에 걸쳐 도쿄도의 대학관리본부와 상담을 이어 오면서 '대학개혁대강(大学改革大綱)'을 준비하고 있었다. 그러나 이시하라는 이 개혁안조차 한순간에 파기하고 상명하달식으로 4개 대학의 폐지와 새 대학의 형태를 결정해 버렸다.

더 심각한 것은 이 방침의 진행 방식이었다. 도쿄도는 당시 4개 대학의 모든 교원으로부터 대학관리본부가 내놓는 제안에 따를 것이며 그것을 절대로 입밖에 내지 않을 것을 약속하는 동의서를 받았다. 이에 따라 도쿄도는 교원들이 대학개혁을 비판하는 것을 봉쇄했고 거기다 그것이 교원들 자신의 의사였다는 모양새를 갖춘 것이다. 이대로만 되었다면 도쿄도는 어떤 간섭도 없이 대학개혁을 수행할 수 있었을 것이다. 그러나 이러한 진행 방식에 대한 도립대학의 반발이 있었고 2003년 10월 7일에는 총장이 대표하여 '새로운 대학 설립 준비 체제의 조속한 재구축을 요구한다'는 항의 성명을 발표했다. 2004년 1월 27일에는 도립대학의 의사결정 기관이었던 평의회가 '새로운 대학 교육과정 편성에 관련한 책임과 권한에 대해서'라는 항의성명을 발표했다. 두 번째 성명을 잠시 보도록 하자.

새로운 대학은 실질적으로는 현 대학의 전면적 개조·전환임에도 불구하고 현 대학의 의사결정기관인 평의회, 교수회의 논의를 거치지 않은 채 교육과정 재편 등의 작업이 진행되었다. 더더욱 큰 문제는 교원

조직이 그 교육적 책임을 행하는 데 장애가 될 여러 제도들이 현 대학과 무관하게 구체화되고 있다는 것이다. 이는 명백히 대학교원조직의 권한을 침해하는 것은 물론 대학으로서의 교육적 책임을 방기하는 것으로 매우 우려스럽다.

대학개혁을 진행시키면서 도쿄도가 대학 관계자의 의견을 전혀 듣지 않고 있었음을 알 수 있다. 이 개혁에서 도쿄도가 중시하고 있었던 것은 어디까지나 산업진흥에의 공헌과 경영효율이었다. 구체적으로 실용교육의 중시와 채산에 맞지 않는 분야의 폐지였다. 도쿄슈토대학(首都大学)에서 구상된 도시환경학부와 시스템디자인학부, 보건복지학부는 틀림없이 이런 면이 의식된 것일 터이며 여러 학부를 도시교양학부로 재편한 것도 인문계의 채산이 맞지 않는 과목을 없앤다는 의미가 있었을 것이다. 당초부터 이시하라는 재편 시점에서 도립대학 중에서도 인문학부, 특히 외국어학과는 '채산에 맞지 않다', '도움이 되지 않는다'고 하여 눈엣가시로 여겼다. 학생 수에 비해 어학교원의 수는 너무 많고, 애초에 실용어학 이외에는 필요 없다고 간주되었던 것이다. 그러나 실제로 외국어학과의 교원이 많았던 것은 그들이 전체 학부의 어학을 맡고 있었기 때문이었다. 또 실용어학이라고 해도 10년 후, 20년 후, 어떤 나라의 언어가 '실용적'이 될지는 알 수 없다. 그런데도 지금 다양하게 존재하고 있는 어학의 기초연구를 없애 버리면 미래의 실용어학의 가능성조차 잘라내 버리는 것이 될 수 있다. 그러나 이러한 반대의견에 대해서 이시하라는 "프랑스어는 숫자를 셀 수 없는 단어이므로 국제어로서 실격이라고 생각한다. 이

학생에게 임금을

런 것에 매달려 있는 사람들은 반대를 위한 반대를 하고 있다. 가소롭기 짝이 없다"라고 말했다. 횡설수설이라고밖에 생각되지 않지만 이런 주장을 기반으로 하여 2005년 4월 마침내 도쿄슈토대학은 개교를 단행했다.

> 이는 대학을 취직전문학교로 만든다는 것, 기업을 위한 인재육성에 더욱 기여하는 대학을 만든다는 것을 말한다. 그러기 위해서는 기업의 경제활동에 불필요한 과목을 없애 가야만 했다.

2004년, 국립대학 법인화에 착수하면서 사이타마대학(埼玉大学)은 놀라운 방침을 내놓았다. 2006년까지 영어 이외의 과목을 맡은 시간강사를 약 60퍼센트 줄인다는 것이었다. 특히 1, 2학년의 인문계 과목과 독일어, 프랑스어 등의 제2외국어가 축소의 대상이 되었다. 시간강사란 아르바이트로 수업을 하는 교원들을 말한다. 한 강좌당 시급 환산으로 임금을 받으며, 전임교원과 똑같은 수업을 하고 있지만 연수입이 200만 엔을 넘지 못한다. 이러한 노동형태는 다른 비정규 노동과 마찬가지로 1980년대부터 서서히 늘기 시작하여 현재는 전국 평균 대학수업의 약 40퍼센트를 시간강사가 담당하고 있다.

그런데 당시 사이타마대학의 다스미 미스오(田隅三生) 학장은 당초 시간강사의 대규모 해고는 문부성에서 지급되는 예산이 2억 4천 5백만 엔에서 1억 6천만 엔으로 줄었기 때문이라고 말했다. 그리고 그 예산으로 운영할 수 있는 것은 필수과목인 영어뿐이며 그 외의 외국어는 없애야만 한다는 것이었다. 그러나 시간강사 노동조합이 다른 건으로 문부성을 방문해 직접 확인한 바 그것은 완전히 거짓말이었다. 국립대학에 지급되는 시간강사 예산은 종래와 같이 배분되어 있었던 것이다. 그러면 이 차액은 어디에 사용된 것일까. 2004년 9월 1일 다스미 학장은 그 돈의 용도를 스스로 드러내었다. 그는 지금까지의 주장을 번복하여 '특색 있는 대학'을 만들기 위한 경비가 들기 때문에 시간강사를 대량 해고해야 했다고 말한 것이다.

특색 있는 대학 만들기. 간단히 말하면 이는 대학을 취직전문학교로 만든다는 것, 기업을 위한 인재육성에 더욱 기여하는 대학을 만든다는 것을 말한다. 그러기 위해서는 기업의 경제활동에 불필요한 과목을 없애 가야만 했다. 예를 들어 어학에 관해서라면 실용영어만 하게 하면 된다. 프랑스어, 독일어 등의 제2외국어는 취직활동에 도움이 되지 않으므로 없애 버린다. 그리고 거기서 남는 돈으로 컴퓨터 등의 설비를 구비한다. 학생들은 수업에서 정보처리를 배우고 또 컴퓨터를 이용하여 토익 등의 시험에 대비한다. 19세기에서 20세기에 걸쳐 공장노동자가 기계설비의 근대화에 의해 해고되었는데 지금은 대학교원이 대학의 설비투자 때문에 대량 해고당하게 되었다.

대학 시간강사의 실태에 대해서 조금 더 보기로 하자.[49] 시간강사는 몇 개의 대학에 겹치기로 출강하고 있으므로 그 실제 수를 가늠하기가 어렵다. 대체로 전국에 2만 6천 명 정도 된다고 추정하고 있다. 앞서 전국 대학 수업의 약 40퍼센트를 시간강사들이 담당하고 있다고 했는데 수도권만 보면 60퍼센트 가까이나 된다. 평균 연령은 45.3세, 여성 비율이 55퍼센트로, 평균 3.2개교에 출강하고 있으며 90분 수업을 주당 약 9.2강좌 맡고 있다. 시간강사만으로는 수입이 적어서 입시학원이나 보습학원, 전문학교에서 아르바이트를 하는 사람도 적지 않다. 그들은 일일 평균 2.5시간을 통근시간으로 쓰면서 몇 개의 대학을 돌아다니고 있다. 물론 단지 수업만을 하는 것이 아니라, 수업준비와 수업 후의 대응도 해야 하므로 거기에 주당 3시간 이상을 쓰고 있다.

시간강사의 노동환경은 다른 비정규 노동과 마찬가지로 열악하고 불안정하다. 한 강좌당 월급은 2만 엔 정도, 평균 연 수입은 306만 엔, 44퍼센트의 강사가 연 수입 250만 엔 미만이다. 고용기간은 일 년간으로 다음 해에도 수업이 있을지 없을지는 연말까지 알 수 없다. 또 수업을 하다가 수업을 배정받지 못한 경험이 있는 자는 대략 50퍼센트에 이른다. 그러나 이렇게 열악한 환경임에도 불구하고 시간강사는 계속 늘고 있다. 왜 그럴까. 그 배경에는 대학원생이라는 대체 가능한 노동력이 존재하고 있다. 대학원 중점화 때문에 26만 명까지 늘어난 대학원생. 그들은 스승인 대학교수의 잡무를 무임금으로 감당하는 것에 익숙해져 있으며 거기다 대학원생 수가 급증함에 따라 전임교원의 자리는 좀처럼 얻기 힘들다. 가진 것은 학비를 내기 위해 빌린 수백만 엔의 장학금 대출뿐이다. 그런 그들이 조금이라도 연구에 관련된 일을 하려면 어떻게 해야 할까. 시간강사가 되는 것. 대학원생이라는 교원예비군의 존재를 지렛대로 삼아 대학교원의 고용유연화는 단숨에 진행되었다고 말할 수 있다.

학생들의 지적 활동은 적어도 단기적으로 보았을 때는 기업에 도움이 되지 않았다. 게다가 대학은 이제 잠재적 비즈니스 공간이자 설비투자에 따라 거액의 부를 생산하는 부동산이 되었다. 그런데 학생들이 그런 공간을 멋대로 점유하고 자신들의 방이라고 우겨대며 눌러앉아 있다.

1990년대 초반부터 대학의 인지자본주의화가 급격히 진행되었다. 대학의 교육 내용이 상업적이 되고, 컴퓨터와 실용영어, 자격시험대책을 위한 강좌가 넘쳐났다. 어떤 대학이든 '매력 있는 대학'이라 자칭하며 기업의 경영자와 각계의 저명인을 불러 비즈니스 강좌를 열기 시작했다. 캠퍼스의 외관도 급변하여 오래된 건물이 헐려 나가고, 거대한 새 건물이 세워졌다. 대학의 캠퍼스라 하면 무수한 유인물과 덕지덕지 붙은 대자보들, 지저분한 몰골을 한 학생이 확성기를 들고 연설을 하고 있는 광경 등 아마도 지금부터 10년 이전에 대학을 다닌 사람들이라면 이런 잡다하고 어수선한 이미지를 떠올릴 것이다. 그러나 지금의 대학생은 반짝반짝 윤이 나는 건물과 곳곳에 설치된 감시카메라가 있는 이미지를 먼저 떠올리게 될 것이다. 사회인이 된 졸업생들이 오랜만에 대학을 방문한다 해도 자신이 다니고 있는 회사와 크게 다르지 않은 이런 풍경뿐, 모교의 옛 모습은 만날 수 없을 것이다.

일견 대학 캠퍼스가 깨끗해진 것은 좋은 일이라 여길지도 모른다. 그러나 문제는 그 외관과 함께 학생생활도 변했다는 것에 있다. 원래 대학이 유인물과 크고 작은 대자보로 넘쳐났던 것은 학생이 동아리 같은 자치 활동을 하고 있었기 때문이다. 학생은 동아리 활동을 통해 서로 깊이 교류하고, 예술과 음악에 빠져들기도 하고, 독서회와 토론회를 열기도 하고, 혹은 술을 마시고 연애를 하는 장소를 스스로 만들어 왔다. 1장에서 대학은 어디에도 속박되지 않고 멋대로 지적 활동을 해 가는 곳이라고 했거니와, 솔직히 말해서 학생의 자치활동이야말로 대학을 만들어 온 것이라 할 수 있다.

그러나 '매력 있는 대학'을 목표로 한 대학당국이 보기에 학생의 자치활동은 눈에 거슬리기만 할 뿐이었다. 아무리 대학 측이 지적 상품을 늘어놓아도 많은 학생들은 수업은 듣지 않고 자기들 나름의 지적 활동이나 하고 있었다. 그리고 그 학생들의 지적 활동은 적어도 단기적으로 보았을 때는 기업에 도움이 되지 않았다. 게다가 대학은 이제 잠재적 비즈니스 공간이자 설비투자에 따라 거액의 부를 생산하는 부동산이 되었다. 그런데 학생들이 그런 공간을 멋대로 점유하고 자신들의 방이라고 우겨대며 눌러앉아 있다. 그러므로 대학당국은 캠퍼스의 외관을 깨끗이 하는 것과 함께 이 성가신 존재를 정화해야만 했다.

일례로 와세다대학의 동아리방 철거 문제를 들어 보자. 와세다대학에는 예전부터 캠퍼스 내에 동아리방과 학생휴게실 등의 활동공간이 제법 많이 있었다. 예를 들어 니시 와세다(西早稲田) 캠퍼스(현재 와세다 캠퍼스)에는 1호관, 3호관, 6호관, 8호관, 11호관 등 각 건물의 지하와 최상층에 방이 있었고 그것을 30년 가까이 동아리 단체가 사용해 왔다. 동아리들은 연합하여 협의회를 만들어서 실질적으로 자체 관리해 왔다. 관리라 해서 뭔가 어려운 일을 하는 것은 아니다. 개별 동아리들 공통의 문제를 합의제로 토론하고 방화나 도난 같은 문제 처리, 각 건물을 관리하는 학부와 교섭을 한다든지 하는 정도였다. 캠퍼스 내에서 이뤄지는 자유롭고 활달한 학생들의 문화활동은 그에 기반한 것이었다.

사적으로 말하면, 나는 1988년 4월에 지금까지 자란 오와리(尾張)의 농촌을 뒤로하고, 청운의 뜻을 품고 상기되어 와세다대학에 입학했습니다. 대학에 들어와 우선 놀란 것은 자유가 넘치는 캠퍼스 분위기와 학생들이 뿜어내는 활기였습니다. 수많은 유인물과 대자보 들, 휴대용 메가폰으로 선전활동을 하는 좌익 학생이 있는가 하면 동인지 좌판을 차린 학생, 댄스파티 입장권을 파는 날라리 학생, 극단 공연 광고지를 나눠주는 연극 청년 등 여러 학생이 제각각 자기표현과 자기주장을 반복하고 있었습니다. 관리교육이 엄하다고 알려진 현에서 교육을 받아 왔기 때문에 이런 대학의 분위기에 압도되었습니다. 대학에 들어오자마자 자유로운 공기를 가슴 가득 들이마셨다는 기분이 들었으므로 다시 처음에 말한 격언(도시의 공기는 자유롭게 한다)[50]을 생각했습니다. 그리고 당시의 내 마음에서는 무심코 "대학의 공기는 나를 자유롭게 한다"라는 겉멋 든 말이 튀어나오기도 했습니다. 선배와 동급생 들의 독특한 행동에 자극받으면서 진짜 '관리받는 아이'였던 내가 대학의 공기에 의해 '자유'로워졌다고 말해도 과언이 아닙니다.[51]

좀 길게 인용했지만, 당시 와세다대학의 분위기를 아주 잘 알 수 있다. 학생의 자치활동은 분명히 대학이 해야만 할 일을 하고 있었다. 그러

학생에게 임금을

나 관리통제가 통하지 않는 학생의 자유를 대학당국은 달가워하지 않았다. 1995년이 되면 당시 총장이었던 오쿠시마 타카야스(奧島孝康)는 '교육활동 관련 시설과 과외활동 관련 시설의 분리'를 내걸어 대학의 캠퍼스 내와 그 주변에 있던 모든 동아리방들을 봉쇄하고 새로 건축한 '신학생회관'으로 강제 이전한다고 발표했다. 당사자인 학생들과는 어떤 의논도 없는, 완벽한 일방적 통지였다.

신학생회관은 방 하나하나가 좁을 뿐 아니라 대학이 공인한 동아리만 입주할 수 있었고 1년마다 갱신해야 하는 의무도 붙어 있었다. 또 대학당국의 방침에 조금이라도 어긋나면 사죄문을 제출해야 했는데 거부하면 다음 해부터는 사용이 금지되었다고 한다. 게다가 학내에는 여러 대의 감시 카메라가 설치되어 있었고, 카드 키로 출입기록까지 관리되었다. 요컨대 철저한 감시 체제하에서 지금까지와 같은 학생자치는 일체 부정당하게 된 것이다. 그래서 그때까지 학내에 독자 공간을 갖고 있었던 다수의 단체는 강하게 항의했지만 대학당국은 전혀 들은 척을 하지 않았고 그대로 신학생회관으로의 강제 이전을 결정해 버렸다. 이전에 사용하던 동아리방 사용 정지기간은 2001년 7월 31일로 정해졌다. 이때까지 학내에서는 줄기차게 반대운동이 전개되었다.

이에 대해서 대학당국은 학생의 자치활동을 엄격하게 관리한다는 방침을 세웠다. 예를 들면 당시 전국에서도 최대 규모의 학원축제였던 와세다제(早稻田祭)가 중지되었고, 이후 2002년까지 6년간 열리지 못했다. 문학부에서는 확성기를 든 정보 선전활동이 일체 금지당했다. 또 이즈음 와세다 캠퍼스에는 14호관이 새로 건설되고 있었는데, 학생들의 공간 점유를 막는다는 명목으로 휴게실 같은 공유 공간을 전혀 설치하지 않았다. 이 때문에 학생들은 자연발생적으로 작은 교류의 장들을 만들었으나 그것조차도 경비원에 의해 쫓겨나고 있는 상황이었다.

그동안 대학당국은 계속해서 '정체불명의 학외자 집단을 배제하는 것'이라고 호소했다. 동아리 활동에는 위험한 학외자가 잔뜩 섞여 들게 되므로 그들을 학내에서 쫓아내기 위해 보안을 강화하고 있을 뿐이라고 선전하고 있었던 것이다. 그러나 당연하게도 이런 명분이 학생들에게 통할 리가 없었다.

사실 동아리 구성원의 사회적 속성은 다종다양하다. 졸업생·중퇴자·제적자·실업자·타대생·재수생 등등. 그렇기 때문에 와세다대학 동아리 문화는 음악·연극·영화 등 다종다양한 분야에서 대학의 틀을 넘는 풍부한 성과를 남겨 왔다. 와세다생인지 아닌지를 새삼스레 강조하여, '학외자' 캠페인을 학내외에 흘려보내는 대학당국의 몰상식한 자세는 (와세다) 문화 체계에 대한 개입이며 파괴임에 틀림없다.[52]

원래 와세다대학의 동아리 문화가 알차고 풍부했던 것은 대학의 틀을 넘어 폭넓은 교류를 가져왔기 때문이었다. 감히 말하자면 학외자야말로 동아리 문화의, 와세다 문화의 지주였다고도 할 수 있다. 당시 오쿠시마 총장은 '자유활달한 와세다 문화'를 만든다고 하면서, 그것을 위해 '열린 캠퍼스', '에코 캠퍼스'를 실현하자고 반복해서 말하고 있었다. 그러나 '열린'이란 기업과 경찰, 경비회사에 대한 것이었을 뿐, 자유롭게 교류하고자 하는 학생들에 대한 것은 아니었다. 또 '에코'라는 것은 여러 학생의 생각을 포함한 대학 환경이 아니라 비즈니스 환경이라는 의미에 지나지 않았다. 대학당국의 방침이 '자유활달'이 아니라 오히려 그것을 압살하는 것이었을 뿐임은 누가 보아도 명백했다.

'동아리방 사용정지 기한'인 2001년 7월 31일이 가까워 오고, 다수의 동아리들과 졸업생 단체가 연일 밤낮으로 대학 캠퍼스에서 동아리방 철거 반대 심포지엄, 토론회, 밤샘 파티 등을 열었다. 이때 학내의 대학 교원은 물론이고 학외의 문화인과 정치인 들의 대학당국을 비난하는 목소리가 높았다. 그런 기세에 패닉을 일으킨 것일까. 당시 학생부 사무부장이 오오쿠마 동상 앞에서 열린 밤샘 파티 현장에 승용차를 몰고 들어간 사건도 있었다. 그리고 7월 31일 당일이 되자, 약 3천 명이나 되는 학생, 교원, 지원자가 와세다대학에 모여 동아리방을 강제봉쇄하려고 하는 교직원, 경비원과 대치했다. 결국 이날은 동아리방을 지킬 수 있었지만, 다음 날부터 여름방학이기도 해서 학생 수가 줄었고 결국 8월 10일, 모든 동아리방이 강제로 봉쇄되었다. 이후 와세다대학은 캠퍼스 내의 감시체제를 더욱 강화해 나가게 되었다.

딱 그맘 때, 도쿄대학에서는 일본 최대의 자치 기숙사로 불렸던 코마바 기숙사가 폐쇄되었다. 코마바 기숙사의 건물은 구 제1고등학교 자치 기숙사를 계승한 것으로 그것만으로 60년 이상의 역사를 가진 전통적인 자치 기숙사였다. 그러나 1991년 10월 9일, 도쿄대학 교양학부는 임시교수회를 열고 갑자기 코마바 기숙사의 폐쇄를 결정했다. 미타카(三鷹) 기숙사를 증축하고 새로 미타카 국제학생숙사를 만들어서 거기에 모든 기숙사생을 이동시킨다는 계획이 당사자인 학생과의 협의도 없이 일방적으로 결정된 것이다. 마침 1988년 미타카 기숙사가 대장성 관동재무국에 의해 '불효율 이용 국유지'로 지정되었던 모양이다. 요컨대 미타카 기숙사 부지가 효율적으로 사용되지 않고 있으므로 이대로라면 그 국유지를 몰수한다고 위협당했다. 그래서 대학 측은 부동산을 지키기 위해서 미타카 구상이라는 것을 내놓고 학생 기숙사를 미타카로 일원화하려고 했던 것이다.

그러나 코마바 기숙사 폐쇄에는 그 이상의 의미가 있었다. 원래 학생 기숙사의 의의는 학비 무상과 지급형 장학금과 함께 교육의 기회균등을 실현하는 것이었다. 주거비와 교통비를 되도록 싸게 하여 학생의 경제부담을 덜어 준다. 예를 들어 1997년 당시 코마바 기숙사의 경우 대학에서 가까우므로 교통비가 들지 않고, 매월 주거비는 5천 엔만 내면 되었다. 이에 비해서 미타카 기숙사는 주거비만도 매월 2만 엔이 들고, 교통비도 2천 2백 엔이나 들었다. 또 수도·광열비도 코마바 기숙사에서는 반액을 학부가 내고 나머지 반액은 기숙사 자치회가 부담하는 형식이었다. 원래 코마바 기숙사에서는 수도·광열비가 모두 학부 부담이었으나 1984년에 수익자부담이 강조되어 반액 부담이 강행되어 버렸다. 그래도 최소한의 교육의 기회균등이라는 이념은 지켜졌다고 할 수 있을 것이다. 이에 비해 미타카 기숙사에서는 전액 학생 부담이 되었고 그것도 개인이 선불카드로 지불하는 형식이어서 잔고가 없으면 수도도 전기도 자동적으로 끊겨 버렸다고 한다. 전력회사나 가스회사만 해도 어지간해 끊기는 일이 없는데도 말이다.

코마바 기숙사의 또 하나의 특징은 자치 기숙사이므로 당연한 일이지만 자치관리였다. 코마바 기숙사의 관리 운영은 모두 코마바 기숙사 자치회가 맡아서 진행했다. 일정한 규칙을 토대로 기숙생을 선발하고 재정관리로부터 전단 제작이나 기숙사 행사에 이르기까지 학생들이 토론해서 실행하는 구조가 만들어져 있었다. 또 자치관리는 이러한 제도 면뿐 아니라 일상적인 기숙사생 간의 교류에서도 관철되었다. 방은 기본적으로 합숙이었고 흡연할 것인지 금연할 것인지 무엇을 공용물로 할까 등 어떤 방으로 만들지를 같은 방을 쓰는 동료들끼리 의논하여 결정했다. 합숙으로 공동생활을 하면서 기숙사생은 민주주의의 감각을 익혀갔다고 생각할 수 있다. 이에 비해 미타카 기숙사에서는 전부 개인실이었으므로 공동생활의 경험을 할 수가 없었다. 이러한 점을 포함해서 코마바 기숙사 자치회는 대학 측에 다음과 같이 항의했다.

학부 당국은 합숙은 시대적 요구에 맞지 않다고 간단하게 주장하고 있습니다만 학생 기숙사는 단순한 아파트가 아닙니다. 생활과 떨어지지 않은 곳에서 민주주의를 실천해 갈 가능성을 차단해 버리는 것은 학생 기숙사에는 매우 마이너스가 되는 일입니다.[53]

이러한 논의를 전제로 하여 기숙사생들은 대학 측에 더욱 압력을 가하기 위해 1993년 11월 19일, 폐쇄 반대 학생 파업을 벌였다. 4일 후인 23일에는 코마바 기숙사로 문학부 졸업생인 가토 토키코(加藤登紀子)를 초청하여 '코마바 기숙사 존속을 생각하는 콘서트'를 열었다. 이때 참가자는 4천 명을 넘었고, 이를 계기로 코마바 기숙사 문제가 학내외에 알려지게 되었다고 한다. 그러나 대학 측은 기숙사생들의 이의를 듣지 않았고, 1995년에는 기숙사생 모집 정지를 고시했다. 물론 기숙사생 측은 이것을 받아들이지 않았고 전 학생 투표로 70퍼센트의 찬성을 얻어 '기숙사 존속 또는 학내 기숙사 건설'을 비준하여 1996년 이후에도 기숙사생을 모집한다고 결정했다.

이에 대해 1996년 4월 1일, 대학 측은 폐쇄를 선언하고 실력행사에 돌입했다. 다음 날 교직원들을 코마바 기숙사에 보내서 '불법점거' 학생들을 협박하고 빈방을 봉쇄하고 기숙사의 유리창을 두들겨 깼다. 마치 야쿠자 같았다. 4월 8일에는 기숙사생의 생존선이었던 가스와 전기를 끊었다. 1997년 2월에는 대학 측이 기숙사생과 기숙사 자치회를 상대로 기숙사 명도를 요구하는 반처분 신청을 도쿄지방재판소에 냈다. 기숙사생들은 자가발전을 개시하는 등 끈질기게 버텼으나 2000년 3월 28일, 도쿄지방재판소는 대학 측의 청구를 인정하고 기숙사생에게 코마바 기숙사를 비워 주라고 명하는 판결을 냈다. 이것을 받아 2001년 5월 31일, 도쿄지방재판소로부터 강제집행 결정이 내려졌고 8월 22일 기숙사생들은 교직원과 경비원에 의해 강제로 끌려 나갔다.

이로써 긴 역사를 가진 코마바 기숙사가 문을 닫았다. 와세다대학의 동아리방 철거와 마찬가지로 학생자치 활동이 대학으로부터 배제된 일례라고 할 수 있을 것이다.

> 애초에 학생이 놀면 안 될 이유라는 게 없지 않은가. 20세 전후의 학생이 놀지 않는다면 누가 언제 어디서 논단 말인가. 확실히 말해 두고 싶다. 대학은 놀기 위한 장소라고.

1980년대 이후의 대학개혁으로 오늘의 대학은 완전히 '병리적 분위기'에 휩싸여 있다. 어떻게 해야 할까. 나는 그 답을 내리는 것은 의외로 학생들이 아닐까 생각하고 있다. 최근 수년 동안 나는 학생들로부터 많은 것을 배웠다. 그것을 소개해 보려고 한다.

어느 날 대학의 수업료를 무료로 해야 한다는 이야기에 대학교원을 하고 있던 친구가 이렇게 말했다.

"어차피 학생은 놀기만 하는 존재들이잖아. 왜 그런 녀석들에게 돈을 줘야만 한다는 거지?"

공부도 하지 않는 학생들에게 소중한 세금을 쓰다니 말도 안 된다는 비판이다. 나는 평소 부드러운 성격이지만 가까운 친구였고 게다가 술을 마시며 이야기를 하고 있었기 때문에 '이놈 봐라' 하는 생각으로 들이받아 버렸다. 파르르 떨며 목청껏 대들었지만 안타깝게도 내 친구들은 대부분 나보다 머리가 좋다. 그때는 마음껏 토론한 끝에 완전히 져서 울먹이면서 집으로 돌아갔던 기억이 있다. 하지만 돌이켜 생각해도 납득할 수 없어 결국 혼잣말 분풀이를 하는 수밖에 없다. "모두 꺼져 버려!"

"요즘 젊은 놈들은 놀 줄만 알지 생각이 없다"라고 푸념하는 어른들이 많은데 친구가 했던 말도 같은 말이다. 물론 대학에 진학하지 않았거나, 혹은 대학을 졸업하고 이미 오랜 시간이 지난 60대, 70대 어른들이 젊은이를 비판하고 학생들에게 돈을 줄 수 없다고 하는 것은 어떻게든 이해할 수 있다. 옛날에는 대학이나 취직전문학교에 가지 않으면 정직원이 되기 어렵다는 전제도 없었을 것이고, 대학의 수업료라고 해도 아직 쌀 때이다. 그때야말로 고도성장의 호시절이었고 좋은 취직자리도 많았다. 그러므로 지금 학생의 실정을 설명하지 않는다면 매정한 비판이 튀어나오는 것도 무리는 아니다. 빌어먹을 꼰대라느니 하며 욕을 하면 안 된다. 마음속으로만 하자.

그러나 믿을 수 없는 것은 젊은 세대에서도 같은 말을 하는 사람이 있다는 것이다. 그것도 내 친구처럼 대학교원이나 되는 이가 그런 말을 하고 싶어 한다. 대학에 있으면 그 밖에도 이런 푸념이 들려온다.

"요즘 학생들은 아르바이트나 취직활동을 이유로 아무렇지도 않게 수업을 빠진다."

"학생들 수준이 떨어졌다. 지금 학생들에게는 스스로 공부할 의욕이 없다."

"수업내용도 모르는 주제에 학생이 교원평가를 한다는 건 이상하다."

"진상 학생과 부모 들이 늘고 있다."

마지막의 진상이라는 것은 말하자면 대학에 대해 과도한 요구를 하는 학생과 부모 들이 있다는 이야기다. 이것은 지인으로부터 들은 이야기인데 겨울에 식판이 차갑다면서 사무실에 불만을 말하러 온 부모도 있다고 한다. 또 교수에게 들어오는 항의가 늘고 있는 것도 확실하다. 나 자신 눈앞에서 겪은 일을 말해 보자면, 용무가 있어서 사무실에 갔을 때 어떤 학생이 잔뜩 화가 나 부들부들 떨면서 사무실 직원에게 이렇게 항

　　　　　　　　　　　　　　　　　　　　학생에게 임금을

의하고 있었다. "○○ 교수님이 수업 중에 바지 주머니에 손을 넣고 있었어요. 단정치 못하게. 교원 실격입니다. 학교 차원에서 엄하게 주의를 주었으면 좋겠습니다." 정말로 놀라고 말았다. 그러나 과잉이라고도 할 만한 이 항의는 도대체 무엇을 의미하는 것일까. 그것을 생각하는 것은 교원에게 있어 매우 중요한 문제이다. 적어도 학생의 학력 저하나 모럴을 개탄하기 전에 해야 할 일이 있지 않을까.

여기서 잠깐, 학생이 무엇을 생각하고 있었는지, 그리고 어떤 불만을 품고 있었는지를 검토해 보기로 하자. 아마도 불만이든 무엇이든, 지금의 학생이 가장 관심을 갖고 있는 것은 취직활동일 것이다. 2010년 무렵이었을까, 우연히 홋카이도대학(北海道大学)을 방문할 기회가 있었다. 그 전해에 '꺼져 버려 취직활동' 데모를 기획한 학생이 캠퍼스 안내 겸 그들의 활동을 소개해 주었기 때문이다. '꺼져 버려 취직활동' 데모는 문자 그대로 취직활동에 이의를 제기하는 데모였다.[54] 홋카이도대학에서 시작하여 그 후 전국 각지에서 데모가 조직되었다.

대학 3학년 때부터 시작하는 취직활동. 채용면접에서는 의사소통 능력, 문제 해결능력이 요구된다. 학생은 자기계발 책을 한손에 들고 마치 종교에라도 빠진 것처럼 자기단련에 필사적이 된다. 물론 그것은 매우 힘든 일이고 채용이 되지 못하기라도 하면 정신적으로 방황하게 된다.

타인으로부터 '너는 의사소통 능력이 없는 놈이야'라는 소리를 듣는다면 그것은 자신의 인간성이 부정당하는 것과 다르지 않다. 그러나 취업활동에 '다시'는 없다. 대학에서 취직설명회가 개최되고, 게시판에 기업광고라도 붙으면 모두 일제히 취직활동을 하는 것을 당연하게 여기게 되어 버린다. 혹시 위화감을 느낀다 하더라도 혼자서 흐름을 거스르는 것은 불가능하다. 이런 상황 속에서 홋카이도의 학생들은 우선 '꺼져 버려 취직활동'이라고 말하기 시작한 것이다.

'꺼져 버려 취직활동 데모'는 지금 학생들이 처해 있는 상황을 단적으로 보여 주고 있다. 일단 취직활동을 시작하는 시기가 어쨌든 너무 빠르다. 대학에 따라 다르겠지만 3학년이라면 딱 세미나도 시작하고 좋아하는 공부에 빠져 보는 시기이다. 그런데 취직활동에 말려들지 않으면 안 된다. 게다가 그것이 언제 끝날지도 모른다. 생활비를 벌기 위해 아르바이트를 하고 있다가 정신 차려 보면 취직활동이다. 애써 비싼 학비를 내고 대학에 들어와도 결국은 일만 하는 학생도 적지 않을 것이다.

그다음으로 학생들은 과도하게 자기표현에 내몰리고 있다. 취직활동을 할 때는 물론이고 '새로운 교양'을 중시하게 된 대학은 실용영어와 정보기술, 토론 기술과 인간관계 형성 능력을 주입하는 데 기를 쓰고 있다. 다소 극단적으로 말해 보면 학생은 취직활동만을 위해 동원된 의사소통을 배우고 있다. 본래 타인과 사귀는 법이나 자기표현이라는 것은 다양하게 있을 수 있다. 인간의 살아가는 방식 그 자체이므로. 그러나 기업은 그것이 일에 도움이 되는지 아닌지로 선별하고 있고, 대학은 기업에 도움이 되는 것을 옳은 의사소통이라고 가르치고 있다. 학생은 자기표현을 하면 할수록 삶이 위축되고, 거기다 취직활동에서 나이 차이도 얼마 나지 않는 면접관의 지적으로 자신이 살아가는 방식 그 자체를 부정당한다. 참을 수 없다.

마지막으로, 입밖으로 내어 말하는 학생은 적을지 몰라도, 실제로 학생에게는 지금의 시간을 멈추어 보고 싶다는 소망이 있다. 그 시간은 취직까지 유예할 수 없는 시간이다. 정말 조금만이라도 좋으니 잠깐만이라도 멈춰 보고 싶다. 자기표현이 취직에 직결되는 것에만 한정되는 것이 아니라면 내가 좋아하는 것을 더 표현해 보고 싶다. 아무 쓸모가 없어도 좋으니, 어쨌거나 뭔가 생각하는 대로 자유롭게 표현해 보고 싶다. 대학이라는 것은 그것이 가능한 몇 안 되는 공간이다.

그리고 이 세 가지를 근거로 해서 볼 때, 처음에 예로 들었던 교수들의 불만이 어느 것 하나도 받아들여질 수 없다는 것을 알게 된다. 예를 들어 학생이 아르바이트나 취직활동으로 당연한 듯이 수업을 빠진다는 비판이 있지만 학생을 그렇게 하도록 만든 사람은 도대체 누구인가. 학생은 학비가 비싸니까 아르바이트를 하고 있는 것이고, 그것으로도 부족하니까 장학금을 빌린다. 학생 측에서 보면 학비에 걸맞은 성과는 얻고 싶고 장학금 상환에도 몰리고 있으니 어떻게든 좋은 취직자리를 찾고 싶다. 게다가 기업은 취직활동 시간을 점점 앞당기고 있고 대학도 그것을 솔선해서 수용하고 있다. 아무리 성실한 학생이라도 이런 상황에서 수업 같은 것은 빠질 수밖에 없지 않은가. 교수가 학생들에게 불만을 표한다는 것은 앞뒤가 맞지 않다. 나쁜 것은 기업과 대학이다. 또 학생 아르바이트에 대해서 놀기 위해 돈이 필요한 것 아니냐는 비판도 있다. 비판하기 전에 잘 생각해 봐 주었으면 한다. 학생 아르바이트의 은혜를 입는 것은 도대체 누구인가 하는 것을. 1980년대부터 값싸고 유연한 노동력으로 기업을 떠받쳐 온 것은 아르바이트 학생과 파트타임 주부이다. 학생 아르바이트 없이 일본 경제는 유지될 수 없었다고 해도 좋을 정도이다. 그리고 애초에 학생이 놀면 안 될 이유라는 게 없지 않은가. 20세 전후의 학생이 놀지 않는다면 누가 언제 어디서 논단 말인가. 확실히 말해 두고 싶다. 대학은 놀기 위한 장소라고. 솔직히 기업이 원하는 의사소통능력이라는 것도 결국은 배워서 하는 것이 아니라, 친구든 연인이든 동아리 활동이든 제대로 어울려 노는 인간관계 속에서 자기도 모르게 길러지는 것일 터이다.

마지막으로 하나 더. 학생들의 과잉 불만에 대해서도 말해 두고자 한다. 나는 과잉 불만의 근저에는 학생들의 강한 지적 욕구가 있다고 생각한다. 그러나 보통 학생들은 아르바이트나 취직활동 때문에 무척 바쁘다. 공부할 시간은 한정되어 있다. 게다가 지금까지 학생들의 자치 활동을 떠받쳐 온 동아리나 기숙사는 확실히 축소되고 있다. 지금부터 10년 이상 이전이라면 교수가 수업 이외에도 학생들과 만나 밤새 술을 마시고 함께 공부모임을 하면서 어느 정도 학생들의 지적 욕구를 채워 주었을지도 모른다. 그러나 대학개혁이 진행된 결과 지금의 교수들은 연구비를 따내는 데 필사적이고, 연구비를 받는다 해도 그 잡무로 연구와 교육에 집중할 수 없게 된다. 이런 상황이므로 학생들이 보기에는 자신들의 지적 욕구를 채울 곳은 우선은 무엇보다 수업일 수밖에 없다. 물론 수업만으로는 전혀 채울 수 없다. 그러나 눈앞에 보이는 지적 회로가 수업밖에 없다면, 무언가 부족한 기분이 수업에서 과잉으로 드러난다고 해도 전혀 이상할 것이 없다.

동아리 활동 같은 것도 하지 않고, 친구도 없이 혼자서 수업을 듣는 학생들이 의지할 곳은 어디일까. 화장실이다. 화장실밖에 없다. 실제로 혼자 밥 먹는 것을 보이고 싶지 않아서 학교식당에도 가지 않고 화장실 변기에 앉아 점심을 먹는 학생도 있다고 한다. 화장실, 중요하다. 그 화장실 변기가 겨울에도 따뜻하다면 어떨까. 그보다 행복한 일은 없지 않을까. 화장실 변기에 대해 불만을 표하는 것도 충분히 이해할 수 있다. 그들은 다른 방법을 알지 못하는 것이다. 대학에 애착을 갖고 항의를 하는 것은 좋은 일이다. 이미 대학교수에게는 학생에게 불만이나 말하고 있을 여유가 없다.

학비를 무상으로 하는 것.
빌린 것을 갚지 않겠다고 말하는 것.
학생의 자치활동을 탄압하지 않는 것.
함께 모여 바보 같은 소동을 벌여 보는 것.
학생에게 친절하게 대하는 것, 화를 내는 것.
화장실의 변기를 따뜻하게 하는 것.

고민해야 할 문제는 태산같이 많다. 앞으로 학생들에게 얼마나 많은 지적 회로를 만들어 줄 수 있을까. 그렇게 어려운 일은 아니다. 권위 없는 교수, 지배 없는 의사소통. 어른들이 해야 할 일은 많이 있다. 아이의 유희와 즐거움을 잊지 않는 데서부터 시작하자. 나는 계속 아이로 있고 싶다.

> 대학은 불온한 곳이다. 학생의 악의로 가득 차 있다. 그러나 바로
> 그 악의가 대학을 탄생시키고 사람이 살아가는 데 가장 중요한 경
> 험을 만들어 냈다. 대학이 무상화되어 더욱더 학생의 잠재적 힘을
> 개화시키고 그것을 힘껏 표현하게 하는 장소일 수 있다면 우리들
> 의 주변은 예상도 못한 지혜로 넘쳐흐를 것이다. 거기에는 일에 쫓
> 겨 다니는 인생이 아니라, 좋아하는 것을 마음껏 표현하는 것이 당
> 연하다고 생각하는 인생이 기다리고 있지 않을까.

대학이란 불온한 곳이다. 그렇게 생각한 것은 2006년 가을이었다. 어느 날 도내의 대학 심포지엄에 참가한 나는 친구에게 이끌려 뒤풀이가 열리는 술집까지 가게 되었다. 그 술자리에서 나는 옆에서 들려오는 대화에 나도 모르게 귀를 기울이게 되었다. "요즘 뭘 하고 있어?" 30세가량의 남자가 와세다의 학생에게 말을 걸고 있었다. 아마도 대학에서 어떤 공부를 하고 있는지 궁금했던 것이리라. 그러나 그 학생은 믿을 수 없는 말을 내뱉고 있었다.

"경마로 대박이 나서 그 돈으로 아베 신조(安部晋三)의 『아름다운 나라로(美しい国へ)』를 대량으로 사 버렸어요. 그것을 대학 화장실에 두고 오줌세례 투쟁을 계속하고 있죠."

깜짝 놀란 나는 끝내 눈을 껌벅거리며 옆자리를 돌아볼 수밖에 없었다. 그러자 학생은 웃는 얼굴로 이렇게 덧붙였다.

"주변에 여학생이 없어서 아쉬워요. 여자 화장실에 책을 갖다 놓을 수가 없어서."

한 번도 들어본 적 없는 이야기였기 때문에 이때 받았던 충격은 지금도 생생하다.

2006년이라면 이미 대학개혁이 실행되어 학생에 대한 관리체계도 철저해지고 있을 때였다. 그러므로 당시 와세다대학원에 들어간 나는 지금의 대학생은 불쌍하다는 정도의 생각을 하고 있었다. 동아리 같은 자율적이고 자발적인 활동을 위한 공간은 없어졌고 수업도 출석이 엄격해져서 빠질 수 없다, 마치 회사 근무라도 하고 있는 것 같다, 모두 그런 관리체계에 길들여져 가고 있는 것이 아닐까라고. 그러나 나의 생각은 완전히 틀렸다. 대학 화장실에서 아베 신조의 책에 오줌을 뿌리고 있다는 그 대학생은 어째서인지 잘 알 수 없지만 어쨌든 악의에 가득 차 있었다. 분명 그는 자민당의 정책에 이러쿵저러쿵 하고 싶었던 것도 아니고 대학당국을 교섭상대로 해서 뭔가 말하고 싶었던 것도 아닐 것이다. 그는 그저 자신이 품고 있던 악의를 대학에서 보여 주고 싶었을 뿐이리라.

학생은 지적 활동을 하고 있는데도 불구하고 매년 백만 엔이나 되는 수업료를 빼앗기고 있다. 생활비를 위해서 필사적으로 아르바이트를 해도 노동자 대접을 받는 일은 좀처럼 없다. 반대로 놀기만 한다는 소리를 들으며 무시당하는 경우가 압도적으로 많다. 매스컴에 언급될 때도 대체로 공격당할 때뿐이다. 어디어디 대학의 학생이 대마를 소지하고 있다, 어느 대학의 졸업생이 금융사기를 쳤다 등등. 이런 위험한 무리들을 그대로 둘 수 없다며 대학당국은 관리체계를 강화하고 학생의 자치활동 기회를 빼앗아 왔다. 조직적으로 사회 전체가 학생들을 찍어 누르고 있다. 지금의 학생들은 인간대접을 받고 있지 못하고 있는, 굴욕투성이의 존재다. 그러므로 학생이 악의에 가득 차 있는 것도 이상한 일이 아니다. 오히려 지금의 대학과 사회에 대해서 악의를 품고 있지 않는 것이 더 이상하다. 이렇게 생각하면 화장실에서 아베 신조의 책에 소변세례를 퍼붓고 있는 것도 이해가 간다. 학생은 그런 행동을 통해서 자신의 악의를 숨기거나 부정하지 않고, 가만히, 그러나 있는 그대로 표현하고 있는 것이다.

사실 언제 어떤 시대에도 학생은 악의를 품은 존재였다. 혹은 대학은 원래 학생의 악의에 의해 태어났다고 할 수도 있다. 일반적으로 대학의 기원은 13세기 초 유럽에서였다고 알려져 있다. 그중에서도 가장 오래된 것이 이탈리아의 볼로냐 대학이다. 당시 유럽에서는 많은 아라비아어 문헌이 번역되어 급속히 학문이 발전하기 시작했다. 볼로냐는 그러한 문헌이 모이는 중심지여서 유럽의 학생들이 모여들고 있었다. 그러나 볼로냐 주민들이 보기에 학생들은 어디까지나 딴 동네 사람들이었다. 행실 나쁜 부자 도련님같이 보였을지도 모르겠다. 마을 전체가 합심하기라도 한 듯 집세나 생활필수품 가격을 올려서 학생들에게 바가지를 씌우려 했다. 물론 학생들도 가만히 있지는 않았다. 그들은 조합을 결성하여 집단으로 집세 교섭에 나섰다. 집세를 정상적으로 돌려놓지 않으면 모두 이 동네를 떠나겠다고 협박을 한 것이다. 그 후 학생들은 조합을 통해서 교원에게도 압력을 가하여 교육 내용과 수업료도 어느 정도 자신들이 설정할 수 있게 되었다. 그리고 그 조합을 우베르니타스(대학)라고 불렀다. 대학의 근저에는 진지한 인간으로 취급받지 못했던 학생들의 깊은 악의가 놓여 있다.

악의는 끝이 없다. 볼로냐의 학생들은 자신들의 악의를 기반으로 자기들끼리 대학을 만들어 버렸다. 집세를 올리려고 했던 마을 사람들에게 저항했다는 의미만 있는 것은 아니다. 불량한 놈들이라는 소리에 볼로냐의 학생들은 오히려 더 자유롭게 행동했다. 악의라는 것은 이런 것이다. 누군가 인간을 선악우열로 가려내려 할 때, 거기에 편승하지 않고 도대체 무엇이 나쁘냐고 화를 내는 외침이다. 이 외침에 타협은 없다. 선별되는 것 자체가 싫으므로. 처음부터 말하면 안 되는 것 같은 것은 없다. 해서는 안 되는 일 같은 것은 없다. 전부 자유다. 대학은 그런 나쁜 의지를 잔뜩 부풀리는 장소로 태어난 곳이다.

최근의 대학사 연구에서는 이러한 대학의 특징을 기초문화라는 말로 예시하고 있다. 기초문화라는 것은 스스로 무엇을 생각하는 것, 그 방법, 기초지식을 말한다. 당연히 거기에는 학문상의 지식뿐 아니라, 살아가기 위한 지혜와 처세술도 포함되어 있다. 지역 주민들로부터 자신들을 지키기 위한 외침 소리로 구축해 낸 무수한 노하우. 대학을 졸업해도 그러한 기초문화는 그 후의 인생에서 계속 사용된다.

구체적으로 상상해 보자. 예를 들어 학위를 취득하지 않고 대학을 나와 버린 학생은 그 수를 알 수는 없지만, 과반수는 되지 않을까. 그 후의 경력은 평범할지도 모른다. 그러나 '기초문화'는 설령 견고하지 못하더라도, 그러한 사람들에게도 잔존해 있을 것이다.[55]

졸업 후 법률가가 된 사람도 있을 것이고, 지역에서 의사가 된 사람도 있을 것이다. 배운다는 것에 이끌려 교원이 된 사람도 있을 것이다.

혹시 정규직을 얻지 못하고 방랑에 나서 시를 쓰면서 살아가는 사람이 있을지도 모른다. 그러나 어떤 생활을 한다고 하더라도, 그들의 지식은 지역과 융화하여 거기서 만난 사람들에 의해 점점 풍부해졌을 것이다. 무수히 많은 무명의 지식인들은 그 생활을 통해서 유럽에 기초문화를 보급했을 것이다.

근대 이후가 되어도 대학은 변함없다. 물론 13세기의 대학 제도가 그대로 계속되었을 리는 없다. 대학을 관리하는 것은 학생조합이 아니라 국가가 되었고, 국가가 대학에 요구하는 것은 어디까지나 관료와 기술자, 엘리트를 양성하는 것이다. 그러나 국가가 아무리 관리체계를 엄격히 해도, 학생은 언제든 그 울타리를 잽싸게 빠져나가 국가의 손이 미치지 않는 곳에서 자율적인 집단을 형성해 왔다. 국가의 기대를 완전히 배신하고 혁명운동에 몸을 던지는 일도 드물지 않았다. 예를 들어 19세기 말, 제정 러시아는 대학제도의 근대화에 힘을 쏟았으나 그것은 성실한 관료를 양성하기는커녕 오히려 반체제적 학생을 대량생산하는 것으로 이어졌다. 오래지 않아 이 학생들이 1905년 러시아혁명과 10월 총파업의 원동력이 되었다. 식물의 씨앗이 바람에 날려 문득 여러 곳에서 꽃을 피우는 것처럼, 대학은 가는 곳마다 기초문화를 뿌려서 저절로 혁명을 개화시켰던 것이다.

그러면 대학은 결국 무엇일까. 앞서 인용한 책의 저자 중 한 명인 크리스토프 샤를(C. charle)이 소속된 프랑스의 알제르(ARESER, 고등교육과 연구의 현재를 생각하는 모임)는 다음과 같이 말하고 있다.

학생에게 임금을

(대학은) 세대 간의 비판적 대결이 가능한 유일한 곳이다. 그것은 연애, 정치, 예술에서 다양한 경험을 가능하게 하는 둘도 없는 장소이며, 많은 젊은 남녀학생들이 사회질서에 편입하기 전에 지식인의 생활을 조금이라도 경험할 수 있는 최후의 기회이다.[56]

동아리 활동이든 뭐든 좋다. 대부분의 학생은 마음이 통하는 친구들과 무언가 자치활동을 하고 있다. 보통은 장래의 전망 같은 것을 갖고 있지 않을 것이고, 동아리에 들어가도 그저 연애에 빠져 있을지도 모른다. 항상 술에 취해 있고, 음악이나 영화에 몰두해 있기만 할지도 모른다. 그것을 가지고 학생은 놀고만 있다고 공격당하고, 저런 놈들에게 돈을 줄 필요가 없다든가 바보 같다느니 뭐라느니 험한 말들이 쏟아진다. 당연하게도 학생은 악의에 가득 찬다. 그러나 학생이라는 그 악한 존재는 부정해야만 할 존재도 뭣도 아니다. 대학은 노는 곳이다. 학생은 초등학교에서 고등학교까지 매일 규칙을 지키는 생활을 강요당했고, 미래를 생각하라고 요구받아 왔다. 그들에게 있어 대학은 지금까지 없었던 자유를 느낄 수 있는 시간이며 장소이다. 취직 후 믿을 수 없을 정도로 바빠지고 출세냐 은퇴냐의 고민만을 하게 될 것을 생각하면 대학에서 그만큼이라도 놀아서 다행이었다고 생각할 수 있지 않을까. 분명 업무 때문에 정신적으로 힘들 때, 대학에서 오로지 빈둥거렸던 기억을 떠올리고, 대학 때의 친구를 불러 술을 마시거나 하면서 위로를 받았다는 사람도 적지 않을 것이다. 회사에서 일하는 시간을, 조금이라도 대학 시절처럼 만들기 위해 야근을 하지 않고, 파업을 결행하고 혹은 훌쩍 일을 그만두어 버리는 사람도 있을지 모른다. 학생의 악의는, 그 사람이 인생에서 다시없는 소중한 경험으로 몇 번이고 몇 번이고 되감기 된다.

대학은 불온한 곳이다. 학생의 악의로 가득 차 있다. 그러나 바로 그 악의가 대학을 탄생시키고 사람이 살아가는 데 가장 중요한 경험을 만들어 냈다. 대학이 무상화되어 더욱더 학생의 잠재적 힘을 개화시키고 그것을 힘껏 표현하게 하는 장소일 수 있다면, 우리들의 주변은 예상도 못한 지혜로 넘쳐흐를 것이다. 거기에는 일에 쫓겨 다니는 인생이 아니라, 좋아하는 것을 마음껏 표현하는 것이 당연하다고 생각하는 인생이 기다리고 있지 않을까. 물론 지금의 대학개혁을 보고 있으면 대학은 완전히 다른 물건으로 변해 가고만 있다. 수업료 인상은 학생들로부터 자치활동의 시간을 빼앗고 있고, 동아리방과 자치 기숙사 폐지는 학생의 자치 공간을 대놓고 없애 버리고 있다. 대학의 수업은 직업 설계로 넘쳐나고 있고 학생은 입학하면 바로 취직활동을 의식하게 되어 있다.

대학을 되돌리자. 대학을 학생들의 악의로 가득 채우자. 그러기 위해서 사소한 제언으로, 앞서 야부 시로 씨가 내걸었던 슬로건을 다시 한 번 적어 두고자 한다.

학생에게 임금을!
학비도 생활비도 공적 부담으로!
모든 실업자에게 학적을!

잘 가, 취직활동!
안녕, 꿈의 대학!

들어가기에 앞서

내가 이 책의 원고를 쓰기 시작한 것은 2009년경이었습니다. 당시 나는 친구들과 '도쿄 블랙리스트회'라는 모임을 결성하여 학비와 장학금에 대해 공부한다든가, 유인물을 만든다든가, 데모를 하자면서 모여 술만 마시고 결국 데모는 하지 않는다든가 하면서 놀고 있었습니다.

그로부터 5년이 지난 최근에는 학비와 장학금뿐만 아니라 '취직활동'도 학생에게 큰 문제로 부각되고 있습니다. 그러나 그동안 저는 친구가 기획한 데모에 참가하는 정도 외에 관련한 다른 활동은 거의 하지 않고 지냈습니다.

대학원을 졸업한 이후 계속 빈둥거리다가 최근에야 겨우 시간강사로 뛰고 있지만 여전히 그것만으로는 먹고살기가 어렵습니다.

그러던 중, 와세다대학 교원조합의 집행위원장(2014년 10월까지)으로 시간강사의 처우 개선을 호소해 왔던 오카야마 시게루(岡山茂) 씨, 취직활동 비판과 관련하여 재미있는 운동을 하고 있는 와타나베 미키(渡辺美樹) 씨, 오오타키 마사시(大滝雅史) 씨와 함께 이야기를 나눌 기회가 생겼습니다. 오카야마 씨는 오랜 기간 대학에 대해서 글도 쓰고 강연도 해 왔기 때문에 대학의 역사, 학생과 교원이 대학과 어떻게 관련 맺을 수 있는가에 대한 이론적 이야기를 들을 수 있었습니다. 와타나베 미키(渡辺美樹) 씨, 오오타키 마사시(大滝雅史) 씨의 경우에는 오늘날 대학생들이 감내하고 있는 사회 현실과 대학에 대한 불만 등에 관한 이야기로 제 글의 부족한 부분을 보충할 수 있었습니다. 두 명의 학생과 한 명의 전임교원, 한 명의 시간강사가 함께하는 권말특별 좌담의 문을 열겠습니다.

목소리 높여도 괜찮아!

구리하라 · 2011년 가을 무렵, 주로 수도권 근교의 대학당국에 의해 학내자치를 억압하는 움직임이 일자 이에 대항하여 '유토리 전공투*'(이하 유토리)라는 학생운동이 시작되었습니다.[57] 와타나베 씨는 시작부터 관여해 오셨는데요, 결성하게 된 계기는 무엇인가요?

와타나베 · 유토리 자체는 자연발생적인 것이었는데, 그래도 직접적 계기를 들자면 3·11이 매우 컸다고 생각합니다. 이것은 저뿐만 아니라 관여한 사람들 전부가 그랬다고 생각합니다. 지진 직후의 2011년 4월 10일, '초짜들의 반란'**의 마츠모토 하지메(松本哉)* 씨 등이 주동하여, 코엔지(高円寺)에서 원전반대 데모가 일어났고 많은 수의 사람이 모였

학생에게 임금을

습니다. 대학 2년생이 되어 처음으로 거리의 사회운동을 목격한 것입니다. 이후에 같이 활동하게 된 학생들도 이 데모에 자극받은 것 같습니다.

입학해서 사회사상 쪽의 서클에 들어갔습니다만 데모 참여를 내세우는 분위기는 아니어서 저도 공부모임밖에 하지 않았습니다. 또 저는 데모라고 하면 공산당 정도의 이미지밖에 갖고 있지 않았어요. 일단 『쿼 재팬』지[**]를 읽고, '호세이 대학의 가난뱅이를 지키는 모임' 등은 알고 있었습니다만 소위 무당파라고 하는 학생들이 지금도 있다고는 생각 못했습니다. 그런데 3·11을 거쳐 코엔지의 데모에 참가하면서 대학 내에는 운동이 없지만 거리에는 있다는 것, '마츠모토 하지메'가 실존하는구나

• '유토리 전공투'를 직역하면 '여유 전공투'라는 뜻이 되지만, '유토리 세대의 전공투'라는 뜻도 포함되어 있으므로 '유토리 전공투'로 옮긴다. '유토리 세대'란 2002년 시행된 학습지도요령(이른바 유토리 교육)에 의거해 교육받은 세대로 1987년, 1988년생을 '유토리 1세대'라 부른다. '유토리 교육'은 문자 그대로 여유 있는 교육, 학습부담을 줄이고 체험교육을 강조하는 교육이다. 일본 사회에서 유토리 세대는 '공부는 안 하고 놀기만 한다'는 이미지가 강하다. 그래서 버블 붕괴 이후 경기 침체 때문에 최악의 경제상황에 놓여 있는데도 그것을 사회가 아니라 학생 탓으로 돌리는 경향이 강했다. '사회 탓 말고 더 노력하라'는 식의 충고 아닌 충고를 들어야 했던 유토리 세대가 '유토리'라는 이름으로 학생운동을 시작한 것이 '유토리 전공투'이다.

•• 원문은 '素人の難'. 국내에서는 '아마추어의 반란'으로 번역되기도 했다. 평범한 사람들의 생활로부터 시작되는 사회운동이라는 의미이다.

[**] 일본의 사회운동가. 도쿄 스기나미구(杉並区) 코엔지(高円寺)에서 '초짜들의 반란'(素人の難)이라는 재활용 가게를 운영하면서 임의단체인 '가난뱅이 대반란 집단'을 주재하며 사회운동을 하고 있다. 시위의 필요성을 주장하면서도 무엇을 주장하는 일보다 본인이 하고 싶은 일을 해 보이는 것으로서의 시위의 의미에 주목하고 그것을 실행에 옮기는 것으로 유명하다. 저서로 『貧乏人の逆襲』(『가난뱅이의 역습』, 이루, 2009)가 있다.

[**] 1994년에 창간된 하위문화 잡지. 초기에는 일반 잡지가 다루지 않는 마이너 문화를 주로 다루었으나 현재는 유머, TV, 음악, 영화 등 대중문화를 전방위적으로 다루고 있다.

하는 것을 알게 되었습니다. 거기에서 받은 자극으로 대학 내에서도 우리의 문제를 표현할 수 있다고 느낀 것입니다. 그래도 그만큼의 용기는 없어서 계속 공부모임밖에 하지 않았습니다.

같은 때, 호세이대학의 음주투쟁(학내에서 음주를 금지한 대학당국에의 저항운동), 와세다대학의 '멋대로 집회'(구내에서 자유발언 등을 통해 자유공간을 되찾으려는 운동) 등, 수도권과 그 근교의 대학에서 학내자치를 되묻는 여러 가지 활동이 전개되고 있었습니다. 그런 것이 유기적으로 연결된 것이 유토리였습니다. 당시 호세이대학의 5년생이었던 스가야 케이스케(菅谷圭祐) 군이 연락책이 되어 수도권과 근교 대학운동의 일종의 허브가 되는 것을 목표로 했습니다.

호세이대학의 운동과 만난 것은 조금 운명적인 면이 있습니다. 가끔 호세이대학의 수업을 몰래 들어가던 무렵, 스가야 군이 빙수를 나눠 주고 있었는데 저게 뭐지 하고 생각했습니다. 교내에는 음주투쟁 따위가 쓰인 이상한 만화 벽보가 잔뜩 붙어 있었습니다. 소토보리 공원(外堀公園) 노상 불고기 파티에 초대받아 가게 되고, 와세다의 사람들과 만나고, 그 밖에도 수도권 학생과의 교류가 많아져서 캠퍼스를 오가기 시작했습니다. 유토리는 그 와중에서 생겼구나 하고 느낍니다.

코엔지의 데모는 '원자력 발전 그만!'이 주제였습니다. 그러나 나 자신은 내 주변의 문제를 말하고 싶었고, 호세이도 와세다도 나름 학생의 생활권에서 목소리를 내는 운동이었습니다. 어쨌든 테마나 토픽의 차이를 넘어서, 목소리를 내도 괜찮다, 시끄러워도 된다, 이런 것을 발견한 것이 코엔지 데모의 커다란 의의였다고 생각하고 있습니다.

　　　　　　　　　　　　　　　　　　　　학생에게 임금을

취직활동 비판 데모의 충격

구리하라 • '쳐부수자 취직활동' 데모는 엄청난 충격이었습니다. 보통 반노동이라든가 일하기 싫다는 말을 하면 동년배나 좌파 사람들까지 화를 내니까요. 그래서 굉장하다고 생각했습니다.

와타나베 • 유토리 활동 개시 후, '유토리 서미트'라는 주제로 학비와 장학금, 취직활동 문제를 말하는 가운데, 우리끼리 데모를 해 보자는 목소리가 높아졌습니다. 그래서 유토리 이름으로는 아니었지만, 그때 만나 친해진 친구들이 모여서 처음 거리에 나간 것이 2011년 11월 23일 '쳐부수자 취직활동' 데모입니다. 이것은 오오타키 씨가 그보다 2년 전에 삿포로에서 했던 '꺼져 버려 취직활동' 데모의 문맥을 딴 것입니다. 그 후로는 대체로 반년마다 유토리의 이름으로 대학의 문제를 묻는 데모를 실시해 왔습니다.

구리하라 • 오오타키 씨는 유토리보다 일찍 취직활동 비판을 테마로 데모를 하고 있었는데, 계기는 어디에 있었습니까.

오오타키 • 제가 발기인이 된 삿포로의 '꺼져 버려 취직활동 데모'는 2009년 11월 23일에 일어났습니다.[58] 덧붙이자면 사실 같은 날에 동시다발이라고 할까, 도쿄에서도 '취직활동 멍청이 데모'가 실시되고 있었습니다.

저도 와타나베 씨와 마찬가지로 대학에 들어온 당시에는 특별히 사상적인 학생도 아니었고, 오히려 자유주의자인 척하는 교수들에게 반감을 가지기도 했습니다. 다만 자유로운 환경에서 공부했으므로 역시 생각하는 것도 영향을 받았을 겁니다. 그러다가 노숙자 지원활동에 관여하게 된 것이 큰 영향을 주었지 않나 싶습니다. 혹한의 삿포로 같은 곳에서 노숙생활을 하고 있는 사람들과 관계를 맺게 되면 역시 사회문제 같은 것을 생각할 수밖에 없지요. 그것이 마침 2008년이었고, 그해 연말에 '새해 파견대'*가 화제가 되면서 소위 '빈곤문제 붐'이라고도 할 수 있는 상황이 출현했습니다. 그런 움직임을 비교적 가까이에서 보면서, 문제를 공유한 기초 위에서 목소리를 내는 것이 중요하다고 느끼게 되었습니다. 그전에는 고등학교가 요코스카(橫須賀)에 있기도 했고 이지스함의 이라크 파견에 반대하는 데모 등을 가까이에서 볼 기회가 있었습니다. 그러나 데모를 한다고 해도 좀 더 발랄하게, 자유롭게 하는 것이 좋지 않나 하는 생각이 있었습니다.

2008년 여름에는 마츠모토 씨의 책[59]이 나온 것을 알고 '같은 생각을 하는 사람이 있군, 이미 하고 있는 사람이 있군' 싶었습니다. 7월에는 도야코 서미트(洞爺湖サミット)가 있었고, 반G8운동[60]으로 홋카이도에 와 있던 마츠모토 씨의 이야기를 직접 들을 기회도 있고 해서 운동의 이미지가 좀 더 구체적이 된 것도 있습니다.

2009년에는 1년간 휴학 중이었는데, 그때 교토대학의 '해고해고 카페'[61]를 방문하여 '유니온 엑스터시'(교토대학 시간고용직원 조합) 사람들과

● 2008년 12월 31일부터 2009년 1월 5일까지 도쿄 히비야 공원(日比谷公園)에서 벌어진 빈민구원활동. 여러 사회단체와 노동조합 등이 연합하여 "히비야에서 연말연시를 견디자"를 구호로 무료급식, 무료숙박소, 직업상담, 생활보호신청 등의 활동을 했다. 빈민, 실직자 문제에 대한 사회의 여론을 환기시키는 역할을 했다.

학생에게 임금을

만나는 등, 간사이(関西)와의 교류를 할 수 있었습니다. 그리고 동경에서는 '미야시타 공원(宮下公園) 나이키화 반대 데모'*에 참가하는 것으로 드디어 첫 데모 참가도 해 냈습니다.(웃음) 그러면서 뭔가 관심이 있으면서도 그저 생각만 하고 있었던 '데모 기획'이라는 것을 나도 해 볼까 하고 생각하기 시작했습니다. 그리고 삿포로로 돌아와서 전 해의 반G8운동에 관여한 사람들을 만나 조언을 듣기도 하면서 데모를 구체화하기 위해 움직이기 시작했습니다.

'꺼져 버려 취직활동 데모'는 취직활동에 대한 것으로서는 처음이지만, 반빈곤운동, 교토대학 부근의 특이한 운동, 나이키화 반대운동, 반도야코 서미트 등등, 각지의 여러 사회운동으로부터 자극받아서 처음으로 실현을 본 것입니다.

왜 테마가 취직활동이었는가 하면, 내 주위의 적지 않은 학생과 교원들이 지금의 취직활동이 괴상하다고 분노하고 있었기 때문입니다. 화가 나면 당당하게 화가 난다고 말하면 되는 거 아닌가 하고 생각한 것입니다. 취직활동이 문제투성이인 것은 명백하니까 데모 하나쯤은 해도 되지 않을까 하고. 사회운동의 문맥에서는 아직 아무도 취직활동을 정면으로 문제 삼지 않기도 했고. 지금 생각해 보면, 너무 소박한 동기였는지도 모르겠지만.(웃음)

구리하라 · 취직활동 비판을 내걸었다가 욕을 먹거나, 역비판을 받거

● 도쿄 시부야구(渋谷区)가 나이키 재팬에 미야시타 공원 개발권을 매각한 것에 반대하며 벌어진 시위.

나 하지는 않았습니까?

오오타키 • 미디어에서 다루어진 건 성공으로 보아야 할 듯하고 인터넷 등에서 찬반이 있었지만 실명을 걸고 강렬하게 비판했던 사람은 없었던 것 같아요. 블로그 기사 같은 데서 비판적으로 쓴 사람도 있었지만 토론을 불러일으킬 수 있으면 문제제기로서는 이긴 것이지요. 우선 적지 않은 사람이 취직활동 현상에 대해서 위화감을 갖고 있다는 것을 확인할 수 있었다고 생각합니다.

와타나베 • 도쿄라면 조금 상황이 다를지도 모르겠습니다. 데모든 뭐든 하면 구체적으로 탄압이 들어오기도 하고 경찰의 경비도 좀 더 삼엄하지요. '유토리 전공투'라는 이름 때문에 장난치냐라든가(웃음) 좀 더 진지하게 하라든가 하는 소리는 항상 듣습니다. 취직활동 데모 때도, 우리가 가장 어필하고 싶었던 층으로부터 항의받아 분열을 겪는 상황도 있었습니다. '자기 책임이잖아', '대학의 학비가 비싼 건 당연하잖아' 같은. 같이 목소리를 내고 싶은 상대로부터, 그것도 동급생들에게 백안시당하고, 연대를 끊어 내는 공격을 받고, 권력이 심어 놓은 것을 노골적으로 보게 되는 일이 있습니다.

그래도 역시 나의 발밑에서부터 목소리를 내고 싶었어요. 원자력 발전이라든가, 특정비밀보호법안의 강행체결이라든가, 여러 가지 이상한 일이 사회에 넘쳐납니다만. 우리 주변에서도 마찬가지의 납득할 수 없는 일들이 있고 거기에 속박되어 있고 자유롭지 못한 것이 사실이니까.

물론 학내에서 데모 공지 유인물을 나눠 준다든가 하고 있으면 관심을 표하는 사람도 있습니다. 실제로 데모에는 참가하지 않아도, "공지 봤어요, 이런 운동도 좋네요"라고 말해 주고, 거기서부터 토론이 시작되기도 하구요. 다만 역시 자기 대학에서 목소리를 내는 것은 어렵습니다. 같은 연구실 사람들에게 외면당하고, 경비원에게 쫓겨나고, 학생과에 상시적으로 왔다 갔다 해야 하고, 몹시 신경쓰이는 일이지요. 리스크가 크다고 생각해요. 그러나 주변의 사람들과 대화하지 않는 운동은 불가능합니다. 자꾸 반복하게 됩니다만 학내의 활동은 정말 중요하다고 생각합니다.

학생데모는 취직활동데모보다 힘들다!

구리하라 • 그 후에 유토리 안에서 '전국학비장학금문제 대책위원회[62)]'가 생겨서 학비·장학금 문제를 본격적으로 다루게 되었군요.

와타나베 • 유토리가 활동을 시작했던 당시 저는 2학년이었습니다. 그리고 시간이 지나 4학년이 되었고 무언가 계속해야겠다 싶기도 했고, 앞으로 어떻게 할까 하는 고민도 생겼습니다. 유토리에서는 데모를 할 때 취직활동이나 학내규제 문제가 중심이었고 학비와 장학금 문제에 관해서는 별로 다루지 않았습니다. 관심이 없을 리 없는데, 모두 무거운 학비와 장학금 부담이 당연하다고 생각하고 있어서 문제화되는 것이 늦었을지도 모르겠습니다. 제가 4학년으로 선배가 되어 지금부터 무엇을 해야할까 생각했을 때, 이제 학비·장학금 문제밖에 없지 않나 싶었죠. 저 자신 몹시 곤란을 겪고 있는 문제이기도 했고.

그리고 구리하라 씨 등의 '도쿄 블랙리스트회'와 함께, 학생지원기구와 문부성 앞에서 항의데모를 하곤 했습니다. 그런데 취직활동·학내규제 문제보다도 더 힘들었습니다. 어떻게 시작하면 좋을지 알 수가 없었어요.

오오타키 · 2013년 장학금에 대한 데모 때도 악플로 넘쳐났던 것처럼 말이죠.

와타나베 · 취직활동 데모보다 반발이 더 컸어요. 대학에 가지 못한 사람들로부터는 "학비가 비싼 건 이미 알고 있었지 않아?"라는 소리를 들었어요. 일하면서 장학금을 갚고 있는 사람들로부터는 "나도 이렇게 열심히 갚고 있으니 너희들도 빌린 것은 갚아"라고 분노를 샀죠. 연대 가능한 사람들로부터 배척을 받으면서 깊은 골을 느꼈어요. 운동으로서의 보편성을 띠지 못했다고 할까.

학비·장학금 문제라는 게 역시 꽤 나이브한 면이 있다고 생각해요. 비판하려고 하면 자기 자신에게 돌아오는 면도 있고요. '인간의 도리'로 빌린 것을 갚는 것은 당연하다, 빚을 떼어먹는 것은 인간으로서 할 일이 아니다, 취직활동이라는 것도 빚을 갚으려고 하는 거다, 이런 말을 들었어요. 분명 그렇긴 합니다만, '빌리도록 강제되는' 면도 있다고 반론해 보더라도 좀처럼 통하지 않아요. 학비 자체를 부모가 내 주고 있는 사람도 많고, 당사자 의식으로 공유되기 어려운 면도 있습니다.

구리하라 · 그런 부채에 대한 도덕의식이 학비 문제의 가장 큰 원흉일지도 모르겠네요.

오오타키 · 그렇게 해서 사고의 토대에 있는 '빌리도록 강제되고 있는 측면'의 논리가 사라져 버리니까 좀처럼 논점이 만들어지지 않지요.

구리하라 · 그래도 유토리나 '전국학비장학금문제대책위원회'가 데모를 하고, 학생지원기구나 문부성에 들이닥치고 한 덕분에 장학금을 둘러 싼 상황이 조금씩 좋아졌다고 생각합니다. 미디어도 그런 학생의 움직임에 관심을 보이고 있고, '빌리도록 강제되고 있는 면'을 무시할 수 없게 되어 소득연동제나 상환유예 기간이 설정되었다고 할 수 있지 않겠습니까.

머물 곳을 만들다

구리하라 · '유토리'의 운동과 병행해서 '공동운영 스페이스 리베르탕'을 개설했습니다.

와타나베 · '유토리 전공투' 시대로부터 우리들 사이에는 대학이 머무는 곳이 아니라 통과하는 곳이 되었다는 인식이 있습니다. 각 서클을 연결해서 당국과 교섭하는 역할을 하는 문화연맹도 그저 노는 서클에 지나지 않습니다. 각 서클은 섬처럼 흩어져 존재할 뿐, 학내에 공공 공간이 전혀 없어요. 대학 안에 학생이 모일 장소가 없다면, 밖에다 만들자 하는 뜻으로 2013년 여름쯤에 가쿠라자카(神楽坂)에 방을 빌려서 '리베르탕'을 오픈했습니다. 그로부터 약간의 우여곡절을 거쳐 장소도 히가시 이케부쿠로(東池袋)로 옮기고 지금에 이르렀습니다.[63]

구리하라 · 우리 때는 학내 자치의 공기가 조금은 남아 있었습니다. 2001년에 와세다 지하 동아리방 철거투쟁이 끝나고, 그로부터 1, 2년 정도는 그래도 자유로운 분위기가 있었어요. 학부생 때였던가, 학생들도 교실에서 담배를 피우고 선생도 강의 중에 피우곤 했습니다. 홈리스들이 교내에서 자기도 했고. 그러던 것이 차차 경비원이 늘어나고, 몹시 억압적인 분위기로 변해 버렸어요.

　　와타나베・오, 대단하네요. 우리들은 강압적인 경비원이 교내에 있는 것이 일상이 되어 버렸어요. 학생들부터 자기도 모르게 관료적이 되어서, 구내에서 전골파티 같은 것을 하고 있으면 "여기서는 곤란해요" 같은 말을 듣지요.

　　구리하라・저도 '리베르탕'에 몇 번인가 신세를 진 적이 있습니다만, 어떤 사람인지 몰라도 계속해서 사람들이 모이고 있는 분위기더군요. 정말 좋았어요. 의식적으로 하고 있는 일 같은 것이 있나요?

　　와타나베・문을 잠그지 않고 있습니다. 보안상 문제가 있지만 언제나 열려 있는 공간으로 두고자 합니다. 그리고 대학에 언론의 자유와 토론 장소가 없으므로 어떤 사상을 가진 사람이든 배제하지 않을 것을 주의하고 있습니다. 찾기 어려워서 오려고 하다가 헤매는 사람도 있고 구글맵에도 나오지 않는 장소이지만 누구라도 올 수 있습니다. 이런 장소는 수도권에는 없지 않나 생각하고 있습니다. 누구라도 받아들이고, 술을 마시면서 여러 이야기를 나눈 후에는 자러 오는 장소 같은 곳.

　　구리하라・와타나베 씨는 바로 어제(2014년 11월 2일) '셰어 하우스 대회의@도요대학 백산제(白山祭)*'라는 이름으로 '리베르탕' 협찬 축제 이벤트를 했더군요. 꽤 성황이었던 것 같은데요.

● 도요대학(東洋大学) 축제.

　　　　　　　　　　　　　　　　　　　학생에게 임금을

와타나베 • 작년에 이어 참가했습니다. 작년은 '탈취직활동 심포지엄' 이라는 이름으로 『탈자본주의 선언』의 저자 츠루미 와타루(鶴見済)를 비롯, 외부의 게스트를 초청해서 이야기를 나눴어요. 저는 그때까지 학교 축제가 서클에 소속되어 있는 사람들만의 폐쇄적 축제가 되는 것에 반감을 가지고 있었습니다. 영문 모를 기획을 내면 조금이라도 질서를 어지럽힐 수 있겠다 싶어서였지요. 다행히 도요대학은 학내 서클이 아니더라도 기획을 낼 수 있습니다.

그리고 취직활동 데모를 하면서, 데모는 하나의 표현이기도 하지만, 취직활동에 대해서 좀 더 구체적인 이야기를 대학에서 나누고 싶다고 생각했어요. 취직활동을 하지 않으면 어떤 생활방식을 취할 수 있을까 같은. 지금의 학생은 취업준비 세미나에 참가하면서, '자립'을 재촉받고 있습니다. 거기서 이야기되는 자립은 정규 고용되어서 복리후생 혜택을 받아 아무에게도 기대지 않고 살아가라는 의미의 자립입니다. 그러나 저는 상처는 보듬어야 하고 서로 어깨를 기대면서 살아야 한다고 생각해요. 그런 식으로 '공유적 자립'이 있어도 좋다고 생각합니다. 그런 이야기를 학교 축제에서 해 보고 싶었어요. 도요대학의 학생이 기업에 들어간다고 해서 현실적으로 어디까지 올라갈 수 있는가 하는 이야기를 들으며, 정규 코스를 충실히 따라도 머지않아 벽에 부딪친다는 것이 뻔히 보였습니다. 그렇다고 해서 그 코스에서 내리는 것도 불가능하다면 다른 방법, 숨을 돌리는 방법을 생각해 보고 싶었어요. 그리고 '상처를 보듬는 것', '함께 가능한 자립'을 좀 더 적극적으로 긍정해 가는 의미로, 올해는 셰어하우스를 주제로 했습니다. 빈곤이라든가 청년의 불안정고용을 바탕으로 한 셰어하우스의 존재방식을 찾아보고 공동체의 의미를 다시 묻는다는 문제제기였다고 생각합니다.

학교 축제 기획을 하면 대대적으로 유인물을 나눠 주고 붙이는 것이 가능하지요. 검열도 당하지 않아요. 평소에는 유인물을 나누어 주기가 좀처럼 어렵지요. 금지되어 있는 유인물을 뿌리고 조금이라도 질서를 어지럽히는 것, 그리고 대학이 제시하는 것 같은 자립의 개념을 뒤집는 토론이 가능하다는 것, 좋았다고 생각합니다.

이상(理想)의 대학, 대학의 죽음

구리하라 • 지금까지 말씀하신 것처럼, 와타나베 씨, 오오타키 씨는 우리가 놀랄 만한 학생운동을 전개해 왔습니다. 두 사람에게 대학은 무엇일까요?

와타나베 • 저는 곧 졸업을 앞두고 있습니다. 활동하면서 언제나 염두에 두고 있는 것은 앞에서도 말씀드린 것같이 대학은 통과하는 곳이 아니라 광장이라는 생각입니다. 서클이든 무엇이든 각자가 개별화되어 있기 때문에 다른 생각을 가진 학생들끼리 갑론을박의 토론을 한다든가 하는 건 까마득한 꿈과 같다고 느끼고 있어요. 현실이 그처럼 정반대일수록 공공의 장으로서의 대학, 자본이 개입할 수 없는 유일한 자유의 장소로서의 대학을 이상형으로 갖고 있고 싶어요. 사람들은 좀 더 떠들어도 좋고, 교류해도 좋고, 교실에 더 머물러도 좋을 거예요. 그런 것이 가능한 장으로서 있었으면 좋겠어요.

　　오오타키 • 개인적인 경험으로 말하자면 저는 대학에 들어와서 처음, 인간에게 친숙해졌다고 생각했어요. 대학은 여러 가지 것을 생각하고 의문을 품고, 공부를 하고 책을 읽고 하는 행위가 환영받는 곳이었죠. 다른 장소에서였다면 "뭔지 어려운 말을 하고 있네" 같은 느낌으로 경원시될 행위나 태도가 바람직한 곳으로 여겨지는 장소. 그 점에서 매우 마음이 편해 좋았습니다. 그러나 한편으로 제가 대학에 입학한 2006년에는 2004년의 국립대학 법인화를 거쳐 이미 '대학적'인 것의 죽음이 천천히 시작되고 있었습니다. 이미 죽었지만 체온은 아직 남아 있다는 느낌. 6년간 재학했습니다만 이미 이전의 대학적인 규율훈련(그것이 좋은지 어떤지는 별도로 하고)마저 소멸되고 있지 않았나 하고 생각합니다. 상자=건물·제도만이 남아서, 거기에 자본이든 국가든 외부의 논리가 밀려들어 와 조종되어 가고 있었어요. 이런 곳에 있어 봐야 슬퍼지기만 하겠구나 하고 생각하면서 졸업해 버렸네요.

　　대학의 이상형이라면 와타나베 씨와 동감입니다. 다만 그런 대학상에는 일종의 회고주의적인 면도 있어서 논의하기에는 피상적이지 않을까 싶어요. '좋았던 시절의 대학을 쫓아 봐야 현실은 다르니까 어쩔 수 없지 않냐'라는 반응이 돌아오면 이야기가 끝나 버립니다. 사회운동을 주제로 할 때도 그렇습니다. 예를 들어 해외의 운동은 이렇게 자유롭다고 이야기하면 처음에는 "오! 대단해"라고 하지만, 점점 질려 버려서 "어차피 별세계 이야기지 뭐"라는 식이 되어 버립니다. 이런 비슷한 것을 대학의 토론에서도 느낍니다. 실제로 지금의 일본에서는 국립대학의 문과계 학부를 전부 폐지한다는 이야기까지 나오고 있습니다. 그 이상과 현실의 격차를 어떻게 메울 것인가가 어렵지만 중요한 일이 되고 있다고 생각해요.

성모(聖母) 같은 대학

구리하라 • 오카야마 씨의 최근 책 『햄릿의 대학』을 매우 재미있게 읽었습니다. 제가 가장 좋아하는 것은 "학생은 모두 왕자고, 공주다"라는 구절입니다. 이 학생상에는 와타나베 씨의 이야기에 나온 "대학이 요구하는 자립성"과는 정반대편에 있는 자립성/자율성의 개념이 담겨 있다고 생각했습니다.

오카야마 • 대학은 원래 그리스도교적인 기반 위에서 생겨났습니다. 그러므로 대학에는 라파엘로의 회화를 방불케 하는 성모의 이미지가 있습니다. 파리 거리의 심볼이기도 한 노트르담은 문자 그대로 성모입니다만, 에펠탑도 도시를 지켜 준다는 의미에서는 성모입니다. 그런 수호의 존재가 세계에 분산되어 대학이라는 성모가 되었다고 생각해도 좋다고 봅니다.

수호의 존재라는 것은 자연이어도 좋고, 대학이라도 좋아요. 자연 쪽으로 가게 되면 랭보처럼 시를 그만두고 사막을 헤매게도 되고, 대학 쪽으로 가게 되면 말라르메처럼 시를 쓰면서 상상의 대학을 몽상하게 됩니다. 말라르메는 옥스퍼드대학과 캠브리지대학에서 강연했을 때, 이런 아름다운 꽃과 같은 대학도시와 석탄의 매연으로 더럽혀진 지방도시가 함께 존재하는 영국이라는 나라에 놀랐습니다. 그리고 대혁명으로 대학을 부숴 버렸던 프랑스와는 다르게 특별한 사회적 관용의 정신이 이 나라에는 있다는 것을 인정했습니다. 그 이미지를 바탕으로 시인과 학생이 살 수 있는 공간을 요청하는 '문학의 토지기금'이라는 구상을 프랑스에 가져갔습니다. 그것은 고전이 된 작품 판매의 일부분으로 시인들의 생활을 지원하자고 하는 아이디어였습니다.

프랑스를 비롯하여 유럽에서는 정교분리 후에도 그리스도교적인 대학의 이미지가 지켜지고 있는 면이 있습니다. 그러한 역사적인 대학상을 일본에 어떻게 이식시킬 수 있을 것인가가 문제입니다. 유럽에서는 대학의 무상화라든가 지급형의 원래 의미대로의 장학금이라는 것이 지금까지도 온전히 받아들여질 소지가 있습니다. 그러나 일본에서는 종교조직에 기부하고 정당에 기부하는 일은 있어도 젊은 세대에의 투자를 아끼지 않는 '관용적 사회'의 전통은 약합니다. 일본의 사립대학은 학생이 내는 수업료 없이는 경영할 수 없을 것 같은 대학뿐입니다.

근대의 대학은 종교적 요소를 회수하면서 보편적인, 비종교적인 것으로 존재하게 되었어요. 그러나 현대는 그러한 근대적인 대학의 모델조차 이미 기능하지 못하게 되고 있지요. 그러한 시대이기 때문에 더욱 대학에 성모적 이미지를 요청하고 싶어요. 앞서 와타나베 씨의 '공유적 자립의 공간'이라는 이야기도 모르는 사람들끼리 함께 있을 수 있는 교회와 같은 장소를 상기시키는 점이 있습니다. 예를 들면 콘서트도 그런 장소가 될 수 있을지도 모르겠어요. 그러나 학문뿐 아니라 자유로운 삶도 가능하게 하는 장소라는 의미에서 대학이야말로, 임금을 받을 수 없

는, 자산이 없는 젊은 사람들에게 그러한 장을 제공할 수 있는 장소가
되면 좋겠습니다.

시간강사 문제의 현재

구리하라 · 오카야마 씨는 오랫동안 '알제르 일본'[64]의 회원으로서 일
본, 프랑스의 대학개혁을 비판해 오셨습니다. 알제르와의 만남은 어떤
것이었습니까.

오키야미 · 1995년경 당시 알제르 사무국장이었던 역사학자 크리스
토프 샤를이 일본을 방문했을 때, 모여서 여러 가지 이야기를 들은 것이
계기가 되었습니다. 그 후 일본의 국립대학법인화 전해인 2003년 4월에
일본지부로 '알제르 일본'을 설립했습니다.

구리하라 · 앞서도 이야기하셨습니다만 일본에는 원래부터 대학 무
상화의 사상이 없었고 특히 전후는 오히려 정반대의 방향으로 가고 말
아, 1990년대에는 철저한 신자유주의 개혁이 단행되었습니다. 그리고
2004년의 국립대학 법인화로 대학의 신자유주의화가 병적으로까지 진
행되었습니다. 그 징후는 교수들의 고용에서 가장 단적으로 나타나고
있다고 생각합니다. 지금 시간강사는 5년을 상한으로 해고되는 것 같은
믿기 어려운 사태에 처해 있습니다.[65] 와세다대학 교원조합의 집행위원
장으로서, 이 문제에 집중해 오시면서 지금 어떤 생각을 하고 계십니까.

오카야마 · 2012년 9월에 수도권 시간강사조합 와세다 유니온 분회

　　　　　　　　　　　　　　　학생에게 임금을

가 결성되었습니다. 이것은 중요한 사건이었다고 생각합니다. 우선 와세다 유니온이 생기고 처음으로 와세다의 전임조합(와세다대교원조합)과 시간강사조합의 대화의 장이 만들어졌습니다. 시간강사들은 그때까지 와세다대학 내부에서도 좀처럼 발언하지 않았습니다. 그때까지는 쭉 이사회와 전임조합이 한편이 되어 시간강사를 관리하고, 거기다 학생을 관리하려고 했습니다. 그런 관계성이 와세다 유니온의 탄생에 의해 달라졌습니다. '강사·학생·전임교원' 대 '이사회'라는 구도가 새로운 가능성으로 나타난 것입니다. 한편으로는 전임과 강사 사이에 입장과 격차를 둘러싼 미묘한 갈등도 생겨났습니다만, 적어도 이사회와 전임교원의 결속에 틈이 생기면서부터 전임과 시간강사, 교원과 학생의 연대가능성이 보이기 시작했다고 생각합니다.

진실로 열린 대학을 바라며

오카야마 • 메이지 이후의 역사를 돌아보면, 일본의 대학이 성모와 같았던 적은 한번도 없습니다. 예를 들어 와세다대학은 성모라기보다, 늘 정치적인 대학이었습니다. 오오쿠마 시게노부(大隈重信)는 메이지 14년 정변으로 하야한 후, 정당과 학교를 동시에 만들었습니다. 그 5년 전에 세이난의 반역(西南の役)이 일어나 스와큐슈(すわ九州)에 독립정권이 발족될 위기를 겨우 넘겼던 메이지 정부도 여기에는 깜짝 놀랐을 것입니다. 그리고 이토 히로부미(伊藤博文)는 그런 정치적인 학교가 아니라 국

가를 위해 일하는 온순하고 우수한 테크노크라트를 기르는 곳이 있어야 한다고 생각하여 도쿄대학을 제국대학으로 만들었습니다. 그러나 그것도 역시 극히 정치적인 대학이었습니다. 실제로 프랑스의 사회학자 피에르 부르디외가 말한 것처럼 지금의 도쿄대학에도 8세기 이래 일본의 오래된 국가귀족이라는 전통이 살아 있습니다.

그러한 전통의 기반 위에 있는 일본 고유의 학교(도쿠가와 막부가 만든 학교와 막부의 사숙)와 프랑스의 그랜드 에콜, 독일의 대학, 미국의 사학을 절충함으로써 일본의 대학은 만들어졌습니다. 이러한 모델이 1919년 대학령에 의해 긍정됨으로써 국가적인 일본의 대학 시스템―공공 섹터와 민간 섹터가 함께 국가에 의해 관리받는, 세계적으로도 드문 시스템 ― 이 완성되었습니다. 전후, 이 시스템은 비판받았고 민주화·대중화의 요구가 거셌지만 본질적으로는 아무것도 변하지 않았습니다.

구리하라 • 전후에 '대중화'라는 축을 바탕으로 수업료가 점점 올랐지요.

오카야마 • 오히려 전후의 대학은 전전의 대학의 좋은 점까지 없애 버렸다고 생각해요. 구제(舊制) 고등학교의 엘리트들은 그 나름대로의 자유를 향수하고 있었습니다. 그 자유는 오히려 확대되어야만 했습니다. 그러나 국가는 그것을 위한 노력에 인색했어요. 모든 사람들에게 개방된 대학이란 이런 거겠지, 하는 막연한 이미지 위에 사학의 수만 무턱대고 늘리고 있었습니다. 그러한 '대중화'의 종착역이 지금입니다. 이미 국가와 문부성은 대학을 비호하려고도 하지 않고, 대학도 우리를 비호하지 않아요. 비호는커녕 지금도 유상으로, 전후로부터 신자유주의 개

학생에게 임금을

혁을 거쳐 수업료의 문턱이 매년 올라가고 있습니다. 알제르도, 와타나베 씨, 오오타키 씨의 운동도 이러한 신자유주의 개혁에 대한 대안을 찾고 있다고 생각합니다.

구리하라 • 오카야마 씨는 최근 와세다대학에서 파업을 일으키는 것을 구상하고 있는 것 같습니다.

오카야마 • 학생의 학비와 장학금이라는 문제와 함께, 교원의 임금이라는 문제가 있습니다. 수도권 시간강사조합은 현재 주 1강좌당 월 5만 엔으로 올려 달라고 요구하고 있습니다.(현재는 한 강좌당 수천 엔~2만 5천 엔 전후) 7강좌를 하면 월 35만 엔의 수입이 되어 어떻게든 생활할 수 있다고. 그러나 와세다대학의 이사회는 앞서 구리하라 씨가 말한 것처럼, 노동계약법의 개정을 기회로, 강좌 수의 상한을 4강좌로, 그리고 5년까지밖에 일할 수 없도록 하는 시간강사 취업 규정을 만들었습니다. 와세다 유니온 분회는 직접적으로는 거기에 대항하기 위해 만들어졌습니다.

와세다대학은 교양교육을 충실하게 한다는 명목으로 한층 더 수업료를 인상하고 있습니다. 전임교직원들은 2000년대에 들어와서 승급도 없고, 상여금도 깎였고, 연구비도 반으로 줄어든 상황입니다. 그러나 대학의 재정은 결코 나쁘지 않습니다. 경영수지는 상당한 흑자입니다. 그 흑자난 부분은 어디에 쓰느냐고 물으면 이사회는 중기적인 개혁을 위해 쓴다고 말합니다. 예를 들어 문부성의 '수퍼 글로벌 대학'(!)이라고 하는 경쟁적 자금이 있습니다만 그런 자금을 받을 수 있는 방향으로의 개혁(학생과 시간강사 수를 줄이고 전임 수를 늘리는)을 위해 모아 둔다는 것입니다. 확실히 와세다대학은 이 경쟁적 자금에 응모하여 채택되었습니다. 그러나 응모를 위해서는 연봉제 도입이 전제되어 있습니다. 문부성과 이사회는 한통속인 것입니다.

이런 실태를 사회에 널리 알리기 위해서는 파업밖에 없습니다. 그러나 전임조합의 내부에는 학생을 인질로 잡아서는 안 된다, 와세다를 블랙 대학으로 지탄하는 강사들과 함께 싸울 수 없다, 파업을 하면 조합에서 탈퇴자가 나온다(그렇지만 파업권은 조합원 78퍼센트의 찬성을 얻어 확립되었다), 차기 집행부로의 인계시점이 다 되었다 등등의 의견이 있어서 결국 조정되지 못하고 끝났습니다. 그러나 파업을 할 가치는 지금도 있다고 생각합니다. 파업을 통해 학생은 학비 무상화와 지급형 장학금의 확보를, 시간강사는 1강좌 5만 엔을, 전임은 연구비 감액 철회를 요구할 수 있습니다. 동시에 심포지엄을 개최하여 전임, 강사, 학생이 각자의 요구를 내건 가운데 서로 공유할 수 있는 대학의 이미지를 궁구하면 좋겠습니다. 3·11 후, 우리는 그 이미지를 이미 보고 있다고 생각합니다.

구리하라 • 아마도 내 주변에서 이상하다 여겨지는 일이 있다면 참지 말고 진심으로 목소리를 내라든가, 그것을 변화시키기 위해 무언가를 해 보라든가, 금방 되지 않더라도 친구들과 천천히 생각해 보라든가, 그런 것을 실천하고 배워 가는 것이 교육의 참의미겠지요. 오카야마 씨의 이야기를 들으면서 파업이란 그런 것이었지 하고 다시 한 번 생각하게 됩니다. 대학교원이 교육의 표본으로 파업을 벌인다. '좋았어, 그럼 시작해 볼까' 하는 기분으로 말이죠.

(2014년 11월 24일 신주쿠에서)

학생에게 임금을

와타나베 미키(渡辺美樹)

1991년생, 도요대학(東洋大学) 사회학부 2부 사회학과 재학. 전공은 사회학. 대학 2년생 때부터 '유토리 전공투(ゆとり全共鬪)' 같은 학생운동, 노숙자 운동에 관여해 왔다. 현재는 '공동운영실험 스페이스 리베르탕(共同運營実験 スペース りべるたん)' 운영원으로 활동 중이다.

오오타키 마사시(大滝雅史)

1988년생. 홋카이도대학 문학부 졸업. 현재 일본복지교육전문학교 재학(정신보건 복지사가 될 예정). 홋카이도 대학 재학 중에 취직활동을 둘러싼 문제에 대해 학생의 입장으로 이의를 제기하기 위해 '꺼져 버려 취직 활동 데모'를 기획, 실행했다.

오카야마 시게루(岡山茂)

1953년생. 와세다대학 정치경제학술원 교수. 전공은 프랑스 문학. 저서로 『햄릿의 대학』(신평론, 2014), 역서로 크리스토프 샤를 · 쟈크 베르제, 『대학의 역사』(타니구치 키요히코와 공역, 백수사, 2009) 등이 있다. 와세다대학 교원조합 집행위원장을 역임했다.

무장투쟁을 감춘 민중의

가스미가세키(霞ヶ関)를 넘어서 간다

제로(零)에 몸을 맡기고

— 아카세가와 겐페이(赤瀬川原平), 〈대일본 영 엔 지폐(大日本零円札) 포스터〉, 1967

● 아카세가와는 일본의 전위예술가로, 인용된 「대일본 영 엔 지폐」는 '천 엔 지폐 재판' 사건의 과정에서 제작되었다. '천 엔 지폐 재판'은 1965년에서 1967년까지 진행된 사건으로 '표현의 자유'와 관련한 일본 미술사의 가장 유명한 사건 중 하나이다. 아카세가와가 '천 엔 지폐'를 인쇄소에서 인쇄하여 '오브제'로서 사용한 것이 발단이 되어 사건은 기소, 재판에까지 이르게 되었다. 아카세가와는 '천 엔 지폐'를 당시의 자본과 물질을 대표하는 매체로 선택했고 이를 활용하여 자신의 예술의식을 표현한 것이다. 검찰은 이 당시 아카세가와를 '지폐위조' 혐의로 기소하였고 아카세가와의 사상이 불온하다는 의견도 덧붙였다. 인용된 구절 중 가스미가세키(霞ヶ関)는 국회와 여러 행정부처가 모인 지역의 지명이다.

이 책의 원고를 2009년부터 쓰기 시작했다. 이 무렵 나는 친구들과 함께 장학금 상환 연체자 블랙리스트에 반대하여 항의문을 들고 일본 학생지원기구에 쳐들어가기도 하고, 이 문제의 책임자인 도쿄대학 교수 고바야시 마사유키(小林雅之)에게 직접 불만을 표하러 가기도 했다. 물론 항의문이라든지 유인물을 만들려면 나름의 지식이 필요했다. 그래서 여러 가지 조사를 해 보았지만 좀처럼 좋은 입문서가 없었다. 그나마 있는 것이라곤 온통 비판할 것투성이인 고바야시 씨의 『진학 격차』[66] 정도 였다. 그래서 동료들과 이야기를 하다가 그렇다면 우리끼리 만들어 보자는 생각으로 내가 쓰게 되었다.

그런데 막상 다 쓰고 나자 출판이 문제였다. 이왕 쓴 것이니 저렴한 가격으로 많은 사람들이 읽게 하고 싶었다. 어떤 친구가 유명 출판사의 신서(新書) 시리즈에 포함시켜서 내면 부수도 엄청나고, 인세도 잔뜩 들어온다고 가르쳐 주어서 "우아! 그거 좋은데" 하며 신서를 내고 있는 큰 출판사들을 돌아다녀 보았다. 실제로 그 즈음 나는 대학원의 박사과정을 만기졸업하고 운 좋게 시간강사 자리를 소개받았지만 한 학기에 고작 한 강좌밖에 못하고 있었다. 돈이 없었다, 돈이 필요했다, 그것도 아주 많이. 그래서 책으로 한밑천 잡는다는 소리를 듣고 완전히 들떠 있었다. '인세를 받으면 친구들을 불러 몸보신 식당에 가야지' 같은 생각만 하고 있었다. 순진했다.

시기상조였던 점도 있었을 것이다. 출판사에 가지고 가 보았으나 1년 정도 검토가 계속된 끝에 무산되어 버렸다. 이유는 몇 가지 있었지만, 원래 신서의 주요 독자층인 샐러리맨에게 대학 무상화 같은 주제가 먹히지 않는다고 들었다. 게다가 그런 이야기를 하려면 대학교수의 직함이 없으면 안 된다는 것이었다. 분명히, 그랬을 것이다. 지금이야 대학의 학비와 장학금이 사회문제로 인식되고 있고, 샐러리맨들도 자기 자식들을 대학에 보내기에 돈이 부족하므로 관심을 가지리라고 생각되지만 당시는 아직 그렇지 않았다. 학생을 보는 시선도, 지금이야 취직활동으로 힘들겠다 하는 것이 사회상식이 되었지만 그 당시는 취직활동이 힘들다든가 하는 것은 어리광일 뿐이라는 생각이 지배적이었다. 제대로 공부도 하지 않고 놀기만 하니까 취직이 안 된다는 말을 듣는 것이 보통이었다.

게다가 이 책의 입장이 대학은 모라토리엄이라고 말하고 있는 것이었으니, 더욱 경과가 나빴을 것이다. 애써 대학에 들어왔으니 학생들은 천천히 시간을 들여 자신의 인생을 스스로 결정하면 된다고 나는 생각하고 있다. 수험, 진학, 취직, 결혼. 처음부터 결정된 인생의 사다리 같은 것은 걷어차 버리고, 자신의 인생을 한 번 더 선택하면 된다. 원점에 서서 하고 싶은 것을 해 보든 말든 한다. 아무것도 하고 싶은 것이 없으

학생에게 임금을

면 빈둥빈둥 잠이나 자면서 보내면 된다. 사회문제라고 할 때의 '사회'라는 것도 신경 쓸 필요가 없다. 취직활동을 위해 노력하고 있다든가 하는 눈치를 볼 필요도 없다. 좋아하는 것을 좋은 만큼 배우고, 좋을 대로 표현하면 된다. 아마 그렇게 어딘가에 한번 몰두해 본 사람은 그 감각을 잊지 않을 것이다. 졸업을 하고 몇 년이 되어도 다시 원점으로 돌아가고 싶어라고 생각해 버린다. 나는 대학에 재학 중이든 그렇지 않든 그런 것을 바라고 있는 사람을 학생이라고 생각한다. 아니 그것뿐만이 아니다. 대학에 진학하지 않은 사람도 마찬가지다. 계속 방에 틀어박혀 자신의 인생을 다시 선택하는 사람도 있을 것이고 친구와 바보 같은 소동을 벌여 경찰에 잡혀가서 도리없이 원점으로 되돌아가는 사람도 있을 것이다. 그런 사람들을 전부 통틀어서 학생이라 하는 것이다. 긴급상황에서 모든 채무에 대한 지불을 유예하는 모라토리엄처럼 성장과 계발보다 멈춤과 유예가 우선되는 대학, 그러니 학생에게 임금을. 누구든 상관없이 돈을 주어라. 그런 이야기를 하고 있었던 탓에 당시는 받아들여질 여지가 없었던 것이다.

21세기의 괴물

그러고 있는 사이에 꽤 시간이 흘렀다. 안타까웠다. 그러나 이것저것 해 보는 것은 좋은 일이다. 출판을 위해 애써 주었던 편집자가 어떤 학생을 소개시켜 주었다. 그녀가 좌담회에도 참가해 주신 와타나베 씨이다. 대지진 후 2011년 겨울쯤이었을까, 당시 그녀는 대학 1학년으로 주변의 친구들과 '취직활동 쳐부수자 데모'라는 것을 하고 있었다. 나와 내 친구들은 일하지 말자라는 말을 자주 하곤 했지만 그래도 그런 말을 하면 좌우파를 불문하고 호되게 비판을 받고는 했다. 그래서 열심히 공부해서 반노동이 어쩌고 하는 이론을 익혀 왔던 것인데, 지금은 그런 것과 달랐다. 그녀들은 대학에 들어온 순간부터 취직활동이 위험하다는 것을 알고 있었다. 그래서 노동이 어떻다든가 하는 것을 생각할 필요가 없이, 배울 것도 없이, 처음부터 하는 일이 반노동이었다. 괴물이다.

와타나베 씨가 슬슬 학비와 장학금 문제로 데모를 해볼까 한다고 했고 이쪽에서 보자면 그렇게 감사한 일이 없었다. 이 책의 데이터를 가지고 꼭 힘을 보태 달라고 말했던 기억이 난다. 그것이 인연이 되어 그녀들이 데모나 항의행동을 할 때 초대받기도 하고, 가끔은 훌쩍 놀러도 가게 되었다. 그녀들의 행동력은 정말로 대단한 것이어서 2, 3년 하는 동안에 점점 미디어의 주목을 끌기 시작했고 그 영향을 받았는지 변호사와 노동조합, 정치가, 요컨대 어른들이 움직이기 시작했다. 여전히 학비는 비싸고 지급형 장학금도 없으니 대학 무상화는 아직 멀었지만, 그래도 소득연동제의 장학금이 도입되었고 저소득자에 대한 상환유예는 최대 10년까지 연장되고 있다. 가끔 서점에 들러 보면 장학금 문제의 저작이 진열되어 있고, 시간강사 문제도 쉽게 읽을 수 있게 되었다. '대학은 모라토리엄'이라고 본 저작물들도 나오고 있다.[67] 흐름이 바뀌었다.

그런 분위기에서, 신평론의 요시즈미 아야(吉住亜矢) 씨로부터 원고를 출판해 보지 않겠느냐는 권유를 받았다. 요컨대 이 책이 세상에 나오

학생에게 임금을

게 된 것은 단지 내 노력에 의한 것이 아니다. 주위의 덕택이다. 관심을 가져준 편집자들, 취직활동 쳐부수자라든가, 대학을 무상화하자든가 말해 온 학생들 덕분이다. 이 책을 통해 줄곧 빚을 갚지 말자고 말해 왔으므로 은혜를 갚겠다든가 하고 말할 생각은 없지만 그저 솔직하게 감사의 뜻을 표하고 싶다.

할아버지의 유언

그런데 요 4, 5년 동안 내 생각이 바뀌지 않고 그대로인가 하면 그렇지는 않다. 물론 대학은 모라토리엄이라는 입장은 변하지 않았지만, 그것을 논하는 방법이 바뀌었다. 예전에는 정권으로부터 돈을 끌어내기 위해서 뭔가 논리를 짜내야만 한다고 생각했다. 예를 들어 학생이 돈을 받는 것은 그 지적 활동이 사회에 도움이 되기 때문이라든가 하는. 설령 지금 어떤 도움이 안 된다 하더라도 5년 후, 10년 후 혹시 도움이 될지도 모른다. 그러니까 장래를 위한 사회적 투자로 학생임금을 주면 좋겠다 정도의 말을 하고 있었다. 본심은 대학은 모라토리엄의 공간이니까 사회 같은 건 생각하지 않고 좋아하는 것만 해도 좋다고 생각했지만 정부로부터 돈을 받기 위해서는 본심과는 다른 말을 해도 된다고 생각하고 있었다. 사회에 신경을 쓰고 있었던 것이다.

이에 비해 지금의 나는 좀 더 솔직하다. 일하지 않고 돈만 받고 싶다. 이 책에서는 사용료를 내라고 서술했지만, 원래 지식이라는 것은 천연자원이랄까, 긴 세월에 걸쳐 전통적으로 배양되어 온 공공재라고 해야 할 것이다. 누구의 것도 아니고, 모두가 활용하여 늘 새롭고 쓸모있게 만들어 간다. 그저 다양하게 풍부하게 되어 갈 뿐인 감사한 재산. 그런데도 기업은 지식을 독점하여 다른 사람이 쓰지 못하게 하고, 가격을 붙여서 우열을 정하곤 한다. 그런 민폐를 끼치고 있으므로 공공재 사용료로 우리에게 돈을 내라고 하는 논리이다. 그러나 솔직히 지금의 나는 그런 논리가 없다고 하더라도 그냥 돈을 달라고 해 버릴지도 모른다. 돈이 필요하다. 지금 당장. 지금의 나에게는 이런 이유로 이만큼 사회에 도움이 되니까 돈을 달라거나 그런 말을 할 여유가 없는 것이다.

'3·12'[68] 이후 나는 놀랄 만큼 정직해졌다. 제멋대로라고 해도 좋다. 방사능을 뒤집어쓰고, 갑자기 노인이 되었다고나 할까, 한 바퀴 돌아서 아기가 된 것 같은 기분이다. 원래 원자력발전소는 부채와 마찬가지로 사람들에게 부담을 지우는 기능을 다해 왔다.[69] 일단 바보같이 큰 건물이 서고 나면 그 안에서 일하는 사람들과 그 근처에서 살아가는 사람들은 전력회사와 정부, 전문가가 하는 말을 듣지 않을 수 없게 된다. 사고가 일어나면 모두가 죽기 때문이다. 원자력발전소 작업원은 아무리 노동조건이 나빠도, 파업은커녕 게으름을 피울 수도 없다. 근처의 사람들도 마찬가지, 아무리 원자력 발전소가 싫어도 기계를 멈추고 부수는 일 같은 것을 할 수 없다. 원자력 발전의 안전한 운영을 위해 전문가가 하는 말을 듣지 않을 수 없다. 그렇게 하지 않는 것은 나쁜 일이며, 생각 없는 짓이다. 삶의 부채화다. 무엇에 빚진 것처럼 끊임없이 기계를 돌리는 것 말고 선택지가 없으니까 말이다.

지금 그 원자력발전소는 폭발했고, 동북 관동의 사람들은 방사능을 잔뜩 뒤집어썼다. 여기저기 세슘투성이, 공기를 마시는 것도, 식사를 하는 것도, 모두 피폭과의 싸움이 되었다.[70] 매분 매초, 원자력발전소 사고의 위기에 노출되어 있는 것 같다. 정부와 전문가는 언제나 '방사능은 위험하지 않다고, 히스테리는 사회를 패닉 상태로 몰아갈 뿐'이라고 말한다. 나는 그들의 말을 믿지 않지만 정부와 전문가들의 말을 듣다 보면 내 생각이 스스로 부담스럽게 여겨지기까지 한다. 장학금 문제도 마찬가지다. 장학금 때문에 부채만 늘어가고 있고 삶은 더 고단해지고 있는데 불만을 말해서는 안 된다니. 이제 할 만큼 했다. 한계다.

3·12 이후의 이야기를 좀 더 해 보자. 당시 나는 한동안 아무것도 생각할 수 없었다. 우선 방에서 뒹굴뒹굴하며 지냈다. 자, 이대로 죽은 듯이 살면 될까, 그런 생각이나 하면서 말이다. 그런데 2011년 12월 외할아버지가 돌아가시고 정신이 들었다. 외할아버지는 군마(群馬)에서 농사를 짓던 분이다. 친할아버지는 벌써 돌아가셨으므로 나에게는 마지막 남은 할아버지였다. 어렸을 때부터 무척 귀여워해 주셨다. 위암으로 입원하셨는데 위독하다는 연락을 받고 사이타마(埼玉)의 집에서 군마의 병원까지 달려가게 되었다. 부모님들은 아침 일찍 가셨고 나는 전차로는 갈 수 없어서 당시에 사귀고 있던 여자친구에게 차를 태워 달라고 했다.

병실에 들어서자 부모님과 친척들이 울고 있었다. 할아버지는 마침 의식이 돌아와서 무언가 나에게 말을 걸려고 했다. 뭘까? 가까이 다가갔다. "끄윽, 끄윽" 가래를 뱉고 싶은 것일까. 어머니 쪽을 보니 "할아버지가 너에게 뭔가 말하고 싶으신 거야" 하셨다. 할아버지에게 가까이 가서 입술 끝에 귀를 갖다 대었다. "뭐예요, 할아버지." 그러자 할아버지는 뱉어 버리듯이 이렇게 외쳤다. "끄윽, 끄윽, 사노 라면." 엉? 무엇을 말하시는 거지? 나는 당황해서 어머니를 바라보았다. 어머니가 "할아버지는 사노(佐野)의 라면을 좋아하셨어"라고 말씀해 주셨다. 그리고 잠시 후 할아버지는 돌아가셨다. 사노(佐野) 라면. 그것이 할아버지의 유언이었다.

처음에 나는 어쩐지 실망스러웠다. 할아버지는 다이쇼(大正) 시대 출생으로 20대 때 제2차세계대전을 경험하고 어떻게 살아남아 전후의 어려운 시기를 통과해 왔다. 전후, 농업을 계속하는 것만으로도 매우 힘들었을 것이다. 그런 할아버지가 돌아가시기 직전 말씀하신 것이 '사노의 라면'이다. 처음에는 실망했으나 그것은 점점 어떤 깨달음으로 바뀌었다. 인간이란 원래 그런 것이 아닐까. 병원에서 돌아오면서 여자친구와 도치기 현(栃木県)의 사노 지역까지 가서 라면을 먹었다. 오랜만에 먹은 그 라면은 닭육수 베이스의 간장 맛. 넓적하고 얄팍한 면에 국물이 스며 있었다. 엄청나게 맛있었다. 병원에서 긴장해 있던 내 몸이 점점 풀려가는 것을 느꼈다. 몸속으로 에너지가 스며 들어왔다. 아아, 이것이 살아간다는 것인가.

나는 전력을 다해 면을 삼키면서 그렇구나, 그렇구나 하며 혼자서 응응 하고 끄덕거렸다. 히죽거리는 꼴을 보고 옆에 있던 여자친구는 '기분 나빠'라며 핀잔을 주었지만 나는 참을 수 없이 기뻤다. 알게 된 것이다. 분명 나이를 먹고 죽음이 임박하면 쓸데없는 것들은 떨어져나가는 거겠지. 가정을 위해서, 마을을 위해서, 나라를 위해서, 무언가 하지 않으면 안된다든가 하는 감정은 모두 없어져 버린다. 유산 분배가 어떻고, 지금부터 일본의 농업은 어떻게 될까라든가 따위 어떻게 되든 상관없어져 버

학생에게 임금을

리는 것이다. 어차피 죽을 거라면 최후의 한순간까지 아니, 최후의 한순간만이라도 좋으니 나의 욕망에 충실하고 싶다. 위암으로 고통받던 사람이, 최후에 내뱉듯이 한 말은 자신의 순연한 감정 그 자체였다. "끄윽, 끄윽, 사노의 라면."

피폭학생, 제로 지점에 서다

그런 일이 있고 나서 나는 완전 제멋대로가 되었다. 방사능에 무방비 상태로 노출되고 곳곳에 죽음이 도사리고 있는데 이제 와서 사회에 신경을 쓴다든가 하는 것이 무슨 의미가 있으랴. 하고 싶은 것, 말하고 싶은 것을 망설이는 일 따위, 이제 딱 질색이다. 대체로 가난뱅이와 학생은 식사 한끼를 하는데도 인내를 강요당해 왔다. 부자라면 돈을 내고 아무 노력 없이 방사능 제로 지역에 있는 것이 가능하다. 일반가정에서도 주부가 아주 애를 쓰면 안전한 식재료를 얻는 것이 가능할 것이다. 그러나 혼자 살면서 아르바이트로 생활하는, 돈도 시간도 없는 사람은 어떻든 아무 생각 없이 싼 것에 손을 댈 수밖에 없다. 싼 체인점에서 식사를 하고서 엉망으로 방사능 피해를 입는 일도 있겠지. 어쩔 수 없다고, 자신에게 말하면서.

학생도 마찬가지다. 돈이 없고, 게다가 건강에는 자신이 있는 나이이니까, 자기도 모르게 호구를 잡히고 만다. 예를 들어 이것은 친구에게 들은 이야기인데, 지금 리쓰메이칸대학(立命館大学)의 학교식당에서는 후쿠시마정식이라는 것이 대인기라고 한다. 분명 아무도 사지 않는 후쿠시마의 식재료가 대학으로 밀려들어온 것이다. 야채, 쌀, 해산물 그리고 거기에 붙어 오는 '후쿠시마 살리기 운동' 따위. 평소라면 초호화 등급인 식사가 3백 엔 정도에 제공된다. 실제로 후쿠시마의 식재료는 전국 1, 2위를 다툴 정도로 맛있으니까 그런 것을 식욕 왕성하고 가난한 학생이 먹게 되면 끊을 수 없게 된다.

물론 이상하다고 생각하는 학생들도 많을 거라고 생각하지만 그래도 방사능을 가지고 우물거리는 게 히스테리라든가, 후쿠시마를 살리기 위해서는 어쩔 수 없지 않냐든가 하는 소리를 들으면 아무 말도 할 수 없게 된다. 그러나 세슘투성이 식재료를 먹는 것은 원자력발전이 폭발하는 것과 마찬가지이다. 죽음과 직면하게 되는 상황에서 잠자코 있어도 되는 것일까. 확실히 할 것은, 대학이 가난한 학생을 바보 취급하고 있다는 것이다. 어차피 이 녀석들은 화내지 않는다고. 나는 할아버지의 유언을 걸고 이렇게 말해 두고 싶다. 후쿠시마 정식 곱빼기를 뒤집어엎어라. 참지 않아도 된다. 학생임금을 쟁취하여 제대로 된 식사를 하자.

물론 식사뿐만이 아니다. 어렵게 대학에 들어와도 많은 학생은 취직 활동을 위해 온갖 잔소리를 들으며 4년간을 헛되게 보내 버린다. 혹시 하고 싶은 것을 하기 위해 자신의 연구는 이렇게 사회에 도움이 된다고 어필하고, 정부와 대학에서 돈을 받으려고 하는 학생이 있을지도 모른다. 그러나 대부분은 초심을 잃고 무엇이 하고 싶었는지 알 수 없게 된다. 그중에서도 동북, 관동지방의 인간에게 그럴 시간이 얼마나 주어져 있겠는가. 나는 이제 순순히 감정에 걸어도 좋지 않을까 하고 생각하고 있다. 연애가 하고 싶다, 책을 읽고 싶다, 떠들고 싶다, 마음껏 쓰고 싶

학생에게 임금을

다, 여행하고 싶다, 맛있는 것을 먹고 싶다, 지금 바로. 그것이 가능하다면 죽어도 좋다고 생각한다. 대개 그렇게 생각하고 있으면 그게 재미있어서 또 같은 짓을 해 버린다. 한 번 더, 한 번 더. 제로 지점은 반복된다. 우리 모두는 언제나 대학생이다. 우리는 앞으로도 몇 번이나 대학에 가고 또 갈 것이다. 끊임없는 모라토리엄을 위해서. 학생에게 임금을. 이것이 이 책의 유언이다.

1) 야부 시로(矢部史郎), 「학생에게 임금을(学生に賃金を)」, 『사랑과 폭력의 현대사상(愛と暴力の 現代思想)』, 青土社, 2006, p114.

2) 「토론 : 대학의 곤란(討論 大学の困難)」, 『현대사상(現代思想)』 2008년 9월호, p84. 시라이시 씨 의 대학론에 대해서는 『불순한 교양(不純な教養)』(青士社, 2009)도 참조할 것.

3) 국제인권규약(정식 명칭 '경제적, 사회적 문화적 권리에 관한 국제규약(A규약)')은 세계인권선언 (1948)의 내용을 기초로 하여 작성된 인권에 관한 조약 · 규약. 인권조약 중에서도 포괄적인 것이다. 1966년 12월 16일, 제21회 국제연합총회에서 채택, 1976년 발표되었다.

4) 토니 피츠패트릭(Tony Fitzpatrick), 『자유와 보장─기본소득 논쟁(自由と保障ーベーシック·イン カム論争)』, 다케가와 쇼우고(武川正吾) · 키쿠치 히데아키(菊地英明) 옮김, 勁草書房, 2005, p70.

5) 토니 피츠패트릭, 같은 책, p71.

6) 세키 히로노(関曠野), 『후쿠시마 이후(フクシマ以後)』, 青士社, 2011, p204.

7) 오스기 사카에(大杉栄), 「도박본능론(賭博本能論)」, 『오스기 사카에 전집 제2권』, 現代思潮社, 1964, p78~79.

8) 불가시위원회(不可視委員会), 『도래해야만 할 봉기(来るべき蜂起)』, 번역위원회 옮김, 彩流 社, 2010, p41~42.

9) 야부 시로(矢部史郎), 『원자력 도시(原子力 都市)』, 以文社, 2010, p180~182.

10) 토이 주가츠(戸井十月), 『깃발과 포스터(旗とポスター)』, 昌文社, 1978, p43~44.

학생에게 임금을

11) 블로그 〈대학생 시를 뿌리다(大学生詩を撒く)〉(http : //daigakuseishiwomaku.blogspot. com/2010/02/blog-post.html), 2010. 2. 7.

12) 『도래해야만 할 봉기』, 앞의 책, p15~16.

13) 티쿤(Tiqqun), 「어떻게 하면 좋을까(どうしたらいいか?)」, 『VOL 04』, 以文社, 2010, p259~260.

14) 교토부 학생자치회 연합회(京都府学生自治会連合会), 학비 제로넷(学費ゼロネッ http : // www.geocites.jp/fugakuren/)이 실시한 2008년 학비실태 설문조사(学費実態調査アンケート) 에서 인용함.

15) 코바 게이이치(古葉計一), 「장학금 반환에 관하여(奨学金返還をめぐって)」, 『控室』 제68호, 2008. 9. p3.

16) 코바 게이이치, 위의 글, p3~4.

17) 일본학생지원기구, 「장학금상환기간의 유예에 대하여」, 2009. 6. 9.

18) 전원협(전국대학원생협의회)이란 대학원생 자치조직의 전국연합회이다. 대학원생의 사회 · 경제적 지위 향상을 목적으로 활동하고 있으며, 매년 전국 규모의 설문조사를 실시하고 그 결과를 바탕으로 관련 정부부처나 국회의원에게 정책 제안을 하고 있다.

19) 2009년 6월부터 시행된 전원협의 최신 설문조사 결과에 의하면 '장학금을 신청하지 않았다'고 답한 학생의 1/4에 해당하는 26.5퍼센트(185명 중 49명)가 그 이유로 '상환할 수 있을지 불안하여' 라고 답했다. 이 비율은 작년의 조사결과인 21.5퍼센트보다 5퍼센트 가까이 오른 것이다.

20) 고바야시 마사유키(小林雅之), 『진학격차─점점 심각해지는 교육비 부담(進学格差─深刻化する教育費負担)』, ちくま新書, 2008.

21) 전원협의 2009년 자료에 따르면 연구, 생활 또는 장래의 걱정거리로 회답자 전체(618명)의 71.9퍼센트가 '취직 불안'을, 67.6퍼센트가 '경제상의 불안'을 들고 있다. 또 연구주제 설정 시에 외부 지원과 취직을 생각하는 응답자는 전체의 31퍼센트나 된다.

22) 프랑코 베라르디(Franco Berardi), 『프레카리아트의 시(フレカリアートの詩)』, 사쿠라다 카즈야(櫻田和也) 옮김, 河出書房新社, 2009. p50~51. (『프레카리아트를 위한 랩소디─기호자본주의 불안정성과 정보노동의 정신병리』, 정유리 옮김, 난장, 2013.)

23) 존 홀로웨이(John Holloway), 『권력을 잡지 않고 세상을 바꾼다(権力を取らずに世界を変える)』, 오오쿠보 카즈시(大窪一志) · 요모노 오사무(四茂野修) 옮김, 同時代社, 2009. p376. (『권력으로 세상을 바꿀 수 있는가』, 조정환 옮김, 갈무리, 2002.)

24) 마우리치오 라차라토(Maurizio Lazzarato), 『'부채인간' 제조공장('負債人間' 製造工場)』, 스기무

라 마사아키(杉村昌昭) 옮김, 作品社, 2012. (『부채인간』, 허경·양진성 옮김, 메디치미디어, 2012.)

25) 이 보고는 츠츠미 세이지(堤淸二)·하시즈메 다이사부로(橋爪大三郞)·오오사와 마사치(大澤 眞幸)·『선택·책임·연대의 교육개혁(완전판)—학교의 기능회복을 향하여(選擇·責任·連帶の教育改革(完全版)—学校の機能回復をめざして)』(勁草書房, 1999)에서 읽을 수 있다.

26) 같은 책, p9.

27) 같은 책, p91.

28) 오자키 유타카(尾崎豊), 「BOW!」.

29) 「스펙타클=상품경제의 쇠퇴와 붕괴(スペクタクル=商品經濟の衰退と崩壊)」, 『안테내쇼날·시츄아니오니스트(アンテルナシオナル·シチュアシオニスト) 5』, インパクト出版会, 1998. p25.

30) 프랑스의 이론가 집단. 상황주의자라고 번역된다. 『젊은이용 처세술개론』(夜光社)의 라울 바네겜(Raoul Vaneigem)과 『스펙타클 사회』(『스펙타클의 사회』, 유재홍 옮김, 울력, 2014)의 기 드보르(Guy Debord) 등이 유명하다.

31) 그리스디안 미라찌(Christian Marazzi), 「자본과 언어(資本と言語)」, 하시라모토 모토히코(柱本元彦) 옮김, 人文書院, 2010. (『자본과 언어』, 서창현 옮김, 갈무리, 2013.)

32) Kirkpatrick Sale, *Rebels against the future:the Ruddites and their war on the industrial Revolution*, Perseus Publishing, 1996.

33) 「"붕괴"의 계절("崩壊"の季節)」, 『진격(進擊)』 제2호.

34) 츠무라 타카시(津村喬), 『전공투(全共鬪)』, 五月社, 1980. p4.

35) 일본대학 문리학부 투쟁위원회 서기국, 『반역의 바리케이드(叛逆のバリケード)』, 三一書房, 1969. p290.

36) 같은 책, p291.

37) 「나는 나의 언어로 말하고 싶다(ぼくはぼくの言葉で語りたい)」, 2·7집회사회반전연합, 앞의 책, 『전공투』에서 인용.

38) 츠무라 타카시(津村喬), 「와세다 대학 해체=반대학운동을 끝까지 밀어붙이자(早大解体=反大学運動をどこまでもおいすすめよう！)」, 『영혼에 닿는 혁명(魂にふれる革命)』, ライン出版, 1970. p242.

39) 토이 주가츠(戸井十月), 「깃발과 포스터(旗とポスター)」, 晶文社, 1978. p43~44.

40) 앞의 책, p68~69.

41) 이상 오우지 야전병원 반대투쟁에 대해서는 오구마 에이지(小熊永二), 『1968 청년들의 반란과 그 배경(1968 若者たちの叛乱とその背景) 上』(新曜社, 2009) 제8장을 참고했다.

42) 반전청년위원회에 대해서는 타카미 케이시(高見圭司), 『반전청년위원회-70년 투쟁과 청년학생 운동(反戰靑年委員会ー七〇年鬪爭と靑年学生運動)』(三一書房, 1969)을 참고할 것.

43) 『도심으로 들어온 베트남 전쟁(都心に入ってきたベトナム戰争)』 『아사히 저널(朝日ジャーナル)』(1968. 3. 24). 그리고 이 투쟁의 양상은 유튜브(https://www.youtube.com/watch?v=3YzqL_Btk)에서 볼 수 있다.

44) 「군중을 방패 삼아(群衆をかくれミノに)」, 『아사히신문(朝日新聞)』, 1968. 4. 2.

45) 츠무라 타카시(津村喬)의 이노우에 스미오(井上澄夫) 인터뷰. 「자주강좌, 반공해 수출 싸움(自主講座 反公害輸出の戦い)」, 『전공투』, 五月社, 1980. p155.

46) 야부 시로(矢部史郎), 『원자력 도시(原子力都市)』, 以文社, 2010. p176.

47) 기 · 드보르(Guy Debord), 『스펙타클 사회(スペクタクルの社会)』, 키노시타 마코토(木下誠) 옮김, ちくま書房, 2003. p105~106.

48) 미하시 토시아키(三橋俊明), 『길 위의 전공투(路上の全共鬪)』(河出書房新社, 2010)를 참조했다.

49) 이상 수도권대학시간강사조합(首都圈大学非常勤講師組合) · 한신권대학시간강사조합(阪神圈大学非常勤講師組合) · 긴키지구대학시간강사조합(京滋地区大学非常勤講師組合), 『대학 시간강사의 실태와 목소리(大学非常勤講師の実態と声)』(2007)를 참고하였다.

50) 중세 독일의 도시법과 관련된 격언. 봉건영주에게 지배당하고 있던 농노가 도시로 도망쳐, 일정 기간 영주로부터 귀환 요구가 없으면 도시법에 의해 자유로운 신분을 얻었다.

51) 다케우치 카즈하루(竹內一晴), 「공 · 간 · 해 · 방(空 · 間 · 解 · 放)」, 『圖書新聞』 2543호, 2001. 7. 14.

52) 와세다대학 1호관 지하 동아리방 관리운영위원회 · 8호관 지하 동아리방 연락회, 「정화를 내던져라(淨化をぶっとばせ!!」, 『도서신문』 2543호, 2001. 7. 14.

53) 도쿄대학 코마바 기숙사 위원회(東京大学駒場寮委員会), 「코마바 기숙사의 의의에 대한 우리들의 견해(駒場療の意義についてのわたしたちの見解)」(http://www.komaryo.org/legacy/mondaihen/igi/kaisetu2.html)에서.

54) 「○로씨의 폭동 스테이션(○瀧さんの暴動ステーション)」(http://sunset-strip.cocolog-nifty.com/), 또는 이 책의 '좌담' 참조.

55) 크리스토프 샤를(Christoph charle) · 쟈크 베르제(Jacques Vergès), 『대학의 역사(大学の歴史)』,

오카야마 시게루(岡山茂)·타니구치 키요히코(谷口清彦) 옮김, 白水社, 2009년, 37쪽. (『대학의 역사』, 김정인 옮김, 한길사, 1999.)

56) 알제르일본(アルゼール日本), 『대학계개조요강(大学界改造要綱)』, 藤原書店, 2003. p332.

57) '유토리 전공투'에 대해 상세한 것은 『정황(情況)』 2012년 9·10월호 「특집 학생운동의 현재」와 스가야 케이스케(菅谷圭祐) 「유토리 전공투 총괄문」(http://yutorisammit.blog.fc2.com/blog-entry-144.html) 등을 참조.

58) '꺼져 버려 취직활동 데모'의 상세한 내용은 〈이런 취직활동 이젠 싫어〉 꺼져 버려 취직활동데모@삿포로 실행위원회 블로그(http://blog.goo.ne.jp/tomato-saibai/e/834aa01f679b8231affdd6292401432d)를 참조.

59) 마츠모토 하지메(松本哉), 『가난뱅이의 역습─공짜로 사는 법(貧乏人の逆襲─ただで生きる方法)』, 築摩書房, 2008. (『가난뱅이의 역습』, 김경원 옮김, 최규석 그림, 이루, 2009.)

60) 반G8운동에 대해서는, 졸저 『G8회의란 무엇인가(G8サミットはなにか)』(以文社, 2008년) 참조.

61) 2007년 5월, 국립대학법인화의 여파로 교토대학에서 비정규 지원에 대해 고용 기간을 5년으로 한정하는 통고가 있었다. 여기에 저항할 목적으로 후술할 유니온·엑스터시가 설립되었고, 2009년 2월에는 대학 구내를 점거하기 시작했다. 여기에 포장마차가 설치되어 '쿠비쿠비 카페(해고해고 카페)'라는 이름으로 오픈했다. 2011년 9월 말에 문을 닫기까지 전국의 비정규 고용자가 모여들어 의견을 나누는 장소 역할을 했다.

62) 「전국 학비장학금문제 대책위원회」에 대한 상세한 내용은 위원회의 블로그(http:gakuhimonndai.blog.fc2.com/)와 트위터(@gakuhi_mondai) 등을 참조.

63) '리베르탕'의 경위에 대해서는 '리베르탕의 강령'(http://www.libertine-i.org/?page-id=588)을 참조.

64) 알제르(고등교육과 연구의 현재를 생각하는 모임)와 그 일본지부 '알제르 일본'의 활동에 대해서는 오카야마 시게루(岡山茂), 『햄릿의 대학(ハムレットの大学)』(新評論, 2014)을 참조.

65) 대학 신자유주의화의 최신 경향에 대해서는 『현대사상』 2014년 10월호, 「특집 대학붕괴」를 참조.

66) 고바야시 마사유키(小林雅之), 『진학격차(進学格差)』, ちくま新書, 2008.

67) 장학금문제대책 전국회의, 『일본 장학금, 이대로 좋은가─장학금이라는 이름의 빈곤 비즈니스(日本の奨学金はこれでいいのか─奨学金という名の貧困ビジネス』(あげび書房, 2013), 하야시 마사아키(林克明), 『블랙대학 와세다(ブラック大学早稲田)』(同時代社, 2014). 그 밖에 대학을 모라토리엄이라고 파악한 저작으로 무라사와 와타리(村澤和多里)·야마오 타카노리(山尾貴則)·무라사와 마호로(村澤真保呂)의 『포스트 모라토리엄 시대의 젊은이들(ポストモラトリア

학생에게 임금을

ム時代の若者たち)』(世界思想社, 2012), 오카야마 시게루(岡山茂)의 『햄릿의 대학(ハムレットの大学)』(新評論, 2014) 등이 있다.

68) 야부 시로(矢部史郎) 씨는 『3·12의 사상(3·12の思想)』(以文社, 2012)에서 '3·11'이라는 표현에 의해, 동일본대지진에 동반되는 원자력발전소 사고와 방사능 확산의 현실이 은폐된다고 하면서 '3·12'라는 날짜를 중시하고 있다.

69) 야부 시로(矢部史郎), 『원자력도시(原子力都市)』(以文社, 2010)를 참조할 것.

70) 치다이(ちだい), 『먹을까? 식품 세슘 측정 데이터 745(食べる?食品セシウム測定データ745)』.

- **일시** 2016년 4월 4일 늦은 2시
- **장소** 홍대 북카페 정글

'대학이란 무엇인가'라는 질문

대학 밖의 대학

서영인 • 안녕하세요, 이 책 『학생에게 임금을』을 번역한 서영인입니다. 저는 시간강사로 대학에서 학생들을 가르치고 있는데요, 헤아려 보니 그게 벌써 20년쯤 되었네요. 그러다 보니 대학문제나 청년문제에 관심을 가질 수밖에 없고, 그래서 전공도 아니고 일본어를 잘하는 것도 아니지만 이 책을 번역하게 되었어요. 번역하는 과정도 즐거웠고 책도 재미있게 읽었습니다. 『학생에게 임금을』 번역본을 내면서 본문에 붙여 한국의 대학 현실이랄까, 대학에 대한 청년들의 생각을 구체적으로 전달하고 싶어서 오늘 여러분들을 모셨습니다.

먼저 간단히 자기소개부터 나눌까요?

임경지 • 저는 청년 주거문제 해결을 위해 다양한 활동을 하고 있는 민달팽이유니온에서 위원장으로 일하고 있어요. 임경지입니다.

김보람 • 저는 대학에 다니고 있는 김보람입니다. 청년 커뮤니티 '사이랩'에서 활동하고 있습니다. 사이랩은 자기가 무엇을 원하는지, 사회에서 어떤 존재로 살아갈지를 함께 찾고 연구하고 고민하는 모임이에요. 대안대학 같기도 하고 학습 공동체 느낌도 있습니다. 광장(오픈) 워크숍을 열기도 하고 사람들을 초대해서 행사 같은 걸 기획하기도 하는데 단체 이름인 '사이랩'은 '4.2랩(Lab)'이라는 뜻이에요. 한국 사회에서 청년 평균 주거 공간이 4.2평이라는 통계가 있었거든요. 거기에서 따온 것이기도 하고 청년들 사이를 이어주는 공간이 되겠다는 뜻도 담겨 있습니다. 원래는 대안학교 대안공간 민들레의 기획으로 시작된 단체인데 저는 함께한 지 1년 정도 되었어요.

홍승희 • 저는 홍승희입니다. 퍼포먼스하고 그림 그리고 글을 쓰고 있어요. 주로 사회적인 주제로 거리에서 작업을 해요. 이런 작업을 더 많은 사람들이랑 공유하고 싶어서 신촌대학교라는 대안대학에서 소셜아트학과와 소울아트학과를 만들기도 했습니다. 한동안 학과장으로 활동을 하다 지금은 잠시 쉬고 있어요. 시민교육에 관심이 많아요. 시민교육이 어떻게 하면 더 많이 일상에서 이루어지고 사회적 차원으로 연대할 수 있을지, 어떤 플랫폼과 공동체가 필요할지 고민하고 있습니다.

서영인 • 간단히 자기소개들을 해 주셨는데요, 원래는 이 책과 관련한 한국어판 좌담을 기획하면서 이 분야에 대해 계속 연구를 하거나 활동을 하고 계신 분들을 모실까 하다가 지금 우리 시대를 살아가고 있는 청년들의 목소리를 담는 게 더 의미가 있겠다 싶어서 여러분을 초청했습니다. 이 책의 내용에 집중하기보다는 자유롭게 본인이 느끼는 현실의 문제들을 말씀해 주시면 좋을 것 같아요. 먼저 보람 씨부터. 지금 대학교

4학년이신데요, 조금 전 사이랩 활동을 1년 전부터 하셨다고 했는데 이런 활동을 하고 싶다, 해야겠다 같은 생각을 하게 된 계기가 있을까요?

"대학에서 배우는 것들이 엄청 학문적이고 또 되게 사회에 이로운 것들이고 이것이 사회를 바꾸는 데 기여할 수 있는 것이라고 생각을 했거든요. 그런데 대학 밖에도 그런 걸 하고 있는 사람들이 정말 많은 거예요. 대학이라는 제도가 아니더라도 이렇게 가치 있는 토론을 할 수 있구나, 배움의 장이 이렇게 많구나, 그런 생각을 하게 됐어요."

김보람 • 원래는 글을 쓰고 싶어서 휴학을 했어요. '민들레'에서 펴내는 잡지에서 일을 하면서 글을 쓰려고 갔었는데 그게 인연이 되었지요. 그때는 사이랩이 없었어요. 민들레는 잡지 발행과 대안학교 운영, 두 가지 일을 하고 있는데 잡지 쪽은 자리가 없어서 처음에는 대안학교에서 보조교사로 일했습니다. 1년 후인 지난해에 사이랩이 생겨서 초기 멤버로 활동을 시작했지요. 민들레라는 공간을 알게 되면서 대안적인 움직임들에 대해서 많이 알게 된 거 같아요. 대학에 있으면 아무래도 제도권 밖에 있는 사람들의 삶의 모습은 보기가 어렵잖아요. 대학 밖에 나와보니까 대학에 가지 않은 청년들이 되게 많고 대학 밖에서 얘기하는 것들이 오히려 가치 있는 것들이 많더라구요. 실제로 사이랩에도 대학생들만 있는 게 아니라 대학에 가지 않은 청년들도 있고 졸업생도 있는데

학생에게 임금을

고민도 비슷하고 문제의식을 공유하고 나누는 게 가능하더라구요. 민들레나 사이랩을 만나기 전까지는 대학에서 배우는 것들이 엄청 학문적이고 또 되게 사회에 이로운 것들이고 이것이 사회를 바꾸는 데 기여할 수 있는 것이라고 생각을 했거든요. 그런데 대학 밖에도 그런 걸 하고 있는 사람들이 정말 많은 거예요. 대학이라는 제도가 아니더라도 이렇게 가치 있는 토론을 할 수 있구나, 배움의 장이 이렇게 많구나, 그런 생각을 하게 됐어요.

서영인 • 민들레를 찾아가게 된 계기가 혹시 대학에서 뭔가 부족하다거나 다른 것을 하고 싶다는 생각 때문이었을까요?

김보람 • 대학 1학년 때 반값등록금 운동과 관련해서 시위를 많이 나갔어요. 같이 활동하는 친구들이나 선배들도 있었는데 1년 정도 지나고 나니까 학교 안에서 함께하는 사람들도 줄어들고 오히려 냉대를 받는 듯한 분위기가 되었어요. 당연히 함께 운동했던 사람들도 지치고요. 저도 어느 순간 평범한 대학생으로 학점 관리하고 있더라구요. 허탈하기도 하고 내가 원하는 대학생활도 사회도 이런 게 아니었는데 싶었어요. 그러면서 휴학을 했어요. 의도하지 않았지만 공동체를 만났고 거기서 사람들하고 토론하고 같이 시위도 나가고 그렇게 되었습니다.

서영인 • 반값등록금 투쟁이나 1학년 때 시위에 나갔던 건 원래부터 관심이 있었던 건가요?

김보람 • 고등학교 3학년 때 선생님 권유로 한겨레신문을 구독하기 시작했는데 그때부터 사회문제에 대해서 관심을 갖게 되었어요. 대학에 입학하고 나서는 1학년 때, 한겨레신문에 칼럼을 쓰시던 분이 강연을 오셔서 갔다가 그 강연을 주최한 동아리에 들어갔어요. 그 동아리에서 좋은 선배들도 만나고 공부도 했어요. 신세계였어요. 충격도 많이 받고요.

서영인 • 대학이 고등학교 때 느꼈던 것들을 더 확장시켜서 자유롭게 배울 수 있는 장이라고 생각했는데 오히려 한계를 느끼게 되고 그래서 대안적인 삶을 찾는 방식으로 나갔군요. 어쨌든 굉장히 적극적이라고 해야 하나 용기 있다고 해야 하나 나름의 방식으로 자기 길을 찾은 거네요. 사이랩에서 하고 있는 일들을 좀 더 구체적으로 들려주세요.

김보람 • 우리 사회에서 청년들이 차지하는 공간이라든가 영향력이 되게 약하다고 생각해요. 청년들이 자기 꿈에 대해서 고민할 수 있는 여지도 너무 없고 사회적으로도 계속 취직 압박에 몰리기만 하고요. 당연히 정치적 권력 같은 것도 전혀 없고요. 그래서 사이랩에서는 이런 상황에서 좀 더 주체적으로 자기 삶을 개척해 나가고 또 사회적으로 의미있는 일들을 할 수 있도록 청년을 위한 공간을 내주자라는 취지로 활동을 하고 있습니다. 구체적으로 일단 자기 자신에 대해서 돌아볼 수 있는 기회가 많이 없으니까 자기가 어떤 사람인지 또 어떠한 가치를 품고 있는 사람인지 같은 것들을 파악하는 활동이나 사회 구조를 공부하는 강의 같은 것을 기획하고 함께해요. 그리고 그런 것들을 다른 사람들에게 나눠 줄 수 있는 워크숍이나 심포지엄을 열기도 하고요.

서영인 • 자랑하고 싶거나 기억에 남는 심포지엄이나 워크숍이 있나요?

김보람 • 조직문화에 대한 심포지엄이요. 지금 우리나라 대부분의 조직이나 기업문화가 너무 수직적이고 위계적이고 비효율적인 구조가 많잖아요. 그런 것에 대해 청년들은 힘들어도 어쩔 수 없다고 생각하고 포기하거나 좌절하고요. 그런 취지에서 조직도 살고 개인도 살 수 있는 우리에게 정말 필요하고 맞는 조직문화는 무엇인가 고민하면서 함께 발제도 하고 모인 사람들끼리 토론도 하고 그랬어요. 그래서 조직문화를 실제로 구현하기 위해 모든 심포지엄 참가자들에게 다 발언권을 주었어요. 강연자가 있고 일방적으로 강연을 듣는 게 아니라 모든 사람들이 가치 있는 목소리를 낸다라는 믿음 아래 각자가 다 발언권을 가지고 모두 의견을 모아 보는 시간을 가졌어요.

서영인 • 대학생들이 조직문화를 심포지엄 주제로 삼는 것은 좀 기발하다고 해야 하나 의외라는 생각이 들기도 하는데 그것을 주제로 삼게 된 이유가 있었어요? 물론 일반적으로 우리 사회 전반적인 문제이긴 하지만 전반적인 문제라 해도 그것을 체감해서 이야기해 보자 말하는 것은 좀 다른 문제잖아요. 다른 주제도 얼마든지 있고요. 왜 하필 그것도 대학생들이 조직문화를 주제로 삼았을까 궁금한데요.

김보람 • 사이랩은 대학생만 있는 게 아니라 굉장히 다양한 청년들이 함께 해요. 또 대표가 따로 있지 않아요. 8명의 구성원이 다 각자의 역할을 하고 수평적인 위치에서 활동을 하고 있어요. 그러다 보니 오히려 역으로 이 모임 안에서부터 조직문화를 어떻게 만들어 나갈 것인가가 고민이고 과제가 되었어요. 어떻게 하면 효율적으로 개인을 지키면서 활동할 수 있을까 그런 고민을 해 오던 중에 좀 더 확장시켜 우리 내부의 조직문화를 실험적으로 잘 만들어 가면서 이것이 사회 전반적으로 확산되려면 어떤 것들이 필요하고 또 어떤 방식이 적용 가능할지 생각하게 되었던 것 같아요.

서영인 • 이런 워크숍이나 프로젝트는 일 년에 몇 개나, 어느 정도 간격을 두고 하세요?

김보람 • 저희가 지난해 4월부터 활동을 시작했는데요, 비교적 큰 행사였던 건 3개 정도였던 것 같아요.

서영인 • 굉장한 생산력인데요. (다 같이 웃음.)

김보람 • 민들레 측의 도움도 있었고 또 아름다운재단에서 후원도 받아 조금은 자유롭게 활동할 수 있어서 가능했던 게 아닐까 생각합니다.

서영인 • 그러면 보람 씨 얘기는 이따가 또 들어보기로 하고 홍승희 씨 얘기 좀 들어볼게요. 저는 각종 팟캐스트나 언론 보도를 통해서 승희 씨를 알게 되었고, 또 관심을 가지게 되었는데요. 최근에는 효녀연합 퍼포먼스로 더 유명해지셨죠. 이런 시민활동에 대한 관심이나 활동을 해야겠다고 생각한 계기가 있나요?

> "이건 어쩔 수 없는 거야라고 체념하는 게 아니라, 저건 바꿔야 돼,
> 말도 안 되잖아, 이렇게 반응하고 대응하는 적극적인 삶의 자세,
> 세계와 관계 맺는 능동성이 운동성, 예술성의 본질인 거 같아요."

홍승희 • 저는 중학교 때부터 학교 다니기가 싫었어요. 아침에 일찍 일어나는 것도 싫고, 하고 싶지 않은 걸 억지로 하는 것도 싫고. 공부를 아예 안 했었거든요. 고등학교를 안 가고 검정고시를 보면서 봉사활동

학생에게 임금을

을 했어요. 공부방에서 자원봉사를 했는데, 이 친구들을 정말 도울 수 있는 게 뭘까 고민하다가 사회복지를 공부해야겠다고 생각했어요. 그래서 사회복지 전공으로 전문대에 입학해, 어떻게 하면 좀 나은 세상이 될까를 고민했어요. 이런 고민을 하던 중 2008년 장애인 이동권 예산 삭감 소식에 분노해 언니와 처음 촛불집회를 나가게 됐어요. 사회복지를 공부하는 사람들에게 함께 집회에 나가자고 했는데 다들 관심이 없는 거예요. 아예 그런 이슈 자체를 모르는 이들도 많고요. 되게 이상하다고 생각했어요. 이런 저를 교수님들은 별종으로 취급하는 거예요. 실천도 중요하지만 공부를 먼저 하라고 말이에요. 하지만 당장 저렇게 사람들이 죽어가는데 공부를 하는 게 무슨 의미인가 싶었어요. 또 사회적 실천이라는 게 지식인의 책무이기도 하잖아요. 너무 자연스러운 공부의 과정이고요. 그래서 학교보다 광장에서 많이 지냈어요. 그곳에서 더 많은 걸 배웠죠. 또 대학에서도 제가 원하는 공부를 할 수 없다는 걸 깨달았어요. 대학교가 고등학교랑 비슷하다고 생각했어요. 그래서 대학원에 갔어요, 사회학 전공으로요. 그런데 대학원도 비슷한 거예요. 논문을 쓰는 기계가 되거나 교수님의 보조역이 되어 뭔가 정치적으로 이용당하는 느낌이 많이 드는 거예요. 저는 주체적으로 공부를 하고 싶고 이 공부의 주제는 언제든 바뀔 수 있다고 생각하는데, 주도적으로 공부할 수 있는 환경이 어디에도 없는 거예요.

아무튼 저는 18살 때부터 계속 사회단체나 정당에 가입해서 거기서 독서모임도 하고 토론하고 같이 실천하면서 사람들을 만났어요. 결과적으로 비교해 봐도 제도권 학교에서는 거의 배운 게 없어요. 오히려 학교

밖에서 더 많이 배웠어요.

　대학원 졸업 후에는 우연한 기회로 그림을 그리게 됐는데 예술작업 이야말로 시민의식의 본질일 수 있다는 생각을 했어요. 모든 시민들이 예술가이자 운동가라는 본질을 실현할 수 있는 그런 교육을 하는 것이 중요하다고 생각해서 '감성노리'라는 사회적 기업을 언니랑 같이 만들었어요. 그걸 운영하다가 세월호 참사 이후에 거리에서 예술작업을 하기 시작했어요. 퍼포먼스도 하고요. 이런 과정을 사람들과 공유하고 싶어서 대안대학교 활동도 하게 된 거고요. 제가 하는 예술작업을 '사회예술'이라고 부르는데요, 사회예술은 정치적이라는 이유로 예술이 아니라고 보는 경찰들이 많거든요. 사실 아직 제도 교육에서도 예술은 기능만 강조되고 철학·정치·사회적 존재로서의 예술가 주체는 인정되기 힘들어요. 그래서 시민사회에서 사회예술 담론을 확장해야겠다고 생각해서 신촌대학이라는 새로운 장을 만들었어요. 그런데 저도 보람 씨와 마찬가지로 조직문화 자체에 대해서 많이 고민이 들더라구요.

　서영인 • 신촌대학은 본인이 주도해서 만든 건가요?

　홍승희 • 초기 멤버이긴 한데 이 아이디어를 처음 제시한 분이 있어요. 기존의 대학과 다르게 사회적 실천에 침묵하지 않는 대학, 한바탕 축제 같은 대학을 만들자는 게 취지였어요. 하지만 SNS를 기반으로 하는 데다가 워낙 다양한 사람들이 모이다 보니, 나중에는 너무 정치적이라서 무섭다는 사람들도 생겨났어요. 애초에 대학을 만든 가치가 어느 순간 퇴색되는 느낌도 들었어요.

　지금은 1캠퍼스부터 4캠퍼스까지 나눠서 운영되고 있고 저는 4캠퍼스에 속했어요. 4캠퍼스는 주로 사회적 실천, 정치, 예술 이런 분야의 학과들이 있어요. 실은 모든 학과, 분야가 정치·사회적으로 연결될 수밖에 없는데, 굳이 정치적·사회적 실천을 별개로 구분하는 것이 조금 불편했어요. 개인적으로, 뭐랄까 새로운 담론을 만들어 낸다기보다는 문화학원 같은 느낌이어서 되게 고민이 많았어요.

서영인 • 대안대학에 대한 논의가 신촌대학이 처음은 아니지만 조금 구체적으로 체제랄까 참여하는 사람들이랄까 제도권 대학과는 다르게 어떤 식의 수업과 활동을 하는지 좀 더 소개해 주실 수 있을까요?

홍승희 • 일단 SNS를 기반으로 한다는 게 가장 다른 점인 거 같아요. 기존의 어떤 조직이나 연결망이 있는 상태에서 한 게 아니라 초기에 몇몇이 페이스북에 페이지를 만들고 누구든 학과를 만들고 싶다 하면 소정의 절차를 거쳐서 학과를 만들 수 있어요. 그래서 저는 3개 학과를 만들어서 했었구요. 운영에 따른 기본적인 원칙은 같이 만들어 가는 공동체라는 거예요. 제가 하는 사회예술 학과는 대부분 집회 현장에서 퍼포먼스를 기획하는 식이어서 교실보다 거리에서 주로 작업했어요. 게릴라, 그래피티 같은. 그런 과정에서 벌금도 많이 냈어요. (웃음)

대자보도 매일 썼었구요. 대자보 문화가 대학에서 많이 사라지고 있고 심지어 검열도 한다고 하더라구요. 그런 걸 패러디하는 일일 대자보를 매일 써서 신촌대학 페이스북 페이지에 공유했어요. 물리적으로는 신촌을 중심으로 하고 있고 제휴 맺은 곳에서 공간을 내줘서 강의실도 4개 정도 있어요.

서영인 • 학과장들이 학과를 만들고 학과장들끼리 느슨하지만 학교

운영에 대한 회의와 협의를 하는군요. 학과장과 학과생들이 같이 기획하고 진행한다고 생각하면 되는 거지요. 모이는 사람들의 연령이나 성향은 대체적으로 어떤가요?

홍승희 • 청소년부터 60대까지 다양해요. 특히 기존 대학에서 느낀 갈증을 해소하고자 하는 청년들이 많아요. 내 삶의 이유를 모르겠다, 내가 정말 좋아하는 게 뭔지 모르겠다 이런 사람들이 많이 오더라구요. 실제로 진짜 내가 원하는 게 뭘까 같은 자기 존재, 자기 정체에 대해 고민하는 학과들이 많고 혹은 사회적으로 실천하고 싶은데 주변에 나눌 사람이 없어서 오는 이들도 많죠. 옛날의 저처럼요. (웃음)

시영인 • 보람 씨가 말한 사이랩과 통하는 면이 있는 것 같네요.

김보람 • 저도 사이랩이 약간 대안대학의 성격을 가지고 있다고 생각해요. 저희도 원하는 공부를 하고 싶으면 강좌를 개설할 수가 있었거든요. 운영 미팅도 매주 하고 의사결정도 함께했어요.

서영인 • 어떻게 보면 승희 씨나 보람 씨 두 분 모두 현재 제도권 대학들이 잃어가고 있고 충족시켜 줄 수 없는 것들을 각자의 방식으로 찾아 활동하고 있다 볼 수 있겠네요. 그런데 승희 씨, 공부하기 싫다는 것과 사회운동을 한다는 건 좀 다른 이야기인데 어떻게 연결되었던 것일까요?

홍승희 • 내 삶에서 능동적이면 사회에 대해서도 능동적으로 관계 맺을 수 있는 것 같아요. 스스로 하고 싶지 않은 걸 안 하는 것이야말로 자신의 삶을 사랑하는 거라고 생각해요. 그러다 보면 적극적으로 하고 싶은 걸 찾게 되지 않나요? 저 같은 경우, 그런 가운데 제가 하고 싶은 일과 관련하여 사회문제가 이슈화되는 걸 보았던 거죠. 또 학교를 다니지

학생에게 임금을

않고 봉사활동을 하면서 겪은 '연대'의 경험이 더 많은 사람들의 고통에 공감하게 해 준 것 같아요. 장애인 이동권을 보장하는 예산이 삭감됐다에 대해 누구나 문제의식은 있을 수 있잖아요. 그렇지만 이건 어쩔 수 없는 거야라고 체념하는게 아니라, 저건 바꿔야 돼, 말도 안 되잖아, 이렇게 반응하고 대응하는 적극적인 삶의 자세, 세계와 관계 맺는 능동성이 운동성, 예술성의 본질인 거 같아요.

서영인· 언니하고 같이 활동한다고 들었어요.

홍승희· 언니는 '인문학 카페 36.5'를 운영하고 있어요. 복합문화공간이라고 할 수 있는데, 여기도 일종의 대안대학 같은 공간이에요. "모든 사람은 예술가다"라는 주제로 모두의 예술성과 운동성을 이끌어 내는 예술교육, 작품활동을 해요. 저는 이런 공동체가 각 지역에 더 많이 생겨야 한다고 생각해요. 이게 진짜 시민교육이고요.

대학문제에서 사회문제로

서영인· 경지 씨 이야기도 좀 들어볼까요? 경지 씨는 지금 활동하고 있는 민달팽이 유니온에서 몇 년이나 되었나요?

임경지· 저는 전업 활동가가 된 지는 이제 3년차네요. 고등학교 때는 그냥 평범한 학생이었어요. 다만 어렸을 때 정의롭게 살아야 한다는 생각을 좀 강하게 했던 거 같아요. 돈은 많이 벌지 않더라도 정의롭게 살고 싶다 하는. 다행히 운이 좋게 공부를 좀 잘하는 편이었고 대학에 왔는데 그해 광우병 파동이 있었거든요. 저는 사회과학부 나왔는데요 만날 선배들이 집회 가자고 그러는 거예요. 저희 집은 부모님이 다 안동 분들이고 되게 보수적인 집안이에요. (웃음) 뭔가 잘못된 거 같긴 했지만 집회까지는 나갈 생각이 없었어요. 그런데 우리 단과대는 다 집회에 나가는 분위기인 거예요. 학생회는 미국산 쇠고기 반대하는 리본 사물함에 달기 운동도 하고. 어느 날인가는 동기들끼리 얘기하는데 집회에 얘도 가고 쟤도 가고 걔도 간다는 거죠. 집회에 나가는 게 별로 무서운 일은 아닌가 보다 싶어서 갔어요, 가벼운 마음으로요. 경찰이 너무 많아 신기하다는 생각을 했어요. 이게 뭐라고 경찰이 이렇게 많이 왔나 그래 봐야 북 치고 꽹과리 치고 그게 다인데. 때마침 친구기 단괴대 학생회 부회장으로 출마하겠다고 같이해 보자고 해서 시작했다가 2009년에 단과대 집행부가 되었어요.

2009년도에 용산참사가 있었고 쌍용자동차가 있었고 2010년도에 4대강 투쟁이 있었고 2011년도에 반값등록금 투쟁이 있었고 2012년도에 총대선을 겪었어요.

저는 사실 20대 중반까지 너무 정신없이 흘러가서 사회란 원래 이런 엄청난 일들이 매년 일어나고 늘 이렇게 혼란스러운 정국이 이어지는가 보다 생각하기까지 했어요. 고등학교 때는 잘 몰랐으니까. 그러면서 점차 진로가 바뀌었던 거 같아요. 사실 저 다니던 고등학교는 1등부터 100등까지 순위를 적어 붙여 놓는 학교였어요. 그런 문화 속에서 저는 되게 이중적이었던 거죠. 공부를 잘하고 싶은 욕구도 있고 왜 저렇게 명단을 붙여 놓나 하는 문제의식이 동시에 들었어요. 제 안에 내재된 신

학생에게 임금을

자유주의적 사고와 이런 거 정말 지긋지긋하다는 양가적 감정이 존재했던 거 같아요.

근데 대학에 와서 약간 숨통이 트였어요. 고등학교에 비해 경쟁에 대한 압박이 덜했던 게 저한테는 대학에 와 느낀 가장 큰 긍정적 측면이었어요. 학생회도 나름의 공동체였구요. 대학 졸업 무렵, 마침 '새로운 사회를 여는 연구원'이라고 민간 연구원에서 직원을 뽑는다고 해서 갔어요. 2011년에 '민달팽이유니온'을 만들었는데 당시에는 그냥 동아리 같은 거였죠. 홍대나 신촌에서 주거권을 위한 활동도 하고 기숙사 건립 운동도 하고 달팽이 빵도 팔고 그랬어요. 2013년부터 시민단체가 되기 시작했는데 '새로운 사회를 여는 연구원'의 연구원으로 '민달팽이유니온'이 고군분투하는 거 보면서 나에게 정말 필요한 것은 동료들과 함께 만들어 가는 사회, 그 사회에서 하나의 작은 가능성, 하나의 사례라도 만들어 보는 게 아닐까 생각했어요.

아직 나이도 어리고 한국 사회에서 여성으로 살아가면서 어떤 방식으로든 경력 단절이 일어날 거고 한국의 기업문화에서 나는 끊임없이 회의할 거고 그런 나를 기업도 좋아하지 않을 거고 당연히 나도 그들을 좋아하지 않을 거라면 한 살이라도 어렸을 때 좋은 친구들하고 한 번 정도 재미있게 다른 꿈을 꿔 보는 게 좋지 않을까 하는 생각이 들었던 거죠.

사실 삶이라는 게 큰 결심으로 움직이는 것이라기보다 조금씩 경로를 이탈하면서 바뀌는 거잖아요. 저는 운 좋게도 좋은 친구들이 있었고 도와주는 선배들이 있었고 무엇보다 월급을 받으면서 활동을 할 수 있다는 게 큰 축복이고 감사한 일입니다. 최저임금이지만요. (웃음)

"대학은 누군가에겐 일터고 누군가에겐 배움터고 누군가에겐 생활터가 되는 공간이죠. 적어도 공부를 안정적으로 할 수 있는 기반을 만드는 시늉이라도 해야 하는 거 아닌가 고민이 들었었고 그때 가장 먼저 눈에 띄었던 게 지방에서 올라온 친구들의 주거문제였어요."

서영인 • 경지 씨는 오늘 오신 분들 중에서는 비교적 가장 안정된 활동기반을 가지고 있는 것 같기도 한데요. (웃음) 민달팽이유니온에서 활동하면서 힘들었던 점은 없었나요?

임경지 • 보람 씨와 승희 씨 두 분 말씀 들으니까 요즘 청년들이 관계에 대한 감수성이 되게 뛰어나지 않나 싶어요. 예전에 386 선배들 지금의 영포티라고 하는 선배들은 젊은 애들이 너무 싸가지가 없다거나 요즘 애들은 인내심이 없다거나 하는데 이게 단순히 세대 갈등이라고 보기보다 너무 어렸을 때부터 같이하는 문화에 익숙하지 않아 생긴 욕구에서 비롯된 게 아닐까 해요. 초중고등학교 내내 입시에 시달리는 세대잖아요, 우리가. 그러다 보니 오히려 역으로 관계에 대한 감수성이 뛰어난 거 같아요. 평등한 문화, 수평적인 문화에 대한 욕구가 꽉 찬 상태로 청년이 되는 거지요. 민달팽이유니온도 세입자 모임을 함에 있어서 각자의 고유함이 어떻게 살아나는 공동체를 운영할 것인가 그러면서도 정치적 각성의 계기들을 어떻게 만들어 갈 것인가를 고민해요.

승희 씨 얘기처럼 사람들이 그런 문화적 코드들로 모이면 다 되게 좋고 아름답긴 하거든요. 근데 결정적으로 어떤 정치적 결단을 할 때 쉽게 회피하거나 혹은 그런 것들을 두려워한다거나 그런 게 많아요. 공동체 셰어 하우스도 좋고 세입자들끼리 서로 돕고 살자고 할 때는 막 좋아하다가 막상 어떤 정치적 결단이나 공조를 해야 할 때 왜 민달팽이유니온이 그런 거를 해야 하냐고 하는 질문들을 받게 되거든요. 근데 문제를 해결하기 위한 정치적 과정은 늘 수반되는 거죠. 이런 것에 대해 약간의 이견이나 충돌을 두려워한다거나 혹은 그런 걸 촌스럽다고 느끼는 친구들이 있어요. 이런 상황을 지나오면서 따뜻한 공동체이자 문제를 해결하는 결사체로 어떻게 거듭날 것인가, 공동체이자 결사체가 가능은 한 건가 하는 고민들을 하고 있어요. 두 분 이야기 들으면서 고생이 많으셨겠다 싶기도 하고 얼마나 외로웠을까 하는 생각이 들었어요.

서영인 • 대체로 광우병 집회로부터 뭔가 계기들이 촉발되었던 것 같네요. 그리고 반값등록금 투쟁이 있을 때가 하나의 전환점이랄까, 확장점이 되었던 것 같구요. 경지 씨 말대로 우리 사회가 참으로 다사다난했군요. 2008년부터 2016년까지. 그 와중에 경지 씨가 특별히 주거권 문제에 대해 관심을 갖게 된 이유가 무엇이었는지 궁금합니다.

임경지 • 저는 어렸을 때부터 공간에 대한 욕구가 컸던 거 같아요. 아파트 사는 게 진짜 꿈이었거든요. 어렸을 때부터 이사를 되게 많이 다녔어요. 사글세도 살아보고 식당 한켠에 살림방을 내어 산 적도 있어요. 대학에 와서는 자취방 보증금 천만 원 대는 게 얼마나 어려운 일인지 뼈아프게 실감했고요. 온전한 자립을 위해 최소한의 보호장치가 있어야 하지 않을까, 일정 정도 보호받을 수 있는 공간 또 그 공간이 관계의 확장을 위한 매개가 되어야 하지 않을까 하는 생각이 들었죠. 전공이 행정학인데요, 한국 사회에 가장 고질적으로 응집되어 있는 갈등 요소가 부동산인 것 같았어요. 한 개인이 노력해서 되는 것도 아닌 것 같고. 모든 사회문제가 그렇긴 하지만 특히나 주거문제는 금융자본주의의 복합체 같은 건데 이걸 좀 해결해 보고 싶다라는 생각들이 들었어요. 사회불평등이라든가 개인 삶의 기반으로써의 집에 대한 관심이 있었고 마침 민달팽이유니온을 만들면서 자연스럽게 그 관심이 이어진 거지요.

요즘은 주거권을 둘러싼 다양한 요소들에 관심이 많아지고 또 막상 일해 보니까 다양한 직업군이 발견되더라구요. 옛날 시민단체 이런 거 보면 주야장천 간사 뭐 이런 거만 했는데 민달팽이 하다 보니 주택관리나 공동체 관리, 커뮤니티 관리 이런 것들도 필요하고 세입자와 임대인의 관계를 법률적으로 중재해 주는 사람도 필요하고…… 진로가 약간 다양해져서 빨리 단체를 키워 더 좋은 사람을 끌어오고 싶다, 그런 생각이 들고 있어요.

서영인 · 친구들과 함께 동아리 규모로 처음 민달팽이유니온을 시작한 당시에 중요한 이슈가 있었나요?

임경지 · 학생회를 준비하던 2010년에 등록금 문제가 한창 이슈였어요. 그때 지방에서 올라와 학비를 벌기 위해 아르바이트를 하는 친구들과 서울에 집이 있는 친구들이 과연 동일한 학점 경쟁이 될까, 대학이 공정하게 기회를 보장하고 있는가 하는 생각이 들었어요. 전혀 아닌 거 같은 거예요. 40만 원짜리 하숙집을 갔는데 진짜 이상한 집이고 당시 학교에 일반 학생이 들어갈 수 있는 기숙사 수용률이 체대 이런 거 다 빼면 6퍼센트밖에 되지 않았어요. 대학은 누군가에겐 일터고 누군가에겐 배움터고 누군가에겐 생활터가 되는 공간이죠. 적어도 공부를 안정적으로 할 수 있는 기반을 만드는 시늉이라도 해야 하는 거 아닌가 고민이 들었었고 그때 가장 먼저 눈에 띄었던 게 지방에서 올라온 친구들의 주거문제였어요.

물론 왜 대학에서 기숙사를 지어야 되는 거냐 대학을 선택한 개인의 책임 아니냐 이런 얘기 많이 했었거든요. 근데 기본적으로 서울에 일자리하고 대학이 이렇게 몰려 있는데 그리고 대학 자체가 위계화되어 있는데 이걸 어떻게 개인의 선택이라고만 얘기할 수 있을까 생각이 들었고 그렇게 해서 대학이 기숙사를 많이 짓고 어느 대학이든 주변에 공부하기 좋은 환경이 되면 자연스럽게 위계화도 조금은 해소되지 않을까 이런 생각도 했어요. 대학이라는 공간을 둘러싸고 안정적으로 공부하고자 하는 사람들의 권리를 보장하기 위해서 활동을 시작했다라고 정리할 수 있을 것 같아요.

홍승희 • 경지 씨 이야기에 굉장히 공감이 돼요. 세월호 참사 이후에 집 없이 살아보겠다 결심하고 여기저기 돌아다니면서 살았어요. 근데 너무 스트레스인 거예요. 보증금이나 월세도 비싸고요. 그래서 박스집 만들어 가지고 국회 앞에서 퍼포먼스까지 했어요. 답답하고 화나요. 왜 이 많은 집들 중에 내 집이 없는 거지 싶기도 하고요.

임경지 • 회원들하고 간담회나 오픈 테이블 같은 걸 해요. 자기 문제에서 촉발되어야 집을 둘러싼 다양한 이야기들이 나오고 거기에서 더 좋은 담론이 만들어진다고 생각해요. 저희 툴팁 같은 게 있는데 그중에 자기 주거 역사 그리기가 있어요. 와이 축은 자기가 정하는 거고 엑스

축이 시간이에요. 누구는 방의 크기로 와이 축을 정하고 누구는 방의 개수, 창문의 개수…… 개개인마다 다 다르더라구요. 이공계는 막 자로 재고 면적이 얼마라는 구체적인 수치까지 나오기도 하구요. 근데 하다 보면 꼭 누군가가 울기 시작한단 말이에요. 서러움이 터져 버리는 거죠. 주거는 기본 부모 문제로 가거나 혹은 배경의 문제로 가게 되어요. 그러다보니까 너무 서럽고……. 한 명이 울면 다들 따라서 울어요. 주거문제가 여전히 개인의 문제라서 그런 것 같아요. 오롯이 내가 감당해야 하기 때문에 서러운 거죠. 그러나 구조의 문제라고 생각하는 순간 틀림없이 인식도 달라질 거라고 봐요.

민달팽이유이온이 하고자 하는 것은 특히 청년 주거문제를 어떻게 사회문제로 가지고 갈 것인가 하는 겁니다. 『학생에게 임금을』에도 상처를 보듬어 주는 공동체라는 게 나오는데 그런 식의 연습들이랄까, 훈련들을 하고 나면 10년 뒤엔 좀 나아지지 않을까 싶어요. 일종의 공동체 훈련을 하고 있으면 말이에요.

홍승희 · 박스집을 엄청 많이 만들어서 국회 앞에서 게릴라로 농성하면 재밌을 거 같아요. (다 같이 웃음)

청년을 바라보는 시선

서영인 · 기왕 말이 나왔으니 화제를 바꿔 『학생에게 임금을』에 대한 이야기들을 조금 나눠 볼까요? 그냥 편하게 인상에 남았던 부분이라든가 각자 하고 계신 일이나 혹은 관심을 갖고 계신 부분과 연결하여 이야기하시면 될 것 같아요.

김보람 • 예전에 어떤 교수님께서 대학이 신자유주의화되면서 마치 지식이라는 것이 소유할 수 있는 것인 양 바뀌고 있다는 말씀을 하셨어요. 그때 든 예로 대학 도서관 출입증이었는데요, 옛날에는 지역 주민들도 출입할 수 있었는데 점점 폐쇄적이 되어서 학생증이 있어야만 출입할 수 있게 관리가 되고 있다는 얘기를 하시더라구요. 입학했을 때부터 학생증 찍고 들어갔으니까 당연히 그런 거지라고 생각했고 그때는 교수님 말씀이 와 닿지가 않았는데 이 글을 읽으면서 다시 떠올렸어요.

지식은 공공재고 아무리 사용해도 고갈되는 것이 아니고 생산자 소비자 이런 구분이 없다는 거 이런 부분들이 인상 깊었어요. 핵심인 것 같다는 생각도 들었구요.

홍승희 • 이어서 말하자면 예술작업도 분명 노동을 하긴 하는데 이게 자본으로 환원이 되기 어려운 경우가 많잖아요. 사실 환원될 수도 없는 거고요. 저는 자유문화운동에 대해 관심이 많은데 그게 떠올랐어요. 자본, 결과, 성과로 쉽게 드러나지 않고 환산하기 어려운 지식노동, 예술노동, 창작노동, 가사노동에 대해서 다른 방식의 사회적 교환과 보상 체계가 필요한 것 같아요. 책에 기본소득 얘기도 나오는데 기본소득이 그 대안이 될 수 있을 거라 생각해요. 기본소득으로 시작하지만 나중에는 교육의 무상화로 이어지고 '공공성'이 모든 분야에서 강화되는 것이 궁극적인 목표여야 한다고 생각해요. 그래서 예술가를 포함한 삶의 기본적인 토대가 보장되는 거죠. 그러면 모든 사람들이 예술노동을 할 수 있을 거라 생각해요.

임경지 · 제가 보기엔 약간 두 권의 책 느낌이 들었거든요. 기본소득론에 입각한 청년문제로서의 대학, 그리고 사회적 공간으로서의 대학 자체의 의미를 생각해 보게 하는 것 같아요. 전자부터 이야기해 보자면 보람 씨 말처럼 도서관 출입도 그렇지만 논문도 졸업하면 못 보잖아요. 지적재산권이다 이런 거로. 심지어 저자인데도 돈 내고 봐야 하는 경우가 많잖아요. 기본 지식을 누군가 독점하고 있다는 거 자체가 오히려 사회의 창발이나 이런 걸 막는 거 같아요. 그런 점에서 교육의 공공성 그다음에 누구나 모든 사회적 노동을 하고 있다라고 하는 기본소득의 상상력이 제기 되는 것이구요. 다른 하나는 대학이 뭔가에 대한 건데요. 우리는 이렇게 변했는데 왜 대학은 변하지 않고 있을까 아직도 진리의 상아탑이라고 하는 저 알량한 자존심 같은 건 뭘까. 당연히 고등교육이 잘되고 사회를 긍정적 에너지로 이끌어 주는 지식인들이 많이 배출되면 좋겠지만 기본적으로 대학을 재정의 내릴 필요가 있는데 그게 어려운 것 같아요. 취업 양성소라고 하는 것도 대학생들의 자존심을 무너뜨리는 말 같고 진리의 상아탑이라고 하기에는 약간 헛헛한 감이 있는 것 같고.

대학이 사실은 지역사회에서 굉장히 폭력적인 부동산 개발자잖아요. 산 깎아 막 지어 올리고요. 그런 점에서 좀 대학이 가지고 있는 이미지를 다시 되새겨 보면 좋겠다 이런 생각이 들었어요.

서영인 · 경지 씨가 잘 정리해 주셨는데, 대학 등록금 등 고등교육에 드는 비용 문제와 기본소득의 발상, 그리고 대학이란 무엇이며 우리는 대학에서 무엇을 해야 하는가라는 문제에 바탕한 일종의 대학론, 이것이 이 책의 두 가지 핵심내용이라 할 수 있을 것 같습니다.

조금 옆길로 새는 것 같기도 한데, 저는 조금 다른 이야기를 해 보고 싶어요. 흔히 그런 얘기들 많이 하거든요. 일본이라는 사회가 굉장히 정적인 사회다, 그래서 광우병 집회 이야기도 나왔지만 촛불집회에서 한국 사회가 보여 주었던 역동적이고 적극적인 행동과 대비해서 일본은 무언가 사회적 요구 앞에서 굉장히 수동적으로 적응하는 사회다라고요. 그리고 실제로 원전 폭발사건 때도 한국 같았으면 난리가 났을 텐데 그렇게까지 그 문제에 대해 국민적 여론이랄까 이런 것들이 들끓거나 그렇진 않아 보였단 말이죠. 그런데 3.11 이후 일본에서는 지속적으로 그 문제들을 꾸준히 제기하고 생각하는 사람들이 많았던 것 같다는 생각을 책을 보면서 다시 하게 되었어요.

이 책의 주제인 대학문제나 청년문제에 대해서도 필자는 사회적 운동의 여러 움직임들을 굉장히 긍정적이고 다이내믹하게 발굴해 내고 있거든요. 한국이 신자유주의로 가고 있다, 점점 더 고립된 사회로 가고 있다, 속물 사회다 같은 진단은 굉장히 많지만 여기저기에서 이런 삶은 옳지 않아라고 반대하면서 열심히 자기 삶을 살아가는 사람들의 가치를 한국 사회가 너무 안 알아준다는 느낌이 드는 거죠. 늘 피해자이거나 희생자이거나 이런 식으로만 바라보지 저들이 열심히 자기 삶에서 운동하고 있는 사람이다라는 생각들을 안 하는 사회인 거 같아요, 우리 사회는. 오히려 정말 긍정적으로 다른 삶을 사는 사람들이 많음에도 불구하고 주류적 제도권 안의 삶만이 우리 삶의 어떤 전체인 듯 만드는 사회가 한국 사회가 아닌가 생각하게 됐어요.

여기 계시는 분들도 그렇지만 가끔 매체에 기사화되거나 인터뷰를 통해 소개되는 청년들을 바라보는 시점이 장하다, 기특하다에 머물러 있거든요. 멋지다, 근사하다, 이런 시선이 좀 있었으면 좋겠어요. 저들 덕분에 그나마 우리 사회가 이렇게 괜찮은 거야라는 분위기를 만들었으면 좋겠다는 생각을 책을 읽으면서 했어요. 현재의 사회에 문제를 제기하고 그것과 다른 것을 찾으려고 하는 활동들이 얼마나 가치 있는 일인가를 이 책이 적극적으로 보여 주고 있는 게 저는 인상 깊었고 우리도 좀 그랬으면 좋겠다고 생각했어요. 이건 그냥 감각 같은 걸 거예요. 사회 현실과 사회화에 대한 감각을 바꿨으면 좋겠고 그게 이 책이 갖고 있는 긍정적인 측면 중 하나인 거 같아요.

> 청년의 사회운동이나 다른 움직임을 그냥 청년 시기의 일시적 패기 또는 낭만 같은 걸로 치부해 버리지요. 제가 보기엔 이걸 새로운 사회의 방향으로 가져가 정치·사회적으로 세력화되는 걸 두려워하는 심리가 분명히 존재하는 것 같아요.

임경지 • 그게 청년을 바라보는 편견 같은 거라고 저는 생각해요. 사회운동을 하는 청년이든 대안적 삶을 추구하는 청년이든 귀농 귀촌하는 청년이든 이들의 참신성이나 열악한 환경은 주목하지만 이들이 만들어 가는 저항의 움직임 혹은 다른 삶을 개척하는 움직임에 대해 크게 주목하지 않는 것. 이건 이들이 위협적인 존재가 되는 걸 원하지 않기 때문인

학생에게 임금을

거 같아요. 사실 저도 인터뷰 같은 거 하면 굉장히 여러 이야기를 하는데 결국은 딱 한 가지로 정리되곤 해요. '저희는 따뜻하게 같이 살아요'라고요. 제가 주거 불평등 문제로 아무리 많은 주장과 활동을 말해도 그런 거는 절대 기사로 나가지 않거든요. 청년의 사회운동이나 다른 움직임을 그냥 청년 시기의 일시적 패기 또는 낭만 같은 걸로 치부해 버리지요. 제가 보기엔 이걸 새로운 사회의 방향으로 가져가 정치·사회적으로 세력화되는 걸 두려워하는 심리가 분명히 존재하는 것 같아요. 위협적인 세력으로 발전되는 게 싫은 거죠. 무절제하고 미성숙한 존재들로 남아줬으면 하는 사회적 바람 같은 게 암묵적으로 있는 게 아닐까 싶어요.

서영인 • 여러분들은 물론이고 정말 열심히 다른 방식으로 살고자 하는 사람들이 많잖아요. 마치 그게 우리 사회의 후진성이나 열악함을 증명하는 증거로만 동원될 뿐이지 그 사람들이 새로운 세계를 만들고 있다는 생각은 안 하고 있는 것 같아요. 그래서 금방 경지 씨 말대로 청년들이 사실은 실제보다 폄하되고 있을 뿐만 아니라 아주 제한적으로만 존중받고 있는 사회인 거고 대학도 그런 것이 아닌가 하는 생각들이 좀 들어요.

근데 이 책의 저자는 대학의 문제들을 비판하기만 하는 것이 아니라, 아무것도 안하는 것을 포함해서 문제를 바꾸는 일의 즐거움 그리고 그것이 가지는 어떤 가능성들을 적극적으로 발굴하고 있거든요. 그런 점이 저는 좋았어요. (웃음)

홍승희 • 저는 대학은 불온한 것이라는 말이 특히 인상적이었어요. 언젠가부터 우리 사회는 대학에서 사회 실천적인 걸 얘기하면 특이하게 바라보게 된 것 같아요. 뭐랄까, 전쟁사회, 공포사회 같아요. 조금만 다른 이야길 하면 종북이 되고 빨갱이가 되어 버리잖아요. 저도 계속 듣는 말이고요. 시위라는 게 너무나 자연스러운 시민 활동인데, 시위 몇 번 나갔다고 전문 시위꾼이 되고 특정 정당과 연결지어 '정치적'인 사람이라고 낙인찍으니까요. 이게 사람들을 생각보다 많이 위축시키거든요. 그리고 사람들한테 듣는 얘기가 진짜 고생이 많다, 사명감으로 희생해 줘서 고맙다는 말이에요. 저는 제 삶을 유보할 수 없어서 하는 작업들인데 말이에요. 오히려 하고 싶지 않은 걸 꾸역꾸역 하는 사람들이 더 신기하거든요. 사회적 실천도, 예술행위도 저를 포기하고 싶지 않아서 하는 건데 그래서 되게 생기 있고 행복한데 말이에요. 사회적 실천을 하면 투사로 바라보고 그걸 희생이나 고생으로 바라보는 게 안타깝더라구요.

사실 청년들이 기존 세계에 저항하는 건 너무 자연스러운 사회의 순환 방식이잖아요. 그런데 그게 한국 사회에서는 특이한 일이 되어 버렸고 어느 시점엔가 막혀 버린 거 같아요.

김보람 • 대학 안에서 실제로 승희 씨가 말한 것 같은 그런 인식이 있다는 것을 종종 발견해요. 저는 사회문제에 관심이 있음에도 더 알리려고 하거나 나서지 않는 이유가 약간 외부의 시선 같은 것도 작용하는 듯해요. 한때의 치기 정도로 치부되고 또 금방 정신 차리겠지 하는 식의 시선이 내재화되어서 어차피 우리가 할 수 있는 건 아무것도 없다, 사회가 우리를 무기력하게 만들었다는 걸 그냥 그렇게 학습하게 되는 것 같아요. 어쩔 수 없다는 식으로 자조하는 것들을 많이 봐요.

학생에게 임금을

반값등록금과 기본소득

서영인 • 옆길로 샌 이야기를 자연스럽게 본래대로 돌려놓아 보겠습니다. 이 책의 중요한 주제 중 하나인 대학이란 무엇인가, 어떤 대학이 되어야 하는가에 대한 이야기를 나누기 전에 먼저 대학의 현실부터 짚어 볼까요. 책에 나오는 일본의 대학 현실이 한국과 굉장히 닮았잖아요. 저는 보면서 우리의 대학정책이라는 것이 5년 정도의 시차를 두고 일본을 그대로 따라갔구나 하는 생각들이 되게 많이 들더라구요.

한국 사회도 생각해 보면 한 5년 정도 사이에 각 대학 캠퍼스에 프랜차이즈 들어오고 건물도 다 새로 생겼잖아요. 정말 근 몇 년 사이의 변화거든요. 이런 신자유주의 움직임부터 시작해 대학 구조조정, 대학 등록금의 급격한 인상 뭐 이런 것들이 굉장히 비슷한 수순을 밟으면서 아주 나쁜 쪽으로 가고 있다라는 생각을 좀 많이 하게 됐어요. 요즘 대학마다 기업, 혹은 개인이 참여한 대형 건물들을 한번 보세요. 윗층에는 강의실이나 세미나실, 연구실 같은 것이 있지만 본령은 각종 프랜차이즈 영업점이죠. 학교에 기부를 하면 세금을 안 내거나 대폭 깎아 준다고 해요. 학교에서 땅을 그냥 내주고요. 건물 올려 프랜차이즈들 다 넣어 가지고 비싼 임대료 받고 이런 식으로 그야말로 부동산 장사를 하고 있는 거죠. 근데 그렇게 해서 프랜차이즈 불러들여 많이 벌었으니 등록금을 내려야할 거 아니겠어요? 『학생에게 임금을』은 일본의 대학 이야기이지만 우리의 현실도 다르지 않다고 생각해요.

등록금이 지금 얼마쯤 되나요? 올해 얼마 내셨어요?

김보람 · 저희는 좀 싼 편이라 380만 원 냈어요. 한 학기에. 근데 사립대학 평균이 480만 원이라고 해요.

서영인 · 의대는 1년에 천만 원이 넘어가다고 하더군요. 다들 반값등록금에 대한 관심을 갖거나 열풍을 겪은 세대들이잖아요. 어때요. 반값등록금이 실현됐나요?

김보람 · 서울시립대 말고는 거의 없다고 봐야 할 것 같아요. 정부 차원에서 신설한 국가장학금은 문제가 엄청 많아요. 국가장학금 수혜자로 선발되는 기준이 있는데 그중에서도 특히 가계소득을 책정하는 기준 같은 게 현실하고 맞지 않아요. 예를 들면 부모님이 공무원이라거나 샐러리맨 같은 유리지갑인 경우 소득이 높게 책정이 되니까 못 받는데 자영업자들 경우에는 책정이 안 되니까 실제 소득과는 무관하게 국가장학금을 받을 수 있는 경우도 있더라구요. 합당하고 평등하게 받는다는 느낌이 아니라 운 좋으면 받고 운 없으면 못 받는다 이렇게 되는 것 같아서 효과를 저는 딱히 느끼지는 못하겠어요. 성적장학금에 의존하게 되고요.

서영인 · 2011년에 반값등록금이 사회적 화두로 떠올랐지만 사실 2006년 한나라당의 대선 공약에 포함되어 있었고 이후 계속된 요구가 가시화된 것이 2011년이라고 봐야겠죠. 이명박 정부 때는 등록금 인상 억제, 졸업 후 대출금 상환 등의 정책을 내놓다가 2012년 국가장학금 제도를 내놓게 되죠. 국가장학금 제도가 실질적으로 운영된 것은 역시 반값등록금을 공약으로 내건 박근혜 정부 때부터였고, 국가장학금 등의 혜택으로 실질적인 반값등록금이 실현되었다고 홍보를 하고 있더군요. 그런데 그게 소득에 따라서 신청자격이 만들어지고 거기에 학점 기준

학생에게 임금을

도 더해지고요.

강의할 때 가끔 장학금 못 받으면 학교 못 다닌다고 꼭 B 달라는 학생들이 있어요. 근데 교수 입장에서 그 학생만 특별하게 올려줄 수 없잖아요. 상대평가이기도 하고요. 그 학생 점수를 올리면 다른 학생 점수를 깎아야 하니까. 그런데 정원의 30퍼센트 정도는 C를 줘야만 돼요. 수강 인원이 많은 경우에는 괜찮지만 20명 정도 듣는 수업이면 B가 몇 명 안 나와요. 요새 학생들은 다 공부를 열심히 하기 때문에 성적 격차가 안 나기도 하구요. 상대평가 자체도 문제지만 사실 기본적으로 소득과 성적을 나누어 놓으면 고등교육의 기회 평등이라는 취지하에서 반값등록금과는 전혀 상관없는 일이 되어 버린다는 생각이 들더라구요. 무상급식과 마찬가지로 돈 있는 애들한테 왜 공짜 밥을 줘야 되느냐랑 똑같은 논리죠. 그러니까 등록금이라는 것도 우리가 지금까지 이야기했던 것처럼 평등한 교육과 대학의 사회적 가치 때문에 대학생들에게 반값으로라도 평등하게 교육받을 수 있을 정도로 사회가 조금이라도 더 노력을 한다는 의미인 것인데 그걸 소득 나누고 학점 나누고 또 학과별 할당하고. 1종 유형은 국가에서 신청해서 주는 거고 2종 유형은 학교에서 선택해서 주는 거고 이렇게 되는 거 같더라구요. 교육부가 등록금을 붙잡고 온갖 치사한 짓을 다하고 있는 거죠.

이쯤 되고 보면, 반값등록금이라는 것도 선심성 공약처럼 제시됐고 정작 대학이 무엇이고 우리 사회에서 대학이 어떤 것이어야 하고 우리가 고등교육을 받고 자녀들을 고등교육을 시키고 후속 세대들에게 공부할 기회를 준다는 게 어떤 것인가에 대한 사회적 합의는 전혀 안 만들어져 있다는 생각이 들었어요.

임경지 · 이명박 정부 때인 2009년도에 한국장학재단이 확대 개편되면서 대출자가 엄청 많이 늘었어요. 이 책에도 사회와 대학이 빚을 내도록 강요하고 있다는 구절이 있는데요. 등록금이 비싸다라고 했더니 대출제도를 굉장히 장려하고 있는 거죠. 그래프를 보면 2009년부터 대출이 폭발적으로 증가해요. 제도 설계를 그렇게 해 놓으면 어쩔 수 없이 그렇게 되거든요. 주택대출도 마찬가지고요.

사실 반값등록금 투쟁은 정말 등록금 반값에 있었던 것이 아니라 고등교육의 무상화에 대한 이야기를 했었던 거라고 저는 생각하고 있거든요. 또 학자금 대출 제도가 제대로 설계되려면 소득 얼마 이상을 못 벌면 몇 년 동안 아예 상환을 유예시켜 주거나 탕감해 주어야 한다고 봐요. 왜냐면 사회도 그 친구가 안정적으로 공부하고 취직할 수 있는 책임을 다하지 못했으니까요. 고등교육을 잘하기 위해서 정부도 대학에 저렴하게 땅을 내주고 있는 거고 인재 양성하라고 세금도 면제시켜 주는 건데 학교가 책임을 다하지 못한 건 왜 추궁하지 않고 모든 책임을 개인에게 돌리냐는 거죠.

책에 언급되어 있는 일본 유토리 전공투 이야기가 너무 재밌었어요. 다양한 삶을 구축하고 다양한 경로를 만들어 가는 사람들의 느슨한 네트워크라고 하는 것은 무엇인가. 거기에서 발생되는 과감한 상상력, 혹은 굉장히 급진적인 정치적 결단을 보면서 이것이야말로 훌륭한 시민교육이 아닐까 하는 생각이 들었죠. 그런 장들이 많으면 좋겠어요. 오늘 이렇게 만나듯이요. (웃음)

학생에게 임금을

서영인 • 실제로 학자금 대출을 받는 학생들이 많나요?

임경지 • 예, 저도 있고 주변에도 꽤 많이 있어요. 대출이 있다고 대놓고 말을 하거나 그러지 않아서 그렇지, 반 이상 받지 않나요?

김보람 • 제 주변에도 심심찮게 보여요.

서영인 • 이자는 어느 정도 돼요?

임경지 • 2009년에는 7퍼센트였다가 점점 더 내려서 4~5퍼센트?

서영인 • 너무 비싸다. 너무하네요.

임경지 • 박원순 시장이 2011년 말에 당선됐잖아요. 그때 박원순 시장이 제일 먼저 한 게 서울시립대 반값등록금이랑 학자금 대출이자 지원이었어요. 저도 신청했죠. 어느 날 통장을 확인하는데 서울특별시 이름으로 8만 얼마가 들어온 거예요. 알고 봤더니 그게 학자금 대출이자 지원금이었어요. 그때 내가 시민이구나라는 생각이 들었어요. (웃음) 거리에서 민주주의를 배우고 시민임을 각성하는 것도 매우 중요하지만 복지정책의 혜택을 받는 것도 시민성을 학습하는 굉장히 좋은 방법이라는 생각이 들었죠.

서영인 • 통계를 보면 2013년 기준 대출 학생은 전체 학생 대비 15.9퍼센트 정도 되고 1인당 대출 액수는 학기당 337만 원이었어요. 1년이면 약 7백만 원, 4년을 모두 빌린다고 하면 2천 8백만 원쯤 됩니다. 그나마 학부생들은 반값등록금 이슈 때문에 등록금 인상이 억제된 측면이 있고 또 국가장학금이 신설되기도 했죠. 그런데 대학원생들의 등록금은 그사이에도 계속 올랐고 대출도 급증하고 있는 상황입니다. 대학원생들의 대출 액수가 더 많았어요. 대학 반값등록금이 이슈가 되니까 슬그머니 대학원 쪽으로 부담을 옮긴 거죠. 더 갑갑한 것은 석·박사를 마친 사람들은 계속 공부를 해야 하잖아요. 공부를 하려고 대학원을 갔으니까. 근데 정규직을 잡을 때까지 대학교 내 연구소에서 일을 하거나 시간강사를 하면서 사는 동안, 그들의 소득이라는 것은 정말 형편없는 수준인 거예요. 그런데도 등록금 부담은 점점 늘어갑니다. 사실 이렇게 대학원생이 늘어난 것도 대학이 장사를 하기 위해서 대학원 입학 정원을 대폭 늘리고 연구지원 중심 대학이니 하는 명분을 만들어 대학원생들을 한꺼번에 많이 받은 탓이잖아요. 그러고 나서는 이들이 졸업할 때가 되니까 또 대학원생들 박사 취업난이니 해가지고는 구조조정하고요. 지금은 학과 통폐합 때문에 또 난리잖아요. 장기적인 비전 없이 학과들만 잔뜩 만들어 놓고는 문제가 생기니까 또 구조조정하면서 통폐합하는 이런 별 이상한 꼴들이 계속 일어나고 있는 것이 우리 대학의 현실입니다. 근본적으로는 사회적 공공재로서, 교육의 역할을 해내는 공간으로서의 대학에 대한 철학과 고민이 없다는 게 문제인 거죠. 학생들이 대출 받아 등록금 내면 그 등록금은 대학이 다 가져가고 학생들은 대출 빚 갚으면서 평생을 살아야 되는 구조인 거예요.

임경지 · 저는 대학교 교수들이 지금의 박근혜 정부의 신자유주의 식의 대학 정책, 고등교육 정책에 자존심이 상해야 된다고 생각하거든요. 제가 교수라면 되게 기분 나쁠 것 같아요. 취업에 도움 안 된다고 인문학 없앤다는 거, 교수가 좋은 학문을 연구하는 선구자이자 좋은 지식을 전달하는 지식인이라는 것을 전제로 했을 때 이 정책은 몰지각한 거라고 소리 내 말해야 한다고 생각해요. 제가 사립대 총장이라면 너무 자존심 상하고 너무 기분 나쁘고 모욕적일 일이 벌어지고 있는데 왜 가만

학생에게 임금을

히 있는지 모르겠어요. 우리야 취업 잘되면 장땡일 수 있어요, 어쩌면.

그런 점에서 대학이라는 곳에 대한 근본적인 고민이 필요할 것 같아요. 가령 대학은 배우는 곳, 학생만의 것이 아니라 교직원이 일하는 일터이기도 하지요. 청소·경비 노동자들도 있구요. 굉장히 다층적인 구성원들이 있는 하나의 작은 사회인데 여기에서 드러나거나 일어나는 정의에 대한 가치판단 혹은 실천 같은 게 너무 옛날 사고방식인 거 같다는 생각이 들 때가 많아요. 학생들을 대하는 태도, 교수들 안에 내재된 대학의 의미…… 대학이 저는 너무 고립되어 있는 같아요. 어떻게 지역사회와 함께할 것인가 이런 고민들이 좀 많았으면 좋겠어요. 주거운동을 하고 있기도 하지만 특히 기숙사 건립 이슈 때, 지역 주민들이 많이들 드러누우셨잖아요. 경희대도 포크레인 들어가는 걸 주민들이 한 달 동안 막아 못 들어가고 이대, 연세대도 마찬가지였어요. 학생 주거권과 주민 생존권의 대결 프레임으로 가기보다는 대학이 해야 할 일을 분담했던 구성원으로 바라봤어야 하는 거 아닌가 하는 생각이 들죠. 천 명, 이천 명, 그런 대규모 기숙사를 짓는 게 아니라 주민들이 운영해 온 걸 기숙사처럼 운영할 수 있도록 어떻게 제도를 설계할 것인가, 이 정도 배포를 왜 대학들이 가지고 있지 않은가 이런 고민이 들더라고요. 가장 주요하게 역할을 할 주체적 구성원인 대학과 정당은 쏙 빠지고 학생과 주민만 남아서 서로 가장 약한 자들끼리의 싸움으로 가고 있어요. 경제적으로 약한 자가 정치적으로 약해져 민주주의 위기로까지 이어지는 동안 과연 대학사회는 무엇을 했나라는 것을 성찰해야 하는 시기인 것 같아요.

김영삼 정부 이후 대학 자율화 조치되고 나서 수없이 많은 전문대,

특수대학 이런 것들이 생겨났는데 그 지난 20년 정도를 반추하는 길목에서 근래 연고대들이 새로운 시도를 하고 있어 반가웠어요. 고대 총장은 성적 장학금 폐지한다, 장학금의 본래 목적이 저소득층에 기여하는 거라고 하면 공부 잘하는 애들 줄 필요가 없는 거 아니냐라는 식의 장학금 제도에 대한 새로운 시도를 하고 있고 연세대도 총장이 바뀌고 나서 전환 시기의 학문 같은 것이 필요하다고 했거든요. 물론 기후변화 이런 게 얼마나 공공성을 가져갈지는 모르겠지만 이러한 흐름들을 지켜봐야 하고 또 이런 인식을 하고 있다는 거 자체가 그나마 불행 중 다행이다라는 생각이 들더라구요.

홍승희 • 반값등록금 시위의 가장 큰 의미는 비록 정책으로 실행되지는 않았어도 '우리가 이렇게 할 수 있다'는 것, 대학의 본질에 대해서 구성원들이 의심하고 질문한 경험을 공유한 것인 것 같아요. 이를테면 묵인의 질서를 파괴할 수 있다는 걸 경험한 거죠. 그런 점에서 이 책에서도 말하고 있듯, 작은 질문을 시작하고 균열을 내보는 일이 핵심이 아닐까 해요. 학생들이 삶의 주도권을 회복하는 과정에서 제도 변화 논의가 의미 있을 거라 생각해요. 그렇지 않으면 아무리 제도 변화를 외쳐도 잠시뿐이고, 기존 언어와 담론들의 반복만 될 것 같아요.

서영인 • 여기 오늘 오신 여러분들이 각자 어쨌든 대학과 관련해서 그와 관련된 문제의식을 가지고 나름대로 활동을 하고 그걸 바탕으로 계속해서 문제제기를 하고 다른 길을 찾는 이런 것들이 잘 네트워크만 되어도 좋겠다 하는 생각을 하게 되네요. 그리고 지금과 다른 대학의 상들을 만들어 내는 사람들이 이렇게 많이 있다라는 게 좀 적극적으로 알려졌으면 좋겠구요. 시간강사 같은 경우도 시간강사 노조(정식 명칭은 한국비정규교수 노동조합)가 존재하지만 누군가 자살이라도 해야 신문에 나요. 가르치고 연구하는 사람으로서 시간강사들의 존엄과 가치를 지키기 위해 만들어진 것이 시간강사 노조이고 그들은 자신들이 주장하는 바를 실천하며 살고 있는 사람인데 그런 것들이 계속 고립되어 있거나 아니면 다 가려져 있다는 것이 문제입니다.

여기에서 반값등록금이다 대학무상화다 이렇게 얘기하는 것도 그런 등록금의 문제, 돈의 문제로부터 출발해서 대학이라는 것이 무엇이고 왜 대학생들이 오히려 돈을 받아야 마땅한 존재인지 같은 주제로 이야기를 풀어 나가는 방식의 하나라고 생각합니다.

대학 무상화, 기본소득에 대한 이 책의 주장에 대해서는 어떻게 생각하셨나요?

홍승희 • 한국의 대학은 정말이지 시장 같아요. 대학 시장. 『학생에게 임금을』을 읽으면서 되게 고민이 됐던 게 대학교육의 무상화가 중요한 건 알겠는데 본질적으로 한국 사회의 대학이 그럴 만한 가치가 있는가 하는 생각이 자꾸 들어요. 프랑스 같은 경우에는 지역 시민들 누구나 와서 들을 수 있는 시민의 평생 교육권으로서의 대학과 학문적 탐구를 하는 소수를 위한 대학이 공존해요. 그런데 저는 우리 대학의 본질이 뭔가 생각하면서 대학을 덜 가게 해야 하지 않을까, 아니면 기존 대학들을 무상화해서 시민교육화, 평생교육화하는 게 방법이지 않을까 싶기도 했어요.

서영인 • 무상화는 기본소득과 마찬가지 관점으로 봐야 하지 않을까 싶어요. 한국 사회의 대학만 한정지어서 얘기하자면 대학이 무상화되는 것이 역으로 한국의 대학이 올바른 역할을 할 수 있도록 견인하는 방식이지 않을까, 그런 사회적 공감과 철학 속에서 가능한 것 아닐까 하는 생각이 듭니다. 즉, 대학 무상화를 주장함으로써 대학이 무엇을 해야 되는 곳인가라는 것을 환기시키는 하나의 운동 방식이 될 수 있지 않을까, 너무 요원한 일이긴 하지만요.

임경지·저는 기본적으로 이 책의 상상력과 철학에 모두 동의하는데요. 모든 복지체계를 제로로 돌려놓고 그냥 기본소득만 준다는 게 어찌 보면 우파적 관점이 될 수도 있는 것 같아요. 최근 청년수당, 청년배당 등과 같이 기본소득에 대한 욕구가 다양한 방식으로 많아지고 있는데 오히려 좀 논쟁적으로 시작해 보면 좋겠다는 생각이 많이 들었어요.

서영인·저는 기본소득이라는 것을 자기 삶을 주체적으로 살기 위해서 주어져야 되는 아주 기본적인 하나의 기반으로 이해하고 있어요. 그런데 모든 복지에 대한 무상론이나 기본론들이 시혜이거나 낭비 같은 양비론으로 연결되는 것이 문제이죠. 대학 무상화도 마찬가지인 거 같은데 이야기를 하기 위한 이상적 목표라고 해야 하나 말을 꺼내기 위한 명분으로도 의미가 있고, 그것이 기본적인 인간의 존엄이나 혹은 가치나 이런 것들을 사유하는 하나의 방법으로서 제시될 수 있다는 생각이 들어요. 기본소득 논의는 우리 사회의 공동체 내에서 우리들의 삶과 생계를 어떻게 만들어 나갈 것인가에 대한 구체적인 고민을 하기 위한 화두라고 생각하거든요. 화두로부터 출발하여 철학적인 것부터 시작해 사회구조적 문제까지 나아가 좀 더 촘촘하게 내 생활로부터 필요를 느낄 수 있는 이야기들이 나와야 하지 않을까 하는 생각이 들어요.

학생에게 임금을

홍승희 · 인간의 노동, 특히 창작노동의 결과물이 한 사람이 소유할 수 있는 것일까요? 그렇지 않다고 보는 관점이 자유문화운동의 철학이고 같은 맥락에서 기본소득제 논의가 있어요. 이건 혁명적이면서 동시에 아주 자연스러운 관점이라고 생각해요. 또한 기술 발전으로 인한 혜택을 어떻게 배분할 것인지, 줄어드는 일자리는 어떻게 할 것인지에 대한 논의에서도 기본소득 철학은 피할 수 없는 주제라고 생각해요. 기술 발전의 혜택을 모두에게 배분하면 일자리가 줄어도 누구나 기초적인 삶의 토대를 보장받을 수 있어요. 좀 더 나아가 다른 측면에서 많은 노동들이 소외되고 있잖아요. 창작 노동, 지식 노동, 그중 여성들의 가사 노동이 가장 착취당하고 있다고 생각하는데, 자본으로 환산되지 못하는 인간의 노동에 대해 마땅한 공동체적 책임을 위해서라도 기본소득제가 필요한 것 같아요.

김보람 · 요새 실리콘밸리 같은 첨단을 달리는 곳에서 기본 소득에 대한 이야기를 한다는 거예요. 점점 인간이 할 수 있는 일들이 줄어드는 상황 속에서 최소한의 안정감을 누리면서 또 창의적인, 기계들은 할 수 없는 다양한 일들을 할 수 있기 위해 기본소득이 필요하다는 거죠. 기본소득을 보장해 주는 것이 오히려 이 자본주의 사회 체제를 유지하는 데 도움이 된다는 거예요. 저도 예전에는 기본소득이라는 게 너무 급진적으로 느껴져서 그럼 삼성 이건희에게도 줘야 되냐 이럼 탁 막혀 버리곤 했는데 이제는 관점이 바뀌었어요. 기본소득이라는 게 사고의 완전한 전환 같은 거라서 진짜 이게 물꼬가 터지면 앞으로 더 많은 얘기들이 나올 수 있을 것 같아요.

우리가 원하는 대학

서영인 • 번역을 하고 좌담을 준비하면서 책들도 좀 찾아 봤는데 한국에서는 대학이란 무엇인가에 대한 책이 그렇게 많지 않더라구요. 청년 문제나 대학문제를 다룬 책은 꽤 있지만 그 경우도 말하자면 대학의 실태가 이래서 문제다라는 얘기지 대학이란 본래 무엇이어야 하고 한국 사회의 대학은 어떻게 흘러왔으며 그래서 한국 사회에 필요한 대학의 의미를 이야기한, 말하자면 대학론이 없는 거예요. 대학이 형편없이 나빠지고 있는데 그것을 저지하거나 아니면 다른 방향들을 상상할 수 있는 기반이랄까 인프라가 한국 사회에 참 없다는 생각을 새삼스레 하게 됐어요.

시민성의 장으로서의 대학, 시민 사회 교육의 장으로서의 대학이라는 대학에 대한 기대, 방향 이런 이야기들이 오갔는데 각자 대학을 다녔거나 다니고 있는 입장에서 어떤 대학을 바라는지, 대학이란 이런 것이어야 한다든가 하는 생각을 들어보고 싶어요.

김보람 • 지금 같은, 의무교육처럼 되어 버린 거대한 대학이 아니라 지역 공동체랑 같이 협력할 수 있는 소규모의 대학들이 많았으면 좋겠다는 생각을 해 봐요. 중고등학교가 입시 교육 위주이다 보니 서울에 있는 좋은 대학을 최고의 목표로 잡고 있고 막상 대학에 들어오면 또 거기에 쏟은 노력과 비용을 보상받기 위해 대기업이라든가 돈 많이 주는 데 취직을 해야 하게 되는 거거든요. 너무 당연한 논리잖아요. 이렇게 열심히 일하고 내 행복 포기해 가면서 투자해서 왔는데 대의만을 위해 임금도 박한 사회 활동가로 이상만 좇아 살 수는 없는 거니까 전공 상관없는 일

학생에게 임금을

반 기업에 들어가는 비효율이 반복되는 거예요. 저는 대학은 좀 학문을 전문적으로 연구하는 기관으로 축소되어야 하고 그랬을 때, 굳이 체계화된 학문이 필요 없는 직종을 원하는 사람들은 다른 형태의 교육기관에서 그걸 하면 좋겠어요. 이건 결국 사회적으로 풀어내야 할 문제겠지요.

> "대학이 문턱을 낮추어야 한다고 생각해요. 여전히 자의든 타의든 대학에 못 가는 친구들도 되게 많거든요. 그런 사람들을 배제시킬 것이 아니라 혹은 꼭 대학에 가야 된다가 아니라 누구나 대학에 올 수 있게 평생교육원처럼 만들어 버리면 오히려 지금의 교육적 불평등은 해소되지 않을까요?"

홍승희 · 파리8대학에서는 청소부도 강의를 들어요. 지역주민들 누구든 와서 자유롭게 들을 수 있는 곳이에요. 제가 학교 밖 청소년으로 지냈던 열일곱 살 때 언니가 대학에 갔거든요. 언니 대학에 가서 저도 청강을 했었어요. 되게 좋았어요. 지금도 페미니즘을 청강하고 있어요. 대학이 문턱을 낮추어야 한다고 생각해요. 여전히 자의든 타의든 대학에 못 가는 친구들도 되게 많거든요. 그런 사람들을 배제시킬 것이 아니라 혹은 꼭 대학에 가야 된다가 아니라 누구나 대학에 올 수 있게 평생교육원처럼 만들어 버리면 오히려 지금의 교육적 불평등은 해소되지 않을까요?

김보람 · 저는 예전에는 공부를 많이 안 했는데 요즘 엄청 열심히 해요. (웃음) 실제로 공부가 재밌어요. 그러다 보니 진리라든가 정의라든가 이런 걸 생각할 수밖에 없는데 취직을 앞둔 사람에게는 이런 게 다 아무런 쓸모가 없는 거예요. 수업 분위기 자체도 대다수가 학점만 생각하는 것 같구요. 뭐랄까, 진지한 토론은 찾아보기 힘들거든요. 우리 사회의 지나친 교육열 때문에 하기 싫은 것도 억지로 해야 하는 것도 있는 거 같아요.

임경지 • 전 사실 학교 다닐 때 되게 좋았어요. 밥값도 싸고. 돈 안 내고 갈 수 있는 휴게실도 있고. 뭐랄까, 안전지대 같았거든요. 그게 좀 더 사회 전체로 확장이 되면 좋겠죠. 바람직한 대학 상을 찾기 위한 방법으로 저는 현재의 대학이 가진 가장 큰 문제가 무엇인지를 먼저 생각해 보았으면 해요. 그게 위계화라고 생각하거든요. 사실 일자리를 찾기 위해서 대학을 간다기보다 엄밀히 말하면 사회가 위계화되어 있기 때문에 더 좋은 일자리를 찾기 위해서 대학을 가는 게 크다고 봐요. 그렇게 치면 현재의 대학을 바꾸기 위해서는 대학의 위계화가 먼저 사라지는 방식이어야 하고요. 스무 살 이후에 가장 묻기 힘든 게 너 대학 어디 갔니잖아요. 개별 인간들까지 지나치게 위계화되어 가는 것을 어떻게 막을 것인가, 이런 고민들을 하게 되어요. 무상교육이든 연구기관이 되든 평생교육기관이 되든 간에 학교라고 하는 기능과 새로운 관계망·사회화의 기능, 이 두 가지의 기능에 장애를 없애는 방식으로 대학이 설계가 돼야 된다고 할 때 출발점의 위계를 없애는 것이 무상교육이 될 거고, 배움의 길이 전 세대에 걸쳐 자유롭게 된다라고 보장을 하면 평생교육기관이 되는 거겠죠. 대학이 어때야 하고 거기에서 맺어지는 관계망이 어떤가 장애물은 뭔가 하는 선상에서 말해져야 소위 말하는 평범하게 조 모임을 하기 위해 밤을 새우는 친구들에게도 그런 이야기를 꺼낼 수 있을 거 같

학생에게 임금을

아요. 뭐랄까 대학을 다루는 우리의 운동 방식도 좀 새로운 언어로 접근을 해야 하지 않을까 하는 생각을 해요.

서영인 • 대학에 대한 다양한 상이 있겠지만 실질적으로 대학을 다니고 있고 혹은 대학을 안 갔다고 하더라도 대학에 대해서 무언가를 상상하는 사람들의 범위 내에서 좀 더 다양하게 열려 있는 방식으로 논의가 되어야 한다는 이야기로 이해하면 될까요?

임경지 • 새로운 것만 상상하기엔 벅차잖아요. 상상의 틀을 놓고 지금 가로막고 있는 것이 무엇인지를 얘기하다 보면 좀 쉬워지지 않을까 하는 거죠. 책에 '시간파업'이라는 말이 나오던데요. 아르바이트로 자기 생계를 감당하는 대학생과 부모님이 다 대 주는 학생 같은 경우에 관계를 맺는 시간 자체가 아예 다르잖아요. 그럼 사실 비용과 시간의 그런 위계 속에서 대학이 어떻게 작동해야 되는가를 보면 기숙사 건립도 등록금 문제도 마찬가지로 답이 보일 것 같아요.

홍승희 • 조금 다른 이야기일 수 있는데 저 같은 경우는 고등학교가 되게 싫었거든요. 제도권 교육의 틀에 맞춰 가기가 너무 싫었어요. 그런데 이상하게도 소속감에 대한 목마름은 늘 있었어요. 학교 밖 청소년을 포함해 청년 자살률이 높은 것은 본질적으로는 고독함에서 오는 거라고 생각해요. 사회적 연결망을 위해서 그런 소속감을 위해서 대학을 가게 되는 것도 큰 것 같아요. 대학에서 그런 목마름이 채워지지 않으니까 대안대학 같은 다른 공동체 활동들을 찾는 것이구요. 그런데 어렸을 때부터 세계와 타인의 존재가 경쟁과 두려움의 대상일 뿐인 사람들에게 진실된 우정이랄까, 공감과 연대로서의 관계가 힘들 수밖에 없죠. 상호주체적으로 관계 맺어 본 경험이 없으니까요. 그래서 시민교육이 중요하다고 생각해요. 경쟁이 아닌 협동과 자생으로서의 학습공동체요. 자발적으로 공부하고 질문을 공유하는 시스템을 만들면 소속감은 물론이고 관계와 삶의 갈증도 많이 풀리게 되지 않을까요.

서영인 • 그렇게 보면 성인이 돼서 가장 광범위하게 소속될 수 있는 곳이 대학이네요. 지금 우리 대학진학률이 80퍼센트예요. 대학이 위계화된다든지, 취업률을 기준으로 통폐합되어도 상관없는 과로 취급받는다든지, 너무 비싼 등록금으로 엄청난 부담을 져야 한다든지, 아르바이트부터 시작해 아르바이트로 끝나는 곳이어도 좋은가 하는 것에 대한 사회적 합의 내지는 성찰이 꼭 필요할 것 같아요. 그런 여러 장애들이 없는 곳에서 일종의 연결망이자 넓은 네트워크로 존재하는 것도 대학의 주요한 기능 중 하나다라는 생각이 듭니다.

강의를 하러 다니다 보면, 사설 인문학 교육기관이나 강좌들이 엄청나게 많거든요. 정말 많은 사람들이 너무 공부를 하고 싶어 하는구나 하는 생각이 들죠. 그런데 정작 대학에서는 공부를 못 해요. 대학이 그걸 해야 하는데 말이에요.

사실은 사람들은 다 공부를 하고 싶어 하고 그게 자기 삶을 잘 만들기 위해서 꼭 필요하다는 걸 알고 있는 거예요. 그걸 담당해 줘야 할 대학이 그런 공부에 대한 어떤 갈증도 채워 주지 못하고 대안도 제시해 주지 못한 채 아주 거대한 공룡처럼 엄청난 지위를 차지하면서 존재하고 있는 것 같다라는 생각이 들어요. 굉장한 낭비인 거죠.

홍승희 • 대안적인 공간들에서 만나는 사람들을 보면 공통적인 게 내가 진짜 좋아하는 게 뭔지 모르겠다는 거예요. 인문학 열풍도 자기 삶에 대한 갈증에서 표현되는 것 같아요. 그래서 저는 자기 자신과의 대화를 토대로 하는 교육이어야 한다고 생각해요. 자기 삶의 주도권을 회복하는 과정으로서의 교육이요. 그게 사실 대학의 본질적인 의미이기도 하고, 모든 공부의 기초이기도 하고요. 오늘 내가 왜 살아 있는지도 모르는데 공부를 해서 무슨 소용이 있겠어요. 나에 대한 질문, 세상에 대한 탐구심, 호기심이 없이 어떤 배움이 의미가 있을까요.

서영인 • 대학은 물론이고, 기본소득, 공공성 이런 것들을 그냥 당위로서 사유하지 말고 삶에서 정말 꼭 필요한 어떤 요소로서 사유할 필요가 있다는 생각이 들어요.

홍승희 • 요즘 저는 대학에서 페미니즘 수업을 청강하고 있어요. 페미니즘을 공부하고 싶은데, 공부할 곳이 마땅치 않아 교수님께 양해를 구하고 수업을 듣고 있는 거죠. 저는 페미니즘 사상을 접하면서 기존의 세계관, 인생관, 가치관이 많이 변화됐어요. 삶이 변화된 거죠.

우리 사회에서는 결혼하고 아이를 낳는 게 여성으로서 너무 당연한 일이잖아요. 저도 그런 사고로부터 자유롭지 못했어요. 그런데 페미니즘을 공부하면서 다른 방식의 삶을 과감하게 상상하고 살 수 있는 힘을 얻었어요. 이런 공부를 할 수 있어서 다행이라는 생각이 들더라고요. 대학이든 어디서든 이런 평생교육이 확대된다면, 더 많은 사람들이 온전한 시민성을 구현하고 자기를 실현하면서 살 수 있게 될 것 같아요. 제가 요즘 그런 것처럼요.

"이런 대학에 대한 논의들이 결국에는 어떻게 살아야 할까, 인간다운 삶이 뭘까, 이 삶들이 어떻게 공존할 수 있을까에 대한 본질적인 질문으로 돌아가는 어떤 통로였으면 좋겠어요."

서영인 • 혹시 못하신 얘기나 더 하고 싶은 이야기가 있나요. 저는 일단 여러분들 만나서 정말 좋았구요. 아까 제가 여러 번 강조했지만 제가 40대 중반인데 어쩔 수 없이 청년문제 이런 것들을 좀 떨어진 시선으로 보게 돼요. 내 얘기는 아니니까. 근데 여러분 말씀을 들으면서 정말 유쾌하고 즐겁게 자기 삶을 즐기는 청년들에 의해 사회가 바뀌어 가고 있다는 것을 느꼈고 청년 세대 스스로도 확신을 가지고 그걸 자랑으로 여겨 주었으면 좋겠고 또 사회도 그것을 더 많이 인정해야 한다는 생각이 들었어요.

임경지 • 책에도 나오는데 대학을 통과하는 곳이라고만 보고 머무는 곳으로 보지 않기 때문에 여러 가지 불합리함들을 감내하고 가는 것 같아요. 모두가 겪고 있지만 모두가 외면하는 것 이런 것들이 있는 것 같아서 문제를 잘 진단하는 것부터가 중요하다고 생각합니다. 그 시간이 아주 지난할 것이고 사실 거기서 묘책이 나오지는 않겠지만 실패해도 괜찮은 다양한 대안들을 모색하는 것만으로도 의미 있을 거 같아요. 오늘의 자리도 그런 자리였다고 생각합니다. 청년문제도 마찬가지 같아요. 청년들 일자리가 없다라고 얘기하지만 구직활동 시기에 문제가 있고 구직활동을 어디서 하냐라고 했을 때 주거문제가 나오고 월세는 어떻게 내냐 보증금은 있냐로 구체화되는 것처럼 사실 일반화되지 않은 복잡 다

학생에게 임금을

양한 사람들에 대한 섬세한 진단 이런 게 필요하고요. 실제로 이렇게 승희 씨랑 보람 씨 만나니까 우리에게 안정적인 공간 혹은 안전지대가 없구나, 내가 힘들다고 말을 해도 되는 안전지대가 생각보다 너무 없고 나름대로 그것에 문제의식을 갖고 자기 생활 속에서 구축해 가는 사람들이 있구나 하는 생각이 들어 기분이 좋아요.

사실 누군가 '요즘 힘들어요' 이렇게 얘기하면 그걸 자기 편견이나 한계 내에서만 이해하는 경우가 많잖아요. 내 욕구를 말했을 때 이걸 편견 없이 왜곡 없이 듣는 안전지대가 사회에 더 많아져야 하고 그게 말씀하신 시민교육의 장인 것 같아요. 그런 지대들을 만들어 나가는 것도 민달팽이가 하고 있는 거 아닌가. 집도 만들고. 저희가 집을 만들어 봐야 얼마나 실제 주거권에 기여를 하겠어요. 그래 봐야 고작 30명 사는 집인데. 그렇지만 그들이 사는 공간은 굉장히 안전하다, 혹은 다른 가능성을 품고 있다 하는 하나의 척도가 되었으면 좋겠다는 생각이 새삼 드네요.

김보람 • 예전에 사이랩에서 주최했던 심포지엄의 주제가 '비빌 언덕' 이었어요. 비빌 언덕이라는 말이 안전지대나 사회적 관계망 그걸 비유적으로 말했다고 생각하면 될 것 같은데 그때도 나왔던 게 물리적 공간의 필요성이었어요. 집이라든가 토론할 수 있는 동아리방이라든가 사무실이라든가 이런 것이 필요하다는 거. 돈이 들잖아요. 이동하면 교통비도 들고. 개인적으로 내년에 자취를 하고 싶은데 셰어하우스에 살고 싶어요. 덧붙이고 싶은 말은 최근에 필리버스터 열풍을 보면서 너무너무 감동받았던 연설이 하나 있는데 은수미 의원 연설이었거든요. 마지막 구절을 페이스북에 올려놨는데 사람들이 좋아요를 많이 눌러 주는 거예요. 원래 정치글 많이 올리는데 좋아요 별로 못 받거든요. 그 마지막 문구가 "사람은 밥만 먹고 사는 존재가 아닙니다"였어요. 사람들의 마음을 특히 제 또래의 마음을 되게 울렸나 봐요. 그런 말을 하는 사람이 국회에 있다는 게 기성세대들뿐만이 아니라 저희들같이 무기력할 수밖에 없는 청년 세대들한테도 되게 많은 용기와 희망을 주었다는 생각이 들어요. 그래서 기본소득이나 청년담론, 사회적 안전망을 확대해야 한다 그런 담론을 만들어 내고 이야기하는 국회의원이 많이 생겼으면 좋겠어요.

홍승희 · 세월호 참사 이후로 우리 사회의 중요한 많은 담론이 무용지물이라는 생각을 했어요. 인간을 양보해 온 역사에서 무엇이 가능할까 싶어요. 그럼에도 무상급식, 무상교육과 같은 담론을 계속 말해야 한다고 생각해요. 그것들을 질문하고 고민을 공유하는 과정에서 시민사회가 발전하는 거니까요. 하지만 세월호 참사 이후 이런 담론들을 이야기할 기회들이 무너졌어요. 작년엔 국정교과서다 위안부협의다 해서 이런저런 비상식적인 문제들이 쏟아지면서 거기에 대응하느라 바빴고 정작 우리 삶의 담론은 주도적으로 공세적으로 이야기하지 못한 것 같아요. 저도 제 삶이 기쁘고 행복해지기 위해서 여러 사회적 발언들도 하고 행동하는 거니까 이제는 비상적적인 문제에 대응하는 걸 넘어, 삶의 담론을 더 적극적으로 말해야 한다고 생각해요. 그래서 기본소득제 같은 논의가 반가워요. 우리 삶의 관점을 완전히 뒤집을 수 있는 차원의 질문을 먼저 던졌다는 게 깊은 의미로 다가오고요. 지금 우리 사회에서 우선적으로 필요한 교육은 어떤 제도나 틀보다도 먼저 인간과 삶에 대한 감수성의 회복이 아닐까 해요. 개개인이 시민으로서 각성하고 실천하는 자기교육이요.

이를테면 세월호 참사처럼 저렇게 많은 아이들이 죽었는데 국가가 어떻게 저럴 수 있지, 아 이 나라 어떡하지 같은 감수성. 그래서 꼭 학교라는 틀이 아니더라도 집회 현장이나 거리에서 자기 이유를 말하는 거죠. 또 그 현장에서 자발적으로 만나고 배우는 거예요. 그런 고민과 실천을 나누는 일상적이고 사소한 관계망을 만들어 가는 게 시민교육의 본질인 것 같아요. 또 이런 대학에 대한 논의들이 결국에는 어떻게 살아야 할까, 인간다운 삶이 뭘까, 이 삶들이 어떻게 공존할 수 있을까에 대한 본질적인 질문으로 돌아가는 어떤 통로였으면 좋겠어요. 이 책도 그랬으면 좋겠어요.

서영인 • 책 본문의 좌담에 잠깐 나왔던 말라르메 이야기를 하면서 오늘 좌담을 마무리할까 합니다. 말라르메가 영국의 옥스퍼드와 캠브리지를 방문했을 때 퍽 감명을 받았다고 합니다. 이처럼 아름다운 대학 도시와 석탄과 매연으로 더럽혀진 지방도시가 공존하고 있다는 것에 대해서요. 우리가 계속 이야기했던 대학과 지역사회의 공존, 학문과 노동의 경계를 허물고 공동체적 삶을 사유하는 데 대학이라는 공간이 큰 역할을 했다고 이해할 수 있겠죠. 말라르메는 프랑스로 돌아와 고전이 된 작품의 판매 수익의 일부분으로 시인의 생활을 지원하는 '문학의 토지기금'을 구상했다고 해요. 대학이라는 공간이 제공해 준 공공성의 이미지를 문학의 공공성으로 전환했다고 생각합니다. 대학의 지식이 공공재이듯이 문학적 유산도 공공재이고, 생산과 소비의 구분이 없는 공공적 자산을 바탕으로 그 사회의 문화를 만들어 나가자는 구상이겠죠.

대학이야말로 하루하루 무너져 가고 있는 공공성의 의미를 기본으로부터 생각하게 할 수 있는 공간이어야 하지 않을까. 이상적인 이야기처럼 들리지만 그렇다고 해서 실현 불가능한 몽상이라고 생각하지만은 않게 되었습니다. 이렇게 말해 볼 수 있겠죠. 그게 대학이 아니라면 도대체 대학이란 무엇이지? 물론 현실적인 노력이 더 많이 필요하겠죠.

실패해도 괜찮으니 이제 다른 대학을 좀 상상해 보자고, 생각보다 많은 곳에서 그런 상상이 현실이 되고 있다고. 오늘의 좌담에서 그런 것을 확인할 수 있었기를 바랍니다.

학생에게 임금을

김보람

모든 사람들이 자기 욕구에 솔직하고 서로 평화롭게 기대 살 수 있는 사회에 살고 싶어서 '이것저것' 하며 살아가고 있는 대학생 (졸업 예정인) 청년이자 줄 수 있는 건 사랑밖에 없는 문학소녀다. 현재 서울 4년제 사립대학에 재학 중이며 청년의 길 찾기를 연구하는 커뮤니티 '4.2lab'에서 활동하고 있다.

임경지

어려서부터 공간에 대한 관심이 많았다. 안정적인 거주공간이 보장될 때 한 인간의 사유의 깊이와 넓이가 더 커진다고 생각한다. 특히 청년이 되고 나서 독립을 하게 되었고 대학가 주변에 즐비한 좁고 낡고 단절된 원룸을 보고 집의 소중함을 더 널리 이야기하고 싶었다. 바로 그것이 우리 사회의 불평등과 싸우는 것이며 독립된 사회의 구성원으로서 청년을 우리 사회가 어떻게 바라보는지에 대한 척도가 될 것이라 생각하며 민달팽이유니온을 하고 있다.

홍승희

사회예술가. 그림 그리고 글쓰고 퍼포먼스를 한다. 자본으로 환원될 수 없는 예술노동을 하고 있다. 모든 삶은 세상이라는 캔버스에 그림을 그리는 궤적이자 균열이며 그것이 바로 예술이라고 생각한다. 끊임없이 다른 삶의 방식을 고민하며 유랑하고 있다.

옮긴이 **서영인(徐榮裀)**

20년째 시간강사로 대학에서 학생들을 가르치고 있으며 2000년부터 문학평론가로 활동하고 있다. 전
공은 한국 근대문학. 식민지 시기 사회주의 문학, 식민주의와 타자성 등에 관심을 갖고 있다. 전공 때문
에 일본어 공부를 시작했으며 2009년에는 와세다대학에서 2년여 동안 교환연구원으로 머물렀다. 저서
로 문학평론집 『충돌하는 차이들의 심층』, 『타인을 읽는 슬픔』, 『문학의 불안』, 연구서 『식민주의와 타자
성의 위치』가 있다.

학생에게 임금을

초판 1쇄 발행 2016년 5월 9일

지은이 구리하라 야스시 **옮긴이** 서영인

펴낸이 김혜선 **펴낸곳** 서유재 **등록** 제2015-000217호

주소 (우)04091 서울 마포구 토정로 222(신수동 448-6) 한국출판콘텐츠센터 419호

전화 02-331-1866 **팩스** 0505-116-1866 **대표메일** outdoorlamp@hanmail.net

종이 대현지류 **인쇄** 성광인쇄

ISBN 979-11-957648-1-5 03330